仏教とカウンセリング

友久久雄＝編

龍谷大学仏教文化研究叢書—26

法藏館

はじめに

人が他の動物と異なるところは「悩み」を持つということです。そして、この悩みを如何に解決するかが人間性を育み、ひいては人類の進化を促す原動力となってきました。

悩みは大きく分けて二種類あります。一つは、生来性に持って生まれた人類共通の悩みです。具体的には生老病死など人間の知恵や知識では解決できない悩みです。もう一つは、後天的に獲得された個人的な悩みです。具体的には、日常生活において障りとなるが解決できる悩みです。

一般には、この解決できない悩みには宗教（仏教）で、解決できる悩みにはカウンセリングで対応する場合が多く見られます。

本書は、龍谷大学仏教文化研究所付属「仏教とカウンセリング研究センター」において過去二年間の研究成果を纏《まと》めたものです。

この研究センターは、現代人の悩みを解決するため、仏教とカウンセリングの接点を研究することを目的として設立されました。そこでは、伝統的な仏教における人類共通の悩みへの対応と、新しく発展しつつあるカウンセリング（臨床心理学）における個人的な悩みへの対応のあり方を検討するとともに、両者の共通点および相違点を明らかにしようとしてきました。

具体的には、研究メンバー六十数名が、理論を主として研究するグループと実践を主として研究するグループに分かれ、月一回の会合を開き研究会を続けてきました。

理論を主とする研究グループは、さらにサブグループとして、宗教・仏教・真宗などの教学を研究するグループ、仏教体験とトランスパーソナルを研究するグループ、森田療法・内観療法を含めカウンセリングの理論を研究するグループ、精神分析を中心として研究するグループに分かれました。また実践を主とする研究グループは、寺院相談活動とカウンセリングを研究するグループ、寺院の社会的実践のあり方を研究するグループ、自死とグリーフケアを含めカウンセリングのあり方を研究するグループ、宗教教育を研究するグループに分かれました（二〇〇八年五月十五日第三回研究会）。

そして毎回、それぞれのグループが検討会を開くとともに、理論を主として研究するグループと実践を主として研究するグループの間で意見交換を重ねてきました。その結果、それぞれのグループの研究成果を纏めようという意見が出され、ここに本書が刊行されることになりました。

しかし実際には、各グループの研究の進行状況は一致せず、あるグループはグループ研究の成果を、あるグループはグループ代表の執筆を、あるグループはいまだ成果を発表できないなど、それぞれのグループの成果および発表形式が不統一であることは否めない結果となりました。

しかし本書は、仏教とカウンセリングの接点という観点から、悩める人々への対応を考える数少ない研究成果の報告書であると思います。この意味で、本書がその出発点となることを願って世に送ります。

代表　友久久雄

仏教とカウンセリング　目次

目　次

四　心理療法としての仏教の役割と現状

仏教とカウンセリング

序論

仏教とカウンセリング

友久久雄

仏教とカウンセリングは、最近では、ともに人々の悩みを解決するものとして、関心を集めるようになっています。そこで、ここでは、両者について、その共通点と相違点を比較しながらその関係を検討してみたいと思います。

1　四苦八苦とカウンセリング

まず仏教を歴史的観点からみると、よく知られているように、紀元前五世紀頃インドに生まれた釈迦が、「人間とは」「人生の意義とは」という難問を解決しようとしたことから始まったとされます。具体的には、釈迦は人間の根源的な苦（悩）である、生・老・病・死から問いを発し、悟りを開き仏陀となるとともに、その教えを彼に帰依した人々に伝えることから始まりました。釈迦の死後、弟子たちが集まり（結集）、釈迦の教えを経として伝えました。釈迦は、人生の苦（悩）を四苦八苦[1]として次のように伝えています。すなわち、生苦・老苦・病苦・死苦・愛別離《あいべつり》苦《く》・怨憎会《おんぞうえ》苦《く》・求不得《ぐふとっ》苦《く》・五蘊盛《ごうんじょう》苦《く》であります。この四苦八苦は、二千年を経た今日においても、私たちにそのまま当てはまる苦（悩）でもあります。

その後仏教は、中国を経て六世紀には、わが国に伝わったとされます。その後わが国では、奈良時代には、国を治めるための国家仏教となりましたが、平安時代には、中国に学んだ最澄や空海が天台宗や真言宗を起こし密教が盛んになりました。この密教は一部の貴族が中心の仏教でしたが、鎌倉時代になると法然や親鸞が浄土教を開くとともに、その思想は民衆に受け入れられ、仏教は貴族から広く庶民のものとなりました。

この浄土教は、念仏を唱え、阿弥陀仏の救済を深く信じるとともに、罪深い自己を深くみつめ、真実の自己を知ることが肝要であるとされます。そのためには、自分が苦しい修行をすることよりも、阿弥陀仏を深く信じ、自己をみつめ直すために、僧侶の話を聞くこと（聴聞）が最も重要だと考えられるようになりました。その結果、人々と僧侶の結びつきが強くなり、死後の問題とともに、この世の悩みの相談も僧侶になされるようになりました。

その後江戸時代となり、寺檀制度（檀家制度）が確立され、全ての人はどこかの寺（檀那寺）に所属することが義務づけられ、人々と寺との結びつきが一層強くなりました。

このような歴史的背景により、わが国では人々の日常生活における悩みの相談は、僧侶になされるという習慣が続いていました。しかし、第二次世界大戦後、世の中が近代化され、個人化・都市化が進むにつれ、寺と檀家との結びつきが稀薄になってきています。また、人々の悩みも多様化・複雑化し、その内容も従来のように、相談を受ける者（僧侶）の経験や人間性だけでは対応できなくなってきました。すなわち、悩みの解決にはそれぞれの悩み（問題）に対する、専門的な知識や技術が要求されるようになりました。ここに、カウンセリングが人々の間に入り込める余地があり、このため現在では、悩みの相談といえば、お寺（僧侶）よりもクリニック（カウンセラー）ということになってきています。

確かにカウンセリング、もっと広くいえば臨床心理的アプローチで多くの人の悩みが解決されているのは事実です。しかし、日常生活における悩みは解決されても、釈迦のいう四苦八苦、特に、死に対する悩みはカウンセリングでは解決することはできません。また、「人間とは」「人間は何のために生きているのか」「死んだらどうなるのか」という問いには、今のカウンセリング（臨床心理的アプローチ）では答えることができないのが現状です。

そこでここでは、仏教とカウンセリングの接点という観点からこれらの問題を考えてみたいと思います。

尚、カウンセリングの歴史は、本書の仏教とカウンセリングの意義の「カウンセリングの歩みと基本的理念」および「カウンセリングと心理学」において詳しく述べられていますので、それを参考にしていただければ幸いです。

2　気づきはカウンセリングの原動力

仏教もカウンセリングも、人の悩みを解決するためのものであることには違いありません。別の表現をすれば、人々の悩みに寄り添って心を癒すための手立ての一つであるといえます。その方法は、いつでもどこでも誰でもが自由に使える、言葉を用いてのコミュニケーション、すなわち会話が中心であります。これは私たち人間に与えられた最高の能力である象徴機能を使っての働きです。たとえば医療における注射や手術のように、特定の場所で特定の人が知識や技術を使わなければできないという方法ではありません。

この、言葉でもって悩みを解決するということは、人と人と心と心との触れ合いにおいて悩みを解決するということです。そして、悩みを懐く人が、心と心との触れ合いにより、自己をみつめ直すことによる自己への「気づき」が、悩みを解決する原動力となります。

3　気づきと目覚め

一般に「気づき」といえば、直感する、閃く、思いあたる、思い浮かぶ、目覚める、などがあると思います。確かに人が自己を深く見直した結果、新しい自己に気づくという場合、これらの言葉が使われますが、仏教においては気づきに対して「目覚め」という言葉が使われ、カウンセリングには「気づき」という言葉が使われます。

それでは、何故仏教における気づきを目覚めと表現し、カウンセリングにおける気づきを、そのまま気づきと表現するのでしょうか。

4　仏教における目覚め

仏教において体験する目覚めは、今まで自分では予想もしなかった体験であるということです。これを仏教用語では「悟る」とか「成仏する」と表現します。この悟りの体験は、それまで自分の（心の）中に存在していたことに気づかなかったということではありません。自分の中に存在していなかった世界に目覚めたという体験です。すなわち仏（阿弥陀仏）の存在に目覚めたという体験です。全く新しい世界すなわち仏の世界に目覚めた体験、言い換えれば、眠っていた自分が目覚めた体験という意味で目覚めと表現します。そしてこの目覚めの体験を味わうと、ものの見方や感じ方が一変し、多くの場合、その人の人生観も変わってしまいます。浄土真宗ではこのことを「廻《え》心《しん》」といいますが、心が廻るすなわちこの世の生活にのみ向いていた私の心がくるりと廻されて、仏の（正しい）

道に向くすなわち目覚めるという意味です。
そして、この廻心は一生に「ただ一度」というのが大きな特徴です。

5　廻心はただ一度

この廻心はただ一度ということは、『歎異抄』第十六条[2]に、明確に述べられています。この廻心すなわち目覚めは、一生にただ一度であるという体験は、カウンセリングにおける、気づきが何度も何度も繰り返されることと対照的であります。

カウンセリングにおいては、悩みを持つ人（クライエント）が、カウンセラーに相談をすることにより、クライエント自身が現実の自己に気づく（自己洞察）ようになります。この現実の自己への気づきが、望ましい自己との差違を明らかにし、その気づきがクライエントの人格を育み、ひいてはこのことが悩みの解決にもつながるとされます。しかし、人間が生きている限り悩みは無限に続くもので、一つの悩みが解決されれば、また次の新たな悩みが生じます。確かに、悩みと気づきが繰り返されることにより、気づきの内容が深まり、その気づきの深まりが人間性を成長させることにはなります。しかし、私たち人間の悩みは、この気づきの繰り返しだけでは、根源的には解決されません。というのは、この悩みが繰り返されるのは、悩みの真の原因が取り除かれていないからです。繰り返し体験される気づきで、人間的には成長しますが、人間の悩みが根源的に解決されるわけではありません。この意味において、カウンセリングでは、一時的に悩みは解決されますが、真の意味において人間の悩みの根源が解決されたわけではありません。

6　悩みの分類

私たち人間の悩みは、大きく二種類に分けることができます。一つは、日常生活を送るうえで障りとなる悩みです。たとえば職場での対人関係、経済的なこと、子どもや家族の悩みなどです。これらは、人生をより良く生きるための悩みであり、この世に生を受けてから後天的に生じた悩みであり、個人的な悩みということができます。

これに対してもう一つの悩みは先述の釈迦が説いたとされる四苦八苦のような悩みです。この悩みは、人間の根源的な悩みであり、私たちが人間として生を受けたことによる、生来性に持っている悩みであり、全人類に共通する悩みです。自分は何故生まれてきたのか、生きている意味は何なのか、死んだらどうなるのかなどの悩みもこの部類に入ります。

ここでは前者の、人生をより良く生きようとする個人的な悩みを仮に、心理的悩みと呼び、後者の四苦八苦のような人類共通の悩みを、宗教的悩みと呼ぶことにします。心理的悩みに対してはカウンセリングを受け、宗教的悩みに対してはお説教（法話）を聞くというのが一般的な考え方です。しかし、ここでは、心理的悩みに対しては、心理的カウンセリングを、宗教的悩みに対しては宗教的カウンセリングが必要であるということで話を進めたいと思います。

7　宗教と科学

私たちは、この世の悩みをいくら解決しても、人間として生来性に持っている宗教的悩みを解決することはできません。この宗教的悩みが解決されない限り、いくら心理的悩みが解決されこの世の生活がうまくいったとしても、人間としての根源的な悩みが解決されなければ、真の幸福を手に入れることはできません。

このことは、頭の中ではよくわかっていますが、私たちは目の前の日常生活の悩みにのみ心を奪われ、宗教的悩みに目を向けることはほとんどありません。なかには、知識人ぶって、宗教は非科学的だといって、無関心を装ったり拒否したりする人もいます。彼らは、科学は論理的で不変のものだといいますが、科学で得られた知識は常に変化し訂正されていくものです。二千年前の科学は、今や何の役にもたちません。しかし、お経やバイブルやコーランは不変のままで、現在も非常に大きな影響を人類に及ぼしています。

8　仏教とカウンセリングの接点

このことを考えると、私たち人間には、宗教的悩みを解決することが如何に大切であるかがわかると思います。そして、私たちには、この宗教的悩みに目を向けざるを得ない時が必ずあります。それは、人の死、特に身近な人の死に直面した時です。この時は、人の死を通して自分も死ぬ身であるということを実感します。宗教的悩みが、自分の悩みとなる時です。葬式が宗教儀式であることも、僧侶がそこに関わることも、宗教的悩みが人間の真の悩みであるというところに、その意義を見出すことができます。

もう一つの時は、この心理的悩みを、繰り返す気づきで解決している時に、宗教的悩みに気づくことがあります。最も多いのは、心理的カウンセリングではどうしても解決できない問題に直面した時です。この時、宗教的悩みに気づき、宗教的カウンセリングが必要となります。ここに、心理的カウンセリングから宗教的カウンセリングへの転換が見られ、仏教とカウンセリングの接点を見出すことができると思います。

9 心理的カウンセリング

現在では、日常生活に障りとなる問題が生じた場合、心理的カウンセリングを受けることが一般的となりました。この心理的カウンセリングにおいては、悩める人の内面に深く入り込み、その人の人間的成長と人格の統合を促すことが、目的となります。具体的には、このカウンセリングにおいて感情の解放と自己洞察の成就がなされます。そして、自己の内面の矛盾に気づき、それまで被《かぶ》っていた仮面を取り外し、真の自己に気づくようになります。その結果、自己の内なる可能性に気づくとともに、自己受容と自己決定が可能となり、本来あるべき自己実現に向かって歩むことができるようになります。この自己実現に向かって歩むことを、心理的カウンセリングでは、広い意味において悩みが解決されたと表現します。

しかし、悩みが解決され、自己実現に向かって雄々しく前進することができるようになったとしても、また暫くすれば新しい悩みが出てくるのは先述したとおりです。その理由は、心理的カウンセリングにおける人間の悩みの原因に対する気づきは、真の原因に気づいたのではないからです。真の原因に気づいたのではなく、表面的な原因に気づいたということです。それ故、その時の悩みは解決されても、また次の悩みが生じるのは当然のことです。これが、人間が生来性に持っている悩みの根源に気づいたのであれば、その原因を取り除けば、ただ一度で全てが解決するはずです。

10　繰り返す悩みと気づき

このように、繰り返す悩み、繰り返す気づきが続くことにより、徐々に、これではダメだ、もっと人間の本質的なことに気づかなければ根源的な悩みの解決にはならない、という深い洞察が始まります。その結果、人間が生来性に持っている解決できない悩み、すなわち生老病死という本質的な悩みを解決することが必要だと気づくようになります。そして、これらを解決することが、人間の真の悩みを解決することであるということに気づきます。しかし、そのことに気づいたとしても、その宗教的悩みを解決する知恵や能力を、我々は持ち合わせていません。ここにおいて、人間としてどうしても避けて通ることのできない真の悩みが自分の中に存在することに気づきます。すなわち、どうしても解決できない悩みを、生来性に持っているのが自分であるということに気づくわけです。

11　心理的カウンセリングから宗教的カウンセリングへ

この悩みに、真の意味で気づくか気づかないかは、人により異なります。しかし、心理的カウンセリングを繰り返し受けていると、この宗教的悩みに気づくようになります。そして、人間の悩みを解決するカウンセリングの目的も、心理的悩みから宗教的悩みの解決へと転換されます。しかし、カウンセリングの目的は転換されても、その解決は、心理的カウンセリングのように容易ではありません。その理由は人間の知恵や知識では、宗教的悩みに対する目覚めの手掛りすら摑むことはできないからです。

ここに、人間の知恵を超えた（釈迦の）智慧が必要となります。すなわち釈迦牟尼仏である仏の智慧の外には、この宗教的悩みを解決する方法はありません。これに目覚めさせるのが、宗教的カウンセリングです。

12　宗教的カウンセリング

この宗教的カウンセリングでは、何に目覚めるかというと、人と人との関係におけるカウンセリングすなわち心理的カウンセリングでは、この宗教的悩みは絶対に解決できない、人と人との関係を超えた智慧すなわち仏の智慧によらなければ、この宗教的悩みは解決できないということに目覚めるわけです。

そして、この宗教的カウンセリングにおいて、心理的カウンセリングのように、人と人との関係においては自分が変わることはできないということに目覚めるのです。変わることのできない自分が変わろうとしていたために悩んでいたということに目覚めるのです。人間を超えたもの（仏）の智慧に触れること以外には、生来性に持っている自分の本質は変われないということに目覚めるのです。この人間を超えたものの智慧に触れることを私たちは仏に目覚めると表現します。また、仏に目覚めると同時に自己にも目覚めるわけです。そして、仏に目覚め自己に目覚めることにより、あるがままの自分そのままの自分が自分に受け入れられるようになります。宗教的カウンセリングにおいては、心理的カウンセリングのように、自分が変わるわけではありません。そのままの自分が、仏の智慧により、そのまま受け入れられるようになるのです。そして、人間として生まれ、今生かされていることの有難さに目覚め、それがそのまま救いとなるのです。これが宗教的カウンセリングにおける目覚めであり、これはただ一度の体験です。このただ一度の体験で全てが解決されるのが宗教的カウンセリングの特徴です。

この宗教的カウンセリングの具体的な手続きは、現在のところまだ確立されていませんが、お寺における法話や感話を参考に、一対一の御示談をモデルにアレンジしていくのがよいのではないかと思っています。

今後は、仏教文化研究所内の「仏教とカウンセリング研究センター」で、事例を集め検討するとともに、この宗教的カウンセリングを一つのカウンセリングの形態として確立できればと考えています。本書の、仏教者によるカウンセリング、「心理的カウンセリングから宗教的カウンセリングへ——事例を通して——」を参考にしていただければ幸いです。

註

（1）生老病死の四苦と次の四苦をまとめて四苦八苦という。
愛別離苦：愛する人と別れなければならない苦。
怨憎会苦：怨み憎む者にも会わなければならない苦。
求不得苦：求めるものが得られない苦。
五蘊盛苦：肉体とそれを拠り所とする精神が盛んであるため心身に執着することから生じる苦。

（2）『歎異抄』は、浄土真宗の開祖親鸞の死後、弟子の唯円が、親鸞の真意が正しく伝わっていないことを歎き著わした書。本文は十八箇条から成り、第十六条に「一向専修のひとにおいては、回心といふこと、ただひとたびあるべし」とある。

一　仏教とカウンセリングの意義

カウンセリングの歩みと基本的理念

滋野井一博

1　カウンセリングとは？

近年、カウンセリング（counseling）という言葉を日常生活場面でもよく耳にするようになりました。例えば美容院でヘアスタイルをどうしようか相談する美容カウンセリングや、結婚カウンセリング、賃貸住宅を借りるときに条件の相談やビジネス上の問題解決などにあたるコンサルタントなど、どちらの側もカウンセリングの一種といえます。現在、カウンセリングという言葉は多種多様な場面において登場する言葉であり、カウンセリングは日常的に行われる身近なものとなってきています。さらに人が生きていくうえで有する様々なこころの問題を解決するために、心理学的な理論を踏まえた技法や療法を取り入れた心理的なカウンセリングの必要性が指摘されるようになってきています。そこで今日的なカウンセリングとはどのようなものなのかを見つめてみたいと思います。

(1) カウンセリングの定義

現在のわが国におけるカウンセリングはどのように定義されているのでしょうか。カウンセリングという言葉の語源は、ラテン語の「consilium」(相談する・助言する・協議する)や、古代フランス語の「conseiller」(相談する)に由来するといわれています。このように、人間が集団で暮らすようになった古代よりカウンセリングという行動があったことが知られています。『広辞苑』によれば「個人のもつ悩みや問題を解決するため、助言を与えること。精神医学・臨床心理学等の立場から行うときは、心理カウンセリングと呼ぶことがある。身上相談」(1)とあります。

つまり、一般的なカウンセリングとは、人が日常生活を営むうえで生じる悩みに対して相談や指導をするアプローチといえます。このカウンセリングを行うために相談を受ける側の素質や人生経験の豊かさが求められる場合が多くあります。しかし、一般的なカウンセリングの中には、単に人の悩みを表面的に解決するのではなく、その人の内面に深く立ち入り、自己を見つめ直させることにより、その人本来の自己を見つけ出す手助けをするものもあります。このようなカウンセリングでは、相談に来られた方が自己を深く見つめて自分自身の人格のありようを探索していきます。そのためカウンセリングを展開する上で、学術的な理論の裏づけが必要となることもあります。

(2) 心理的なカウンセリング

一般的なカウンセリングに対して、現代においては、社会の構造が複雑化するにしたがい人々の悩みも多岐にわたり、その相談内容も多様化し、カウンセリングに一定の知識や技術が要求されるようになり、そのような中で心理学に基づくカウンセリングが発展してきました。このような専門性を有するカウンセリングは、『カウンセリング大事典』によると、「クライエントに対して、面接やグループ・ワークによる言語的または非言語的コミュニケーションを通しての心理的相互作用（人間関係）によって、行動や考え方の変容を試みる援助の方法でありクライエントの人格的統合の水準を高めるための心理的方法」[2]とあります。このように心理的カウンセリングでは、心理学の専門家が来談者とのコミュニケーションや人間関係を通して、その人のこころをよく理解し、その人が有する悩みに対して、適切な行動・変容を促すように心理的に援助していきます。

一般的に、心理的カウンセリングは、カウンセリングを行う人（相談される側）とカウンセリングを受ける人（相談する側・来談者）とのコミュニケーションを通した人間関係の中で展開されます。この両者の呼び方ですが、一般的にはカウンセリングを行う人をカウンセラー（counselor）と呼び、カウンセリングを受ける人をクライエント（client）と呼んでいます。心理的カウンセリングでは、クライエントの悩むこころとその人自身を対象としています。また心理的カウンセリングにおいて、クライエントの考えていることや気持ちを聴き、その内容を整理していく過程を通して、本人が成長することにより、悩んでいた問題が問題でなくなることを目的としています。つまり、カウンセリングを通して、クライエントが生活場面において、自発的に自分で意思決定ができるようになることを意味しています。ですから、カウンセリングにおけるクライエントの要件としては、相談内容について真に自分の問題として解決しようという意欲があることと、自分の思いを的確に言語で表現できる能力があることが前提となります。

このようなカウンセリングにおいて、クライエントとカウンセラーの関係は対等の関係であることが重要です。そして、その展開におけるカウンセラーの姿勢としては、クライエントに心理的に寄り添いながら、クライエントのあるがままの姿を見出し、その存在を受け入れ、クライエントが話した内容に共感することで人間関係を深めていこうという支持的な働きかけを大切にしていきます。そのカウンセリングの過程を通して、クライエントが自己実現していくように心理的援助をしていきます。ここでいう自己実現とは、『カウンセリング大事典』において「自発的成長力を解放して、本当の自分らしい自分になること。人格の各側面が全体としてよくバランスがとれて、自律的になり、かつ統一のとれた発達をして成熟することを言う[3]」と定義されています。

このように専門的なカウンセリングとは、心理学的な理論に基づき、悩める人と「ともに考え、ともに歩む」営みだともいえます。したがってこのカウンセリングでは、こころの悩みの解決を図るための手段や方法を伝えたり教えたりすることではなく、その悩みがなぜ生じたのか真の原因を探り、相談者の内面を深く洞察し、人格の統合・完成を目指す方向が志向されるのです。

2　カウンセリングの種類

今日行われているカウンセリングは、その目的に応じて大きく二つのアプローチに分けられます。具体的には、育む視点に立つアプローチと治療的な視点に立つアプローチです。育む視点に立ったアプローチでは、今までなかった行動を生み出していくことを目的とし、これを開発的（発達援助的）カウンセリングと呼んでいます。それに対して、治療的な視点に立ったアプローチでは今までにあった行動の変容を目的とし、これを治療的カウンセリングと呼んでいます。

(1) 開発的（発達援助的）カウンセリング

開発的カウンセリングとはクライエントの悩みを直接解決することではなく、クライエントの悩みを手がかりとして、カウンセラーとクライエントの人間関係を深め、それを通して、クライエントの人格がバランスよく発達・統合されるように援助することをいいます。いいかえれば、クライエントが問題行動を起こさないように、クライエント自身を育てるカウンセリングであるといえます。また、問題が起こらないように事前に対処する「予防的カウンセリング」も開発的カウンセリングといえます。開発的カウンセリングを行うことによって、クライエントの対人関係能力や感受性、自己実現能力などの育成がなされ、問題行動を起こさずに済むというのがこのカウンセリング方法の特徴といえます。開発的カウンセリングでは、クライエントの「成長」が話題になります。いくらカウンセラーに技量があったとしても、クライエント自身に成長しようとする意志がなければ、このカウンセリング方法は成功しないことになります。カウンセリングを実施していくうえで大事なのは、カウンセラーというよりも、むしろクライエント自身であるといえます。

開発的カウンセリングには、心理的な悩みをもつ人たちを対象とするだけでなく、一般の人々を対象にさらなる心理的成長と、人間関係の成長促進を目指すグループで行うアプローチがあります。

このアプローチの一つにエンカウンター・グループと呼ばれるものがあります。このエンカウンターとは、「こころとこころのふれ合い」や「本音と本音の交流」を意味し、グループの参加者が親密な人間関係を経験する過程で、他者と出会い、そのことによって自分自身とも出会うことに由来しています。

このエンカウンター・グループには二種類のアプローチがあります。一つは、成長促進的な雰囲気で創造的に展開する非指示的なアプローチで、これを非構成的エンカウンター・グループと呼びます。このアプローチの特徴としては、心理的に深い体験ができる可能性があり、自発性・主体性を発揮することを目的とするときなどに用いられます。もう一つは、その活動の目的や課題に応じて活動の構成者が提示する一定の段階的なプログラムを中心に進めていくアプローチで、これを構成的エンカウンター・グループと呼びます。このアプローチの特徴としては、短時間で関係を作りやすく、グループを構成するメンバーの状態を考慮した体験が用意できます。また、活動が具体的であるので、展開の見通しがもちやすく安心感が得られる点があります。また、構成的エンカウンター・グループは、プログラムを定型化することで専門家でなくてもリーダーとなれることから、前述したような能力を育成する開発的カウンセリングの中の一つの方法として広く用いられます。

また、子育てカウンセリングなどのように、心配や不安を解決するカウンセリング方法なども、開発的カウンセリングの一つであるといえます。

(2) 治療的カウンセリング

開発的カウンセリングに対するもう一つの方法とは、行動としてあらわれた問題行動を治す方法であります。この方法を「治療的カウンセリング」と呼びます。この方法は治すことによってクライエントの人間関係に変化を与える方法であり、強い悩みをもち日常生活に著しい支障をきたしているクライエントに対して、カウンセラーが専門的な知識や技術を用いて行うカウンセリングをいいます。

この治療的カウンセリングは、医学でいう治療や精神分析のように原因を治療しようとする原因療法と異なり、こころの状態や行動にみられる症状の改善を目指す対症療法といえます。そして、このカウンセリングにおいて展開される人間関係を通して人格の陶冶を図る心理的援助といえます。このような心理的援助が目的であるため、治療的カウンセリングではカウンセラーの姿勢や技量が重要となってきます。また、心理療法的な理論や技法を用いるために、カウンセラーには専門的な知識や訓練が必要となります。

3　カウンセリングの歩み

現代のカウンセリングはアメリカで誕生し、その後もアメリカで盛んに取り組まれてきました。その流れの中でカウンセリングは、社会的要請を背景に、様々な人間論と人格論の影響を受けながら、クライエントを客観的に捉えて操作するのではなく、主体的な存在として、人間的に捉え直そうとしてきました。こうしたカウンセリングの歩みは、生きる人間に関わるアプローチとして必然的な流れであったように思われます。

ではアメリカにおいて、どのような社会的な要請のもと、なぜカウンセリングが誕生し、その流れの中でどのように現代のカウンセリングにおける基本的理念が確立されてきたのか、その経緯を紹介していきます。

(1) 現代のカウンセリングの誕生

現代のカウンセリングの歴史は、二十世紀初め、アメリカで起こり社会的要請として展開された職業指導運動・教育測定運動・精神衛生運動から始まったといわれています。

職業指導運動は、一九〇〇年代初めのアメリカの急速な工業化の中で起こったとされています。当時のアメリカは産業革命によって人々の職場環境や生活環境が劇的に変化し、都市部は外国からの移民や地方から流入した人々で溢れ、貧富の差が拡大している時代でした。マサチューセッツ州ボストンの工場では、農業に従事していた若者が工場で働くようになりました。しかし、就職しても仕事が長く続かず、孤独や生活苦から犯罪に染まる若者たちも増えました。一九〇一年にこうした移民の支援を目的にボストン市民サービス館が創設されました。そこで活動していたパーソンズ（F. Parsonns）は、定職につくまでに何度も転職を繰り返す若者の問題を、彼らの技能だけの問題ではなく、職探しの方法に問題があるのではないかと考えるようになりました。(4) そこで彼は、職業選択に関する新たな考え方として以下に示す三つの仮説を立ててみました。

(1)個人は、必ず他の人とは違う「能力（capability）」、または特性をもっているのではないか。しかもこの能力や特性は測定することが可能であるのではないか。

(2)人は、自分の能力や特性に最も相応しい職業を選択する力を有しているのではないか。

(3)個人の能力や特性と職業に求められるスキルが一致すればするほど、個人の仕事における満足度は高くなるのではないか。

彼は、この仮説をもとに若者たちに対する職業相談の必要性を強く考えるようになりました。そして、一九〇八年、ボストンにおいて職業指導局を開設し、「丸い釘は丸い穴に」という適材適所を理念とした職業指導を行いました。当初は、青年の職業選択の援助を目的として、学生の進学や就職進路指導のために、職業の情報や個人の能力を総合的に見ながら、本人が合理的に選択することを援助することから始まりました。

彼は、人は自分自身を分析する力をもち、その分析に基づいて賢明な選択をすることができると考えました。具体的には、職業選択において「個人の分析」「職業の分析」「カウンセリング」の三つのプロセスを踏むことによって、賢明な職業選択ができることを提唱しました。「個人の分析」とは、自分自身がどのような能力や適性を有し、どのような優れた資質や技能をもっているかなどを理解していくプロセスのことです。「職業の分析」とは、様々な職業において、自分にとって有利な点や不利な点、成功に必要な条件、給与、将来性、仕事の内容などについて調べながら、どのような能力が自分にあるのかなどを見定めていくプロセスのことです。「カウンセリング」とは、

「個人の分析」のプロセスと「職業の分析」のプロセスとを通して得られた内容の関連性に関しての合理的な推論を行っていくプロセスのことです。このような一連の職業指導を行う人を「カウンセラー」と呼び、カウンセラーの主な仕事は「個人の分析」と「職業の分析」を結びつけることでした。

一方、教育測定運動は一九一〇年代に起こったとされています。この運動の中心人物であるソーンダイク（E. Thorndike）は、一九一四年に開かれた教育測定大会において「すべて存在するものは量的に存在する。量的に存在するものはこれを測定することができる」[5]と指摘しました。このソーンダイクによって、心理テストの技術を教育の場に適用し、生徒の測定・指導が理論化されていきました。このときに用いられた心理テストは、フランスのビネー（A. Binet）が作成した知能検査を、スタンフォード大学の教授であったターマン（L. Terman）がアメリカの子どもに用いることができるように標準化したもので「スタンフォード・ビネー知能検査」と呼ばれ、一九一六年に完成されました。この運動は、個人の資質を正しく捉えるには、客観的な基準が必要であるという観点から始まり、知能検査や性格検査などの、個人の資質を評価する視点が必要とされる研究が導入されるようになり、当初は学校教育の分野でその広がりをみせはじめました。やがてその運動の対象は、学校教育の分野だけではなく、職業指導運動とともに次第に労働者にも広がり、個人の資質を評価・分析することで、その人にあった進路や仕事を選択するための助言・指導の指針になっていきました。

また精神衛生運動は、一九〇〇年代初めに起こったとされています。当時のアメリカの精神医療は、患者の人権に対する病院内での認識や具体的な待遇の問題が話題になるようになっていました。この運動の中で全国精神衛生協会を設立することになるビアーズ（C. Beers）自身がうつ病で入院した経験があり、そのときに患者として受けた待遇に対して、彼自身が感じた苦痛から、患者の内的世界を理解したうえで治療がなされなければならないと主張しました。(6) そして、患者に対する処遇を改善しながら、患者の人権や人間性を尊重して、その心理的理解と精神的健康の回復の重要性を訴える精神衛生運動が始まりました。この運動は、患者の人権尊重や心理的理解と精神的健康の回復の重要性から発展し、病気の予防や、健康の保持、健康の増進などに広がっていくことになります。このような患者の内面を理解することが重要であることを提唱した運動は、その後のカウンセリングの発展に大きな影響を与えていくことになります。

そして、職業指導運動とともに、後に同じくアメリカで起こった精神衛生運動と教育測定運動の三つの運動を背景として、一九三〇年にウィリアムソン（E. Williamson）は『学生相談のあり方（How to Counsel Students）』(7) の中で、「職業指導」「精神衛生」「心理測定」などの意味を包括し、「counsel」の意味を学生に対する相談や指導・助言を行うものとしました。そして、この職業相談で行われた、若者たちが職業選択を適切に行えるように援助していく方法をカウンセリングと呼ぶようになりました。このようにカウンセリングといえば、職業・進路指導と教育活動におけるガイダンス的なものが発展していくことになります。具体的には、学校生活や社会生活が困難な個人が有する様々な問題の解決や予防を目的とした援助活動や、精神的健康増進のためのメンタルヘルスを目的とした援助活動に取り組む中で、その対象と援助活動の範囲を拡大し発展させてきた経緯がみてとれます。

このようなカウンセリングの成り立ちにより、人間理解を話題とした心理的なカウンセリングが展開されていくことになるのです。

(2) 心理的なカウンセリングの誕生

心理学的な理論に基づいた相談が始まったのは二十世紀に入ってからであり、心理学者のロジャーズ（C.

Rogers）の影響により、特にアメリカで盛んに取り組まれました。

十九世紀末のカウンセリングは治療を目的とし、精神療法（心理療法）訓練を受けた精神科医のみが精神療法（心理療法）を行う資格を有し、分析的な観点に基づくカウンセリングおよび心理療法が展開されていました。カウンセラーは「解釈、暗示、忠告」といったカウンセリング技法などを用いて、密室でのアプローチとして取り組まれていました。

このアプローチに対して、一九四二年、ロジャーズは『カウンセリングと心理療法（Counseling and Psychotherapy）』[8]を発表しました。その中で、心理療法とは生きた人と人との相互作用であると説きました。そして、それまで専門家と患者とで行われていた密室の体験を、初めて治療関係として記録し、それまでなかった客観的検証を実践しました。これが契機となり、クライエントの言動を評価するのではなく、受容することの大切さが強調されるようになりました。このような考え方は、第二次世界大戦後のカウンセリングにも影響を与え、退役軍人のこころのケアや職業上の適応問題に携わることで発展しました。このように、アメリカではカウンセリングを中心にした心理的援助に対する一般社会の受容が強まっていきます。こうして個人の能力差への関心と能力測定の課題を核としてスタートしたカウンセリングは、次第に個人の問題を個別に解決する役割を担うようになり、一九五二年には、アメリカ心理学会にカウンセリング部会が正式に設立されました。

その後、カウンセリングは社会的要請を背景にしながら様々な人間論と人格論の影響を受け、クライエントを客観的に捉えて操作するのではなく、主体として人間的に捉え直そうとしていきます。したがってカウンセリングの歩みは、人間に関わるアプローチとして必然であったように思われます。今後さらに人間生活の探求と再編成のため、心理的・社会福祉的・教育的・文化的な諸実践が個々の人間関係の中で展開され、人間と社会の変容に関して統合的に思考すること、また社会生活に人間的な息吹と活力と潤いを与えていくことがカウンセリングの課題であるといえます。

4　カウンセリングの基本的理念

ここでは、カウンセリングの基本的な理念について、ロジャーズが提唱したカウンセリングに対する考え方を中心に述べていくことにします。

(1)カウンセリングの基本的な考え方

ロジャーズが提唱したカウンセリングの理論では、次に示す考え方を基本理念としています[9]。まず第一に、「個人が成長し健全になり適応へと向かっているものであるということ」をきわめて重視しています。第二に、「知的な面よりも情動的な要素、すなわち、場の感情的な面」を強調しています。第三に、「個人の過去よりも現在の状況」を強調しています。更にこのカウンセリングの実践においては、「治療的な話し合いがそれ自体成長する経験なのである」という観点を強調しています。この基本的理念は、必要な心理的条件さえクライエントに与えられれば、クライエントは自分自身で答えを見つけ出していく能力があるということを意味しています。したがって、カウンセリングの目的も、表面的な問題解決型の指示的なカウンセリングとは異なります。ロジャーズの考えたカウンセリングでは「焦点は人間であって問題ではない。ひとつの特定の問題を解決するのが目的ではなく、個人を援助して成長するようにし、現在の問題および将来の問題に対してよりよく統合されたやり方で対処できるようにするのが目的である」(10)とされています。

このような非指示なカウンセリングを行ううえで、カウンセラーは可能な限りクライエントの内部的照合枠（internal frame of reference）を身につけるとともに、カウンセラーがクライエントの強さや可能性を信頼する姿勢の重要性を強調するようになります。この内部的照合枠とは、クライエントの「こころの枠組み」やクライエントの思考する「こころの物差し」のことを意味します。このクライエントの「こころの枠組み」や「こころの物差し」で聴くこと、すなわち、クライエントの話す言葉の向こうに聞こえる内なる声に耳を傾けることが重要視されます。このようにクライエントの存在を中心的に捉えた心理的なアプローチは、その実践に携わる臨床経験による検証や研究によって発展し、再形成されていくところが大きな特徴といえます。このような心理的なアプローチは、個人的なカウンセリングにとどまらず、遊戯療法や表現療法などの心理療法や、教育・福祉・産業領域における様々な心理的援助の中で展開されています。

(2) カウンセリングに求められるもの

ロジャーズは、カウンセリングの主体はあくまでクライエントであるとしました。そのためには、カウンセリングにおけるカウンセラーとクライエントとの関係は日常生活に見られがちな医者と患者との関係や教師と児童・生徒の上下関係ではなく、対等な立場であることが大切だとされています。

カウンセラーの役割は、クライエントが自分自身になれる、自分自身でいられるように個人の成長を援助することにあるとロジャーズはしています。そのためには、クライエントと共有する空間において、互いがこころを開き触れ合える状況になることが重要だとされます。具体的には、クライエントとカウンセラーの間で、お互いが責任

表1　クライエントの治療上のパーソナリティ変化に必要にして十分な条件

(1)二人の人が心理的な接触をもっていること。
(2)第一の人（クライエント）は不一致の状態にあり、傷つきやすく、不安な状態にあること。
(3)第二の人（セラピスト）は、その関係の中で一致しており、統合していること。
(4)セラピストは、クライエントに対して無条件の肯定的配慮を経験していること。
(5)セラピストはクライエントの内部的照合枠を共感的に理解しており、この経験をクライエントに伝えようと努めること。
(6)セラピストの共感的理解と無条件の肯定的配慮が、最低限クライエントに伝わっていること。
※他のいかなる条件も必要でない。この六つの条件が存在し、それが一定の期間継続するならば、それで十分である。建設的なパーソナリティ変化プロセスがそこに起こってくるであろう。
(『ロジャーズ選集（上）』16章一部改変)

と権限といった役割を認め合い、その役割の存在する限界の中で精一杯自分を表現しようとすることを互いに契約します。また、クライエントにとってその空間が許容的で自由な心理的雰囲気であると感じられることが大切です。そのためには、信頼関係が生まれるように互いの発言内容の秘密を守ることを前提とします。そして、カウンセリングの展開では、クライエントの話に耳を傾け、受け止めていくとともに、クライエントの感情や心の動きに共感的な態度で接することを大切にします。

表1にロジャーズが、カウンセラーにとって「クライエントの治療上のパーソナリティ変化に必要にして十分な条件[11]」として挙げた六つの条件を紹介します。なお、表1では、ロジャーズがカウンセラーをセラピストと称していますのでその表現で記述しています。

では表1に示したクライエントの治療上のパ

ーソナリティ変化に必要にして十分な条件について説明していきます。

第一の条件は、第二の条件から第六の条件が満たされていることを前提に、肯定的なパーソナリティの変化は、二人の人の関係の中で起こるものとし、その関係を心理的な接触と意味づけています。

第二の条件は、クライエントの状態を表現しています。クライエントの状態には、実際の体験と個人の自己像の不一致がその心理的不適応に関係しているとしています。

第三の条件は、クライエントとの関係の中でカウンセラーは一致した状態にあり、統合している人間であることの必要性を述べています。具体的には、自己一致とは、「カウンセラーの気持ちに嘘がなく、純粋であること」「カウンセラーが専門家としての仮面をかぶらないこと」「カウンセラーが自分の気持ちや感情に常に気づいていること」を意味しています。つまり、カウンセラー自身がありのままの自分でいられるかが問われるといえます。

第四の条件は無条件の肯定的配慮と呼ばれ、クライエントを受容するにあたって、カウンセラーはクライエントが表現していることに何の条件もつけないことです。それは決して見せかけであってはなりません。しかし、クライエントを無条件に好きになることとは違い、一線を画す姿勢は必要であることを意味しています。つまり、「こうあるべき、良い悪い」などの道徳的・評価的な価値観でクライエントを見ないということです。

第五の条件は共感的理解と呼ばれ、クライエントの気持ちに感情移入することで、あたかも自分が感じているかのごとく感じとる心的活動であり、しかもその「あたかも」を失わないことを意味します。

第六の条件は、カウンセリングの展開の中でカウンセラーの行動や言葉から、カウンセラーが自分を受容し、理解してくれるセラピストであるとクライエントが感じていることが大切だとしています。共感的に理解していくということは、カウンセラーが「クライエントの話をどう理解しどう考えるか」を自分に問いかけるのではなく、クライエントが「それをどう見るか、どう考えるか」という視点に立った理解をしていくことです。そして、最も大事なことは、カウンセリングのプロセスを通してそれが相手に伝わっているということです。そのためにロジャーズは、クライエントとの話の中で、カウンセラーは自分が理解していることをクライエントに確かめる必要があるといっています。

カウンセリングの基本はクライエントの心理的な問題解決能力を引き出すことであるといえます。カウンセリングでは、クライエントが本来もっている心理的な資源を活性化するために、クライエントの自己表現と自己理解を重視していきます。

カウンセラーはクライエントとの関係の中で、カウンセリングの目的に応じて様々な心理的技法を用いてカウンセリングを行っていくのですが、「傾聴《けいちょう》」という技法が基本的に用いられます。傾聴とは、こちらのききたいことを「聞く（hear）」のではなく、相手の言いたいこと、伝えたいと願っていることを受容的・共感的態度で「聴く（listen）」ことであり、相手が自分自身の考えを整理し、納得のいく結論や判断に到達するよう支援することです。つまり、耳と目とこころで聴くのが傾聴の基本とされています。この「きく」という行動を心理学的に意味づけようと試みているように、カウンセリングには、人が日常において何気なく行っている人と人とが関わる営みについて、心理的な視点からその意味と必要性を見出そうとしてきた経過があります。表2に、カウンセリングにおいてクライエントの自己表現を促進するために用いられる会話の技術を紹介します。カウンセリング理論によってどの会話の技術を中心にカウンセリングを展開するかは違いますが、その全ての基本は理解的な応答にあり、この理解的な応答を可能にするのが種々の傾聴の方法であるといえます。

今日におけるカウンセリングとは、「今」「ここで」生きる人間とそのこころを対象として展開されます。生きる

表2　カウンセリングで用いられる会話の技術

【傾聴の方法】

繰り返し：クライエントの言葉をカウンセラーが繰り返して伝え返します。

言い換え：クライエントの言葉をカウンセラーが自分の言葉に置き換えて伝え返します。

感情を反映した言い換え：クライエントが言及しなかった感情的・情緒的要素を織り込んで伝え返します。

明確化：より明確な表現をクライエントに促します。

要約：内容の要点をクライエントに整理して伝え返します。

【応答の方法】積極的傾聴によって深まったクライエントの自己理解をさらに展開します。

理解的な応答：考えや感情を理解していることを示します。

支持的な応答：サポートするようなメッセージを示します。

探求的な応答：提示された問題や感情をさらに深く探ったものを示します。

人間とは、一回限りのいのちが存在する意味を自分自身に問いかけながら生きる存在であるといえます。カウンセラーには、このような一人ひとりの人間性を理解し、尊重する姿勢が求められます。そのアプローチは、様々な心理学を土台とした対人援助のことであり、心理学の専門家が、カウンセリングを受ける人のこころをよく理解し、その人が有する悩みに対して、適切な行動・変容を促すような心理的援助を行うことを意味しています。

実際に展開されるカウンセリングは、言葉を用いたこころのキャッチボールといえるのではないでしょうか。そのやりとりの中でカウンセラーはクライエントを受容し、共感的な理解を通してクライエントの現在の生き方に意味を感じていきます。それと同時にそのプロセスにおけるカウンセラーの存在とクライエントとのやりとりを通して、クライエント自身が現在の自分の存在する意味を感じていくのです。この営みを繰り返していく中で、クライエント自身が自分らしい自分のありように気づき、自分が望む人格を陶冶していきます。このような視点をもってクライエントとの出会いの意味を大切にし、クライエントと向き合い、クライエントが見つめるものをともに見つめ、その話題の中でともに考え、ともに歩むプロセスにこそ、カウンセリングの基本的な理念が存在するように思われます。

註

（1）新村出編『広辞苑（第六版）』岩波書店、二〇〇八年、四七六頁。

（2）小林司編『カウンセリング大事典』新曜社、二〇〇四年、一〇九頁。

（3）前掲註（2）書、二八四頁。

（4）Parsons, F., *Choosing a Vocation*, New York, Original Edition Published 1909.

（5）Thorndike, E. L., The nature, purposes, and general methods of measurements of educational products, in Whipple, *G. M.* (Ed), *The seventeenth Yearbook of the National Society for the Study of Education*, Public School Publishing Company, p.16, 1919.

（6）C・ビーアズ（江畑　敬介訳『わが魂にあうまで』星和書店、一九八〇年。(Beers, C, W., A Mind that found itself, The American Foundation for Mental Hygiene, 1908.)

（7）Williamson, E., G., *How to counsel students*: a manual of techniques for clinical counselors.

（8）C・ロジャーズ（佐治守夫編・友田不二男訳）『カウンセリング』（ロージァズ全集2）岩崎学術出版社、一九六六年。(Rogers, C. R., Counseling and Psychotherapy, Houghton Mifflin, 1942)

（9）前掲註（8）書、三三三―三四頁。

（10）前掲註（8）書、三三一―三三頁。

（11）C・ロジャーズ（伊東博・村山正治監訳）「セラピーによるパーソナリティ変化の必要にして十分な条件」『ロ

ジャーズ選集（上）』誠信書房、二〇〇一年。C・ロジャーズ（伊東博編訳）「パースナリティ変化の必要にして十分な条件」『サイコセラピィの過程』（ロージァズ全集4）岩崎学術出版社、一九六六年。（Rogers, C. R, The necessary and sufficient conditions of therapeutic personality change. *Journal of Consulting Psychology* 21, pp. 95–103, 1957）

真宗法座とエンカウンター・グループ
――「気づき」の器としての場――

吾勝常行

1 はじめに

真宗法座(1)は真宗法座であって、エンカウンター・グループではありません。また、その逆も然りです。しかしながら、両者は現代人の不安や悩みの特徴である孤立感や疎外感に対し、それぞれの仕方でその世紀の病を克服しようとしているのではないでしょうか。その世紀の病について、現代人の特徴としての「自分自身からの疎外、自分の仲間からの疎外、自然からの疎外」が、現代社会の思潮と位置づけられるという指摘もあります(2)。

そこで、本論では、共同体意識や同朋意識を涵養《かんよう》し、各人の豊かな気づきを促進する器《うつわ》の場という視点より、真宗法座とエンカウンター・グループの実践的接点について考察してみます。なぜなら、両者は、その世紀の病といわれる現代人の孤立感や疎外感を克服する有効なひとつの手立てとなり得ると考えるからです。また、ファシリテーター（集会の促進者）の課題や宗教的価値観の強要という問題についても言及してみたく思います。

2　真宗法座とエンカウンター・グループ

そこでまず、本論で取り扱う両者の概要について簡単に述べてみます。

真宗法座とは、具体的には寺院法座や家庭法座を指すのが一般的です。真宗寺院の伝統的行事としては、報恩講や永代経をはじめとする各種法要が行われますし、真宗門信徒の家庭では年忌法事などの仏事が行われてきました。両者は開催する場の違いはあっても、聞法（仏法を聞く、阿弥陀仏の本願を聞く、聴聞する）を主目的とすることにおいて違いは全くありません。その具体的な実践方法として、勤行や説教法話、「御文章」拝読や領解出言《りょうげしゅつごん》（中にはご示談と呼ばれる伝統的な相談もあります）、合掌礼拝や称名念仏の仏事を通して、僧俗ともに聞法します。聞法とは、仏法を聞く仏教的な体験であり、自ずと宗教的な気づきが促進されます。すなわち真宗法座とは聞法の場をいい、宗教的配慮に基づき宗教的資源（上記の伝統的仏事）を用いた、宗教意識涵養の器ということができます。

浄土真宗では日本近世、ことに幕末に妙好人と呼ばれる篤信《とくしん》の念仏者を数多く輩出した歴史を持ちます。なぜそのような人々を輩出することができたのでしょうか。それには理由があります。その社会的背景には真宗法座、いわゆる「オザ」[3]が宗教的な気づきを促進する文化的基盤として十分に機能していたと考えることができます。「オザ」の機能的側面には「説教法座」「法義示談」「領解出言」の三つの要素を含みます。その形態には、手次《てつぎ》の住職や布教使から説教を聞くといった、いわゆるタテ形の聴聞にとどまらず、篤信の同行に信仰問題等を相談するといったヨコ形の聴聞が有機的に機能していたことが指摘されています。[4] そこで真宗法座の機能的側面における「聴聞」の三要素を示せば、以下のようになります（図1参照）。

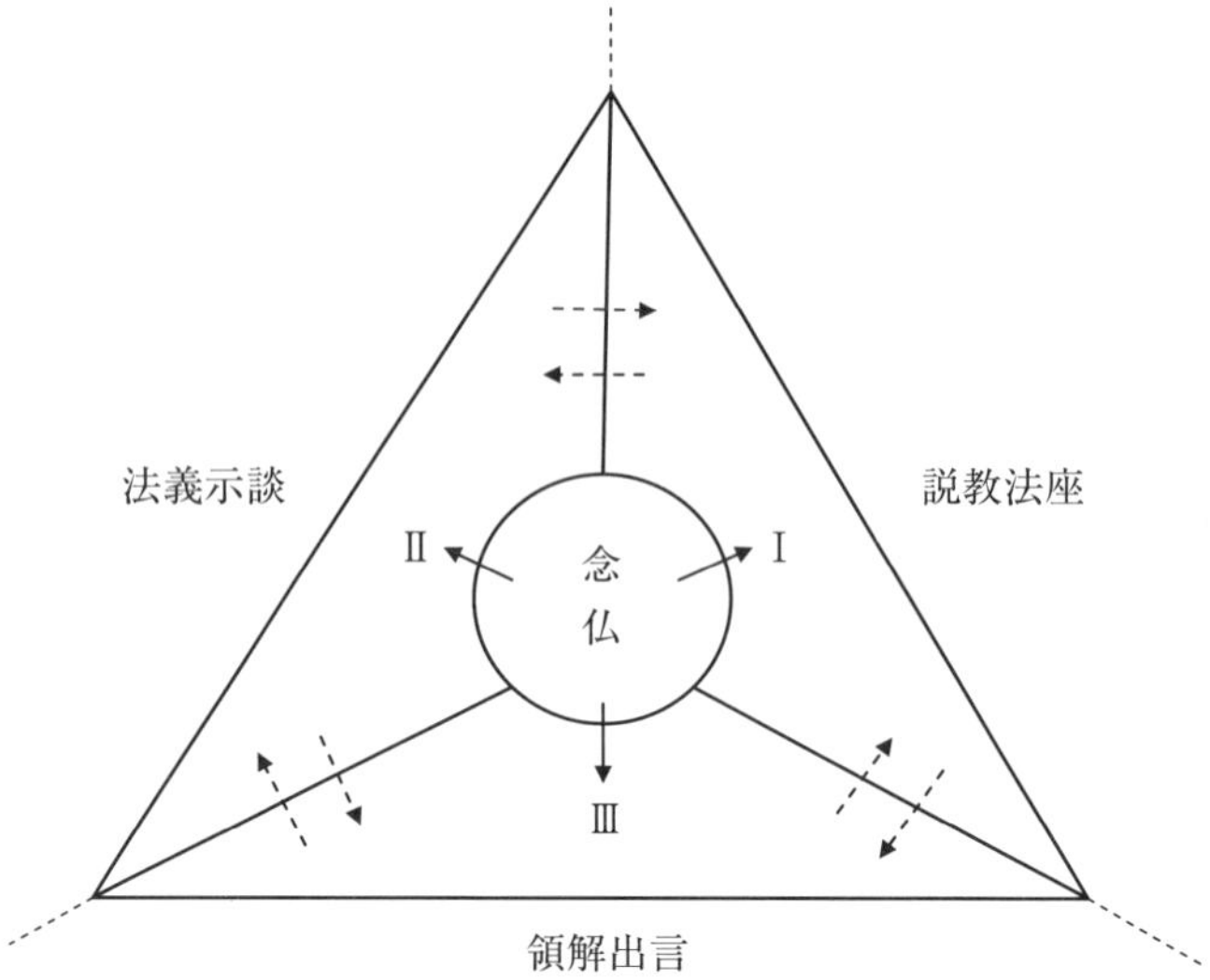

図1　真宗法座の三要素

真宗法座の三要素

①「説教法座」の要素…図1のⅠ　→手次の住職や布教使の説教を聴聞

②「法義示談」の要素…図1のⅡ　→信仰上の悩み等を篤信の同行に相談

③「領解出言」の要素…図1のⅢ　→「領解文」を唱和し、自己を語る

一方、エンカウンター・グループとは、来談者中心療法を提唱したカール・ロジャーズ（C. Rogers　一九〇二―一九八七）が、その人生の後半になし得た大きな仕事といえます。また、ノーベル平和賞にノミネートされた理由でもあります。具体的実践方法としては「ラホイヤ・プログラム」[5]があり、参加者の中には、牧会カウンセリングを実践する牧師などもいるとされます。

ロジャーズは、現代社会におけるエンカウンター・グループの意義について次のように述べています。

孤立と疎外の感じは、高度に工業化された文化圏の重大な特徴と思われます。そして、まさにこの孤立感こそ、部分的にせよエンカウンター・グループの経験が、救ってくれるのです。感情や思考の表明をほとんどさえぎることのない純粋な会合は、私たちの非人間化が進んでいる現代世界の中ではまれな貴重な経験となっています。エンカウンター・グループでは、この種のグループ体験が可能なのです(6)。

この孤立感や疎外感という現代人における世紀の病は、「人間・制度・都市および文化的疎外・人種間の緊張・国際間の衝突・哲学・価値観・人間そのものについてのイメージ」の諸側面にみられますが、これらの深くて重要な問題に対して「エンカウンター・グループは深い意味をもつ運動」だとロジャーズは指摘しています。

3　ロジャーズのクライエント中心療法

西洋思想における心理学の歴史の中で、とりわけ、アメリカのロジャーズやマズロー（A. Maslow　一九〇八―一九七〇）らの提唱した心理学の潮流（第三勢力）を人間性心理学といいます。そこで『カウンセリング辞典』には、人間性心理学について次のように示しています。

人間の人間らしさを追求し、人間を理解し、人間の成長と幸福に貢献する人間科学をめざす立場の心理学をいう(7)。

その名称が示すように、人間性・人間理解・自己実現に積極的に関わり、それを尊重する心理学を指していることがわかります。この人間性を尊重する心理学について、ロジャーズは次のように述べています。

これまで確かめえたことは、次の条件が備わる時、著しい成果が起こってくることを発見したことです。即ち、人が人間を信頼できる有機体として尊重する時、実現傾向に潜む動因力に信頼する時、そしてその潜在力を解放する人間の態度的風土を準備することに集中する時です(8)。

そして、人間自身の力が育まれ力が共有されることを妨げる力に対して、他を支配する権力は反生産的なものだと批判しています。このようにして、ロジャーズは晩年にいたって、心理治療についてだけでなく、人間や集団や社会の成長を目的とする状況に資する視点、哲学や人生へのアプローチについて語るようになります。

さて、ロジャーズは現代アメリカ社会において、その八十五年の生涯を人間の心理的援助、パーソン・センタード・アプローチ（Person-centered-Approach　以下略してＰＣＡとする）の実践研究にささげた臨床心理学者といえます。そこで、彼の治療理論を考える場合に注意しておきたい事柄として、「非指示的カウンセリング」から「クライエント中心療法」へ、さらに後半生にはその思想が「ＰＣＡ」（エンカウンター・グループをはじめとする新たな活動の展開）へといった理論的変化を考えておきたいと思います。なぜなら、当初彼が主張した非指示的カウンセリングとは、それまでの指示的カウンセリングや精神分析に対するアンチテーゼであって、「技術志向」と彼自身が認めているからです。したがって、本論では、その治療理論は、根本的な人間観において変わりはないにしても、客観的には「技術としての非指示的アプローチから、セラピストの態度としてのクライエント中心療法へ」という変化をふまえておきたく思います(9)。

そこで自己実現を尊重し、きわめて革新的かつ簡潔にその治療理論を明確化したロジャーズのＰＣＡに焦点を当てて考えてみます。なぜなら、そのアプローチが心理療法の分野だけにとどまらず、人間の成長発達が目的とされるいかなる状況（教育・産業・医療等）にも応用できることを実証しているからです。その「仮説」とは、

個人は自己の内部に自己理解や自己概念、基本的態度、自発的行動を変化させていく為の大きな資源を内在させている、それらは、心理学的に定義可能な促進的態度に出合うならば出現してくる(10)

というものです。文中の「促進的態度」とは、セラピスト・カウンセラーの援助的態度を意味します。この仮説を

検証するため、ロジャーズは「パースナリティ変化の必要にして十分な条件」という論文[11]の中で、建設的なパースナリティ変化が起こるための条件として、「必要かつ十分である」六つの条件を提示しています。

その六条件とは、以下の通りです。

(1)二人の人間が、心理的な接触をもっていること。

(2)第一の人――この人をクライエントと名づける――は、不一致の状態にあり、傷つきやすい、あるいは不安の状態にあること。

(3)第二の人――この人をセラピストと呼ぶ――は、この関係のなかで、一致しており、統合されていること。

(4)セラピストは、クライエントに対して、無条件の肯定的な配慮を経験していること。

(5)セラピストは、クライエントの内部的照合枠に感情移入的な理解を経験しており、そしてこの経験をクライエントに伝達するように努めていること。

(6)セラピストの感情移入的理解と無条件の肯定的配慮をクライエントに伝達するということが、最低限に達成されること。

これら六条件について、第一条件は後の五条件に対して前提を明確化して関係を、第二条件はクライエントの状態を、第三から第五条件はセラピスト・カウンセラーの基本的態度を、第六条件はセラピストについてのクライエントの知覚を問題にしています。この内、第三条件の「自己一致」、第四条件の「無条件の肯定的な配慮（無条件の積極的関心）」、第五条件の「感情移入的な理解」の三つの条件が特にセラピスト・カウンセラーに求められる「必要かつ十分」条件となります[12]。

(1)自己一致：「透明」、見せかけのないこと、自己自身であること

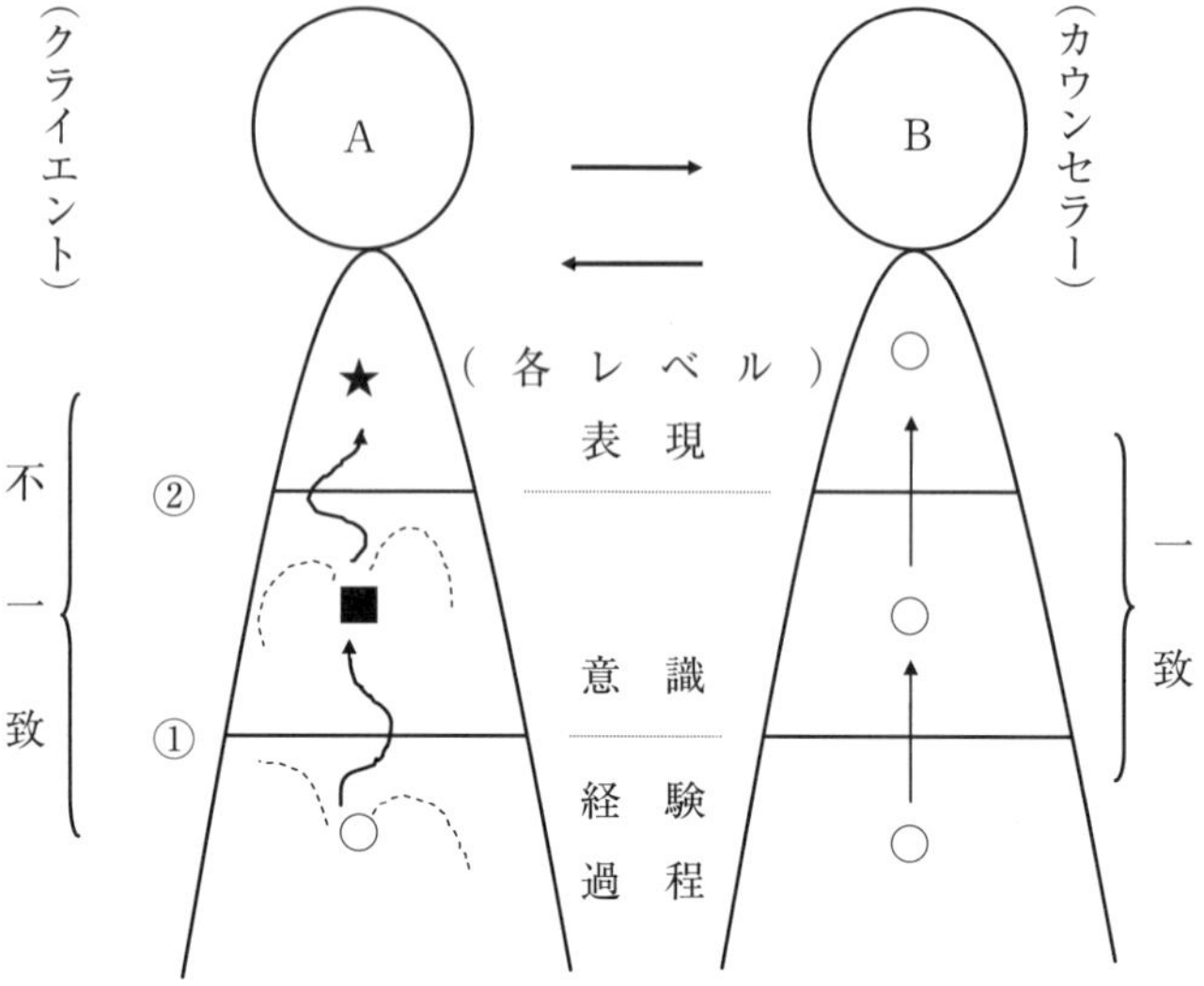

不一致の状態…①抑圧、歪曲など／②見せかけ、虚偽など

図2　「今、ここで」のカウンセリング関係

※「今、ここで」のクライエントとの関係において、私は「こうあらねばならない」「こうしてはいけない」等のとらわれから解放されているだろうか?

(2)無条件の肯定的配慮(受容):「~の場合に」(評価的態度)とは反対のもの

※私の、「だいたい話はわかりました」という言葉が、クライエントにどう伝わっているだろうか?

(3)感情移入的な理解(共感):「あたかも~のように(as if)」という性格を失わないこと

※私は「あなたの話は、よくわかります。私も……」というふうに返していないだろうか?

以上に示された「今、ここで」のカウンセリング関係を図示してみると、上図のように考えられます(図2参照)。

ロジャーズはこの六条件が建設的なパースナリティ変化を始動するのに「必要」であり、かつその過程を進行するのに「十分」だとして、「その他いかなる条件も必要ではない」こと、この六条件が「ある期間継続するならばそれで十分である」ことを論文に述べています。すなわち人格の建設的変化・自己実現が起こり得るのはこれら「治療者（セラピスト・カウンセラー）の態度の反映」であり、「経験的な性質」を明確化することでセラピストの本質的条件が必ずしも専門的知識の獲得ではないことを示しています。またこの六条件については教条主義的なものではなく、経験的な積み重ねによって習得されると位置づけています。なお、本論で扱うエンカウンター・グループを支える中心的仮説は、上記に示したクライエント中心療法（ＰＣＡ）と変わりはないことを付け加えておきます。

「今、ここで」の二人の関係において、セラピスト・カウンセラーがありのままに自己自身である（自己一致）ほど、クライエントに気づきの変化が生じやすくなるというロジャーズの仮説を手掛かりに、以下「親鸞」を再検討してみたく思います。

4　クライエント中心療法からみた親鸞

従来、『歎異抄』の解釈として、教学的解釈はもちろん、文献学的ないし国語学的解釈が一般的です。これに対し、私は先に述べた心理療法的・カウンセリング的解釈も可能なのではないかと考えます。たとえば第九章や第二章などでは、より具体的な場面が想起されます。その場面では、心理療法・カウンセリングの定義[13]が適用できると考えるからです。すなわち二者対面、言葉を媒介とした心理的接触、その関係がクライエントの自己実現を目的とすることに適うという理由から、親鸞の対人態度、その「関係の質」「経験の質」に焦点を当てることが可能になるからです。

このような視点からの考察が許されるならば、次の点が指摘できます。すなわち、親鸞にみられる対人態度の意味です。『歎異抄』第九章には、親鸞と唯円との対話がみられます。これは唯円からみた親鸞の態度ですが、親鸞滅後二十余年経った後も唯円の心に感慨深く残っていることは、それだけで親鸞の態度が唯円にとって援助的であったことが看取できます。ここで「援助的」とは、何よりも唯円にとってであり、それは唯円自身の、主体的自発的関心に対する親鸞の対人的態度をいいます。ただし、カウンセリングと異なる点は、唯円自身の悩みが念仏の教えを聞きたいという、聞法（仏法聴聞）という内容にあることです。ここに真宗法座の原型をみることができます。

第九章は、「念仏申し候へども」という唯円の言葉で始まります（以下に示した本文の第一段落）。すでに称名念仏し、念仏の教えを親鸞より聞き及んでいる唯円の内面を吐露した表現です。以下、その唯円に応じた親鸞の言葉が、唯円の手で記述されています（第二段落以下）。

『歎異抄』第九章　本文

【第一段】念仏申し候へども、踊躍歓喜《ゆやくかんぎ》のこころおろそかに〔一〕候ふこと、またいそぎ浄土へまゐりたきこころの候はぬ〔二〕は、いかにと候ふべきことにて候ふやらんと、申しいれて候ひしかば、

【第二段】親鸞もこの不審ありつるに〔三〕、唯円房おなじこころにてありけり。

【第三段】よくよく案じみれば、天にをどり地にをどるほどによろこぶべきことを、よろこばぬ〔四〕にて、いよいよ往生は一定おもひたまふなり。よろこぶべきこころをおさへて、よろこばざる〔五〕は煩悩の所為なり。しかるに仏かねてしろしめして、煩悩具足の凡夫と仰せられたることなれば、他力の悲願はかくのごとし、われらがためなりけりとしられて〔六〕、いよいよたのもしくおぼゆるなり。

【第四段】また浄土へいそぎまゐりたきこころのなくて、いささか所労のこともあれば、死なんずるやらんとこころぼそくおぼゆることも、煩悩の所為なり。久遠劫《くおんごう》よりいままで流転せる苦悩の旧里はすてがたく〔七〕、いまだ生れざる安養浄土はこひしからず〔八〕候ふこと、まことによくよく煩悩の興盛に候ふにこそ。なごりをしくおもへども、娑婆の縁尽きて、ちからなくしてをはるときに、かの土へはまゐるべきなり。いそぎまゐりたきこころなきものを、ことにあはれみたまふなり。これにつけてこそ、いよいよ大悲大願はたのもしく、往生は決定と存じ候へ。

【第五段】踊躍歓喜のこころもあり、いそぎ浄土へもまゐりたく候はんには、煩悩のなきやらんと、あやしく候ひなましと云々。(14)

親鸞の対人態度や言葉に人格尊重の精神がみられることは、次の二点に指摘できます。

(1)その冒頭に、唯円の宗教的悩みが「念仏申し候へども」という形で、否定的・内省的意識として表出されていること（第一段落）

↓換言すれば、親鸞の態度に積極的関心に基づく傾聴を看取できます

(2)唯円に応じた親鸞の言葉に、「親鸞」という固有名詞で自己をありのままに語っているところ（第二段落）

↓親鸞の真実な自己開示が看取できます

人格と人格という立場（心理的配慮）で親鸞が唯円に対面している様子をうかがうことができます。このことは、「親鸞は弟子一人ももたず」(15)と述べた親鸞の同朋意識に重なることによっても裏付けられます。当時、伝統的仏教教団の風潮はもちろん、法然の専修念仏教団においても「わが弟子、ひとの弟子」という所有意識や帰属意識での言い争いがあったようですから、この親鸞の同朋意識は特筆すべきことで、唯円も驚きのあまりその著に記してい

るからです。

このように親鸞は対面する相手（唯円）に応じて人格尊重しようとしているのですが、さらに相手との言語的非言語的コミュニケーションを通して、相手の気持ちや宗教意識を積極的かつ正確に理解しようとする配慮（親鸞の真宗的な配慮）がみられます。私は唯円の記した親鸞のその言葉の中に、唯円では表現し得ていない言葉があることに気づきました。それは「煩悩の所為（しわざ）」のところです。唯円の言葉では「（踊躍歓喜のこころ）おろそかに」（第一段落の〔一〕）となるところを、親鸞は「よろこぶべきことを、よろこばぬ」〔四〕とフィードバックし、さらに「よろこぶべきこころをおさへて、よろこばざる」〔五〕と言い換えています（第三段落）。唯円の言葉では「おろそかに」と、その意味が不明瞭であるのに対して、親鸞は「おさへて」と明確にし、そこに「煩悩の所為」を看取しているのです。この言い換えには、唯円に対してはその気持ちの確認をし、親鸞自身はその言葉を的確に意識化し表現するという配慮を看取することができます。この配慮は唯円の「（いそぎ浄土へ）まゐりたきこころの候はぬ」（第一段落の〔二〕）という言葉にもなされ、親鸞は再度明確にして「すてがたく」〔七〕、「こひしからず」〔八〕と配慮しています（第四段落）。おそらく二人のあいだには沈黙もあったのでしょうが、親鸞の対人態度には、唯円の気持ちを傾聴し確かめるとともに、唯円の否定的・内省的意識（親鸞の「この不審」〈第二段落の〔三〕〉によって表出された唯円の気持ち）に触発された親鸞自身の自己開示が看取されます。このような仏教的配慮、すなわち対話を通して対面する相手に積極的に関心を傾け、その意図を正確に理解しようとして傾聴しフィードバックする態度は『歎異抄』第二章にもうかがうことができます。[16]

ところで、この唯円の言葉では不明瞭であり、親鸞の配慮により明確にされたところの唯円の宗教意識である「おさへて」や「すてがたく」「こひしからず」という煩悩の所為は、本来「あるべきこと」（必然の道理）に背反する言葉です。この「あるべきこと」とは、「よろこぶべきこころ」〔五〕であり「往生は一定」(第三段落)です。唯円の言葉でいえば、「踊躍歓喜のこころ」「浄土へまゐりたきこころ」が唯円自身に明確化されています。この二つの心は唯円には「念仏申す」という行為、すなわち仏教における「行(称名念仏)」に意味づけされています。ここでは、唯円の宗教的悩みないし悲嘆が、「念仏申す」ことより生じていることに注意すべきであると考えます。

この「あるべきこと」(必然の道理)に背反する自己のありようを、親鸞は「罪障《ざいしょう》」と述べています。親鸞は「煩悩」の意味を「煩は身をわづらはす、悩はこころをなやます」[17]として、よろずの煩悩にしばられたるわれら人間凡夫のありのままの姿を言葉に表現しています。また、『歎異抄』第十三章には親鸞の言葉として「さるべき業縁のもよほさば、いかなるふるまひもすべし」[18]と述べ、どうにもならぬわが身の無力さを言い当てています。ここでいう「背反」とは、よろずの煩悩にがんじがらめにしばられて、どうする術もないわが身の無力さのことをいいます。したがって、「罪障」とは、当人のみ自覚され得る人間凡夫の逃れがたき性、人間の本性を表現した親鸞の言葉だということができます。このわが身の罪障に悲嘆している相手(ここでは唯円)に対し、親鸞は「罪障おもしとなげかざれ」と深い受容と共感を示しています。

無明長夜の灯炬《とうこ》なり
智眼くらしとかなしむな
生死《しょうじ》大海の船筏《せんばつ》なり
罪障おもしとなげかざれ[19]

本来「あるべきこと」に背反し苦悩する心を「罪障」といい、そこに「なげく」という姿が生じます。「なげかざれ」という一見否定的に聞こえる言葉ですが、第九章ではその後、他力の悲願はこのような「われらがためなりけりとしられて」〔六〕と自己のありようを語るのが親鸞の言葉です（第三段落）。唯円を深く受容する親鸞は、同時に他力の悲願（阿弥陀仏）に無条件に深く受容されている親鸞でもあることを、ありのままに告白している言葉です。どうする術もないわが身の無力さの中に聞こえる悲願であり、称えられる念仏として示されています。唯円の内省的・悲嘆的な宗教意識に応じて、親鸞はこのように「他力の悲願」を根底とした真宗による無条件の受容と共感を語っていると考えられるのです。

この深い受容と共感は、たとえば次の『末灯鈔』二十通にも示されています。

はじめて仏のちかひをききはじむるひとびとの、わが身のわろく、こころのわろきをおもひしりて、この身のやうにてはなんぞ往生せんずるといふひとにこそ、煩悩具足したる身なれば、わがこころの善悪をば沙汰せず、迎へたまふぞとは申し候へ。(20)

【現代語訳】
はじめて阿弥陀仏の誓いのこころ（他力の悲願）を聞きはじめた人々の中に、どうする術もないわが身の愚かさを思い知って、「どうしてこのような身で阿弥陀仏の浄土に生まれることができましょうか」と歎く人にこそ、「われら凡夫はこの愚かな身を抱えてひとつも離れることができないからこそ、愚かな身をどうにかしようとあれこれ善悪にとらわれることをやめて、阿弥陀仏は「ただ念仏する者を救う」と仰せになっていることを承るばかりです。（筆者訳）

「わが身のわろく……この身のやうにてはなんぞ往生せんずる」という慚愧《ざんぎ》（苦悩）は、他者との社会的関係において生じている「苦」ではなく、自己の自己自身に対して生じている無力さ、どうにもならぬわが身という悩みの宗教意識(21)、つまり「罪障」であることを示しています。その自己の罪障に苦悩する者に対面して、親鸞は「煩悩具足したる身なれば、……迎へたまふぞ」と他力の悲願の願意を、悲願により無条件に受容された親鸞のありのままとして語っています。

なお、第九章において、親鸞は「喜ぶ心」を一切問題にしていないことは注意すべきことだと考えます。つまり人間の示唆や方法論、称え方や信じ方という自らの心の詮索（はからい）を問題にしていないということです。それと同じ意味を、この箇所では「わがこころの善悪をば沙汰せず」と明示しています。これは、カウンセリングでいう「指示か、非指示か」という問題とは異なり、どうにもならぬわが身の無力さの中に開かれた「弥陀をたのみ念仏申す」という宗教的自覚と行為に関わる問題です。

5　真宗法座とエンカウンター・グループのあいだ
――ファシリテーターの問題――

以上、ロジャーズのカウンセリングにおけるセラピスト・カウンセラーの援助的態度に照らして、『歎異抄』にみる、唯円に対面する親鸞の深い姿勢をみてきました。

最後に、真宗法座とエンカウンター・グループの関係において、実際にファシリテーター（集会の促進者）と、宗教的価値観の強要に関わる問題について述べてみたいと思います。

ロジャーズはエンカウンター・グループを現在の人間疎外の勢力を人間尊重へと向けていく方法として位置付け、個人の充実と成長への道を開く、意味ある行動変化を起こす研究に尽力しました。その強調点は「操作的であるより受容的、理解的」であり、またどちらかというと「リーダーの非凡な力を頼むよりも、グループやそのプロセスを信頼する[22]」ことを繰り返し述べています。その意味で、職業的に使用される「訓練」という言葉を避け、トレーナー（訓練者）に対して、ファシリテーター（促進者）という言葉を用いています。その理由を次のように述べています。

　私の判断では、その人たちが訓練者という言葉に即して行動すればするほど、集中的グループには適さないと思う。そこで、ラホイヤ・プログラムでは、ファシリテーターと目される人の人間らしさ、および他人との相互作用の中で真実であるほど効果的であるという事実を強調している。[23]

ファシリテーターはグループのスタッフであり、まず何よりもひとりの人間であるという指摘です。「人間らしさ、および他人との相互作用の中で真実であるほど効果的」という点については、第三節（四三頁）の「六条件」、特にセラピスト・カウンセラーの三条件に示されています。ファシリテーターが純粋に自己自身であればあるほどという「自己一致」については、前節の親鸞の人間観に深く関わるものだといえます。

　このように、ロジャーズはエンカウンター・グループの効果的運営を促進するファシリテーターを重視しています。なぜなら、ファシリテーターの行動が、グループ運営を効果的にするか否かに大きく関与するからです。そこで、ファシリテーターの非促進的行動として八点ほど指摘しています。[24]

(1) グループの隆盛を利用する（売名目的など）
(2) 特定の目的を持ってグループを操作し規則を課す
(3) グループの成功・失敗を故意に判断する
(4) ある一面的方法を唯一の基本要素と信じることでメンバーを縛る
(5) 自分自身を省みず、メンバーへの配慮に欠ける

(6)メンバーの行動の動機や原因の解釈を与える
(7)ある特殊な操作形式や言葉をもって導入しようとする
(8)自己防衛し、グループに個人的情緒的参加をしない

グループの参加者がいずれも上記のような操作的、解釈的、攻撃的、非情緒的な人であってもグループ自身によって適切に扱われるが、ファシリテーターがこのような行動を示す時、グループ全体が非促進的になるとロジャーズは指摘するのです。なぜなら、当初よりグループにひとつの規範を与えてしまいがちになるからだと。

このロジャーズの「ひとつの規範を与えてしまいがちになる」という指摘は、真宗法座、とりわけヨコの聴聞の場を設ける場合には、住職や僧侶などの宗教的職能者にとって、避けられない課題だと考えます。なぜなら、真宗の門信徒からみて、その共同体意識として僧侶を「御同朋御同行」だと呼べるかどうか、不安な現状や課題があるからです。

キリスト教会でも同様の課題を抱えているようですが、教会ではプログラムの一環として早くからエンカウンター・グループを採用してきました。その目的として、次のようなことが明らかにされています。[25]

(1)現在の教会があまりに失っている共同体意識をつくりあげること
(2)自分自身の宗教的思考と開発に真に参加していくよう引き込むこと
(3)教会内において牧師と教会員、役員と教会員、若年層と老年層間のコミュニケーションを改善すること

この三点は、キリスト教会だけのことではなく、仏教教団においても、僧侶のみならず真宗門信徒においても考えるべき課題を提供してくれているのではないかと考えます。以下、上記の(1)から(3)に対応させて考えてみます。

(1)共同体意識とは、真宗においては「同朋意識」に相当し、教団組織以前の、人間同士の深いつながりに当たり

ます。真宗者が無意識のうちに身につけてきた非本来的姿勢への気づきと、同朋意識への回帰の促進となります。

(2)引き込むとは、自己研鑽のこと。真宗では「聞法（仏教聴聞）」に相当し、自ら聞法の自覚と味わいを深める機縁になります。

(3)教団内の役割や世代間にあるわだかまりや問題を改善し、コミュニケーションを円滑に進めることができます。

6　結び

真宗法座は真宗法座であって、エンカウンター・グループではありません。また、その逆も然りです。しかしながら、以上みてきたように、両者が交流することにより、世紀の病といわれる、現代人の悩みの特徴である孤立感や疎外感を克服する有効なひとつの手立てとなり得る可能性を指摘しました。ここにビハーラ・カウンセリングのひとつの意味があると私は考えます。実践的に共同体意識や同朋意識を涵養し、各人の豊かな気づきを促進する器としての場になるということができるのではないでしょうか。

註

（1）二〇〇九年に龍谷大学で開催されたIASBS国際真宗学会第十四回学術大会での拙論発表「真宗法座の一考察――妙好人誕生の文化的基盤――」。また、西光義敞「浄土真宗の聞法と法座に関する一考察」『水谷幸正先生古稀記念論集――仏教教化研究――』思文閣出版、一九九九年参照。

（2）安藤治・結城麻奈・佐々木清志「心理療法と霊性――その定義をめぐって――」『日本トランスパーソナル心理

学／精神医学会誌』第二巻一号、二〇〇一年、六頁。
（3）森岡清美『真宗教団と「家」制度』創文社、一九六二年、一一三頁。
（4）寺川幽芳「妙好人の回心経験をめぐって」『人文論叢』第三〇号、一九八二年。
（5）カール・ロジャーズ（畠瀬稔・畠瀬直子訳）『新版　エンカウンター・グループ――人間信頼の原点を求めて――』創元社、二〇〇七年、一八三頁。
（6）前掲註（5）書、「日本語版への序」。
（7）國分康孝編『カウンセリング辞典』誠信書房、一九九〇年、四七五頁。
（8）カール・ロジャーズ（畠瀬稔・畠瀬直子訳）『人間の潜在力――個人尊重のアプローチ――』創元社、一九八〇年、巻頭言「日本の読者へ」。
（9）佐治守夫・飯長喜一郎編『古典入門ロジャーズ　クライエント中心療法――カウンセリングの核心を学ぶ――』有斐閣新書、一九八三年、「まえがき」。キース・チューダー、トニー・メリー（岡村達也監訳）『ロジャーズ辞典』金剛出版、二〇〇八年、「クライエント中心療法」の項（四五頁）など。
（10）カール・ロジャーズ（畠瀬直子監訳）『人間尊重の心理学――わが人生と思想を語る――』創元社、一九八四年、一〇九頁。
（11）カール・ロジャーズ（伊東博編訳）『サイコセラピィの過程』（ロージァズ全集4）岩崎学術出版社、一九六六年、一一九―一二〇頁。他に、ブライアン・ソーン『カール・ロジャーズ』コスモス・ライブラリー、二〇〇三年、三九―七〇頁、保坂亨・岡村達也「パーソン中心カウンセリングにおける『治療的人格変化の必要十分条件』の理論的展開――カウンセラーのもう一つの態度条件〈存在すること〉をめぐって――」『人間性心理学研究』第二一巻第一号、二〇〇三年。
（12）久能徹・末武康弘・保坂亨・諸富祥彦『ロジャーズを読む』岩崎学術出版社、一九九七年、九七―一〇一頁。
（13）前掲註（7）書には、カウンセリングの定義として「カウンセリングとは言語的および非言語的コミュニケーションを通して、健常者の行動変容を試みる人間関係である」（七七頁）とあり、その成立条件として対面的・心理的・援助的関係が指摘されている。

（14）『浄土真宗聖典（第二版）』（以下、註釈版聖典）本願寺出版社、二〇〇四年、八三六頁。以下はその現代語訳。

「「念仏を申していますが、喜びの心は薄く、天におどり地におどるほどの喜びの心が湧いてまいりませんし、また急いで浄土へまいりたいと思う心が起こってこないのはどういうわけでしょうか」とおたずね申し上げたところ、聖人は、「親鸞もそれをいぶかしく思っていたが、唯円房、そなたも同じ心であったか。よくよく考えてみると、天におどり地におどるほど喜ばねばならないことを、そのように喜ばないわが身を思うにつけても、いよいよ往生は一定の身であると思います。というのは、喜ぶべき尊いおみのりをいただいて、喜ぼうとする心をおさえとどめて喜ばないのは、煩悩のしわざです。しかるに仏は、このような私であることをかねてからお見とおしのうえで、煩悩具足の凡夫を救うとおおせられていることですから、他力の悲願は、このように浅ましい私どものためであったと気づかされて、ますますたのもしく思われます。また、急いで浄土へ参りたいというような思いがなくて、ちょっとした病気でもすると、もしや死ぬのではなかろうかと心細く思うのも煩悩のしわざです。久遠のむかしから、ただ今まで流転しつづけてきた迷いの古里は、苦悩にみちているのに捨てにくく、まだ生まれたことのない浄土は、安らかな悟りの境界であると聞かされていても、慕わしく思えないということは、よくよく煩悩のはげしい身であるといわねばなりません。まことに名残はつきませんが、娑婆にあるべき縁が尽きて、どうにもならなくてこの世を終わる時に、かの浄土へは参ればいいのです。いそいで参りたいという殊勝な心のないものを、仏はことにふびんに思われているのです。それを思うにつけても、いよいよ大悲の本願はたのもしく仰がれ、この度の往生は決定であると思います。念仏するにつけて、天地におどりあがるほどの喜びもあり、また急いで浄土へ参りたいと思うようならば、自分には煩悩がないのであろうかと、かえっていぶかしく思うことでしょう」と仰せられました」（梯實圓『聖典セミナー歎異抄』本願寺出版社、一九九四年、二四一―二四三頁）。

（15）『註釈版聖典』八三五頁。

（16）『註釈版聖典』八三二頁。このような親鸞の態度は、第二章冒頭の「おのおの十余箇国のさかひをこえて、……ひとへに往生極楽のみちを問ひきかんがためなり」に相当する。

（17）『註釈版聖典』七〇八頁。

（18）『註釈版聖典』八四四頁。

(19)『註釈版聖典』六〇六頁。
(20)『註釈版聖典』七四〇頁。
(21) 湯浅泰雄氏は、日本仏教ないし日本人におけるインド仏教の受容や土着という問題を歴史心理学という側面から考えると、人間存在を「一切皆苦」と客観的観想的に認識したインド思想様式をそのままでは受容せず、日本人は実践的情意的に内面化して、自己を情感的凝視から道徳的反省へ、さらに「罪」観念という宗教的認識へ進む方向をとったと指摘する(『日本人の宗教意識――習俗と信仰の底を流れるもの――』講談社学術文庫、一九九九年、一三一―一三三頁)。また、西川知雄氏は、「苦」思想史という立場から法然の『選択本願念仏集』を検討して、「苦」よりも「罪」という文字に「duḥkha」、すなわちわれわれ自身の主体を根本からゆさぶるような内面的な「苦」の意味を見出すことができるという。その内面的な「苦」の体感すなわち「罪」意識は、自己と他者との社会的関係ではなく、自己の自己自身への関係において生ずる実存的な罪意識であると指摘する(『法然浄土教の哲学的解明』山喜房仏書林、一九七三年、三四頁)。
(22) 前掲註(5)書、八五頁。
(23) 前掲註(5)書、一八五頁。
(24) 前掲註(5)書、八〇頁。
(25) 前掲註(5)書、一七〇頁。

カウンセリングと心理学

小正浩徳

1　はじめに

現代は、様々な情報や物にあふれ、生活を送ることそのことに不自由さを感じることは少なくなってきました。そして生活に必要な物に困らなくなってきた分、私たちは人との関係や、自分自身のことについて、つまり〝心〟ということにより注目しはじめたのです。そして、様々な悩みや問題に直面したとき、その対処や解決に向けた方法が必要であると思うようになりました。この方法の一つに、心や人の行動に働きかける「心理療法」があります。この心理療法には、大きく分けて三つの流れがあります。

その第一の流れはフロイト（S. Freud）が始めた精神分析というものです。フロイトは医者として患者を治療していました。その中で、身体的にはなにも問題がないにもかかわらず、身体の不調を訴える患者と出会ったのです。フロイトは医者としてその原因を明らかにし、治療したいと考え、治療場面における患者とのやりとりから研究をしました。その結果、人の心には、言葉で説明できる意識と普段は心の奥深くにあり自分では気づいていない無意識という世界があること、そしてこの無意識が人の行動を左右したり、時には身体の不調などを引き起こすことを明らかにしました。この無意識に焦点をあてた心理療法を精神分析とフロイトは名づけたのです。そして、人の心のしくみについて理論化を行いました。

第二の流れは行動療法といいます。この流れは精神分析への批判、つまり無意識という目に見えない心の働きや理論を、主観的、非科学的なものだと批判しました。そして、目に見えない心そのものに注目するのではなく、普段私たちが見ることのできる人の行動、嬉しさや辛さなどの感情表現などに注目しました。そして、問題や悩みとなっている行動は、その人をとりまく他者や生活の場といった環境から影響を受け、学んだ結果できあがったものであり、その問題となる行動を無くしたり、新しい行動を再学習すれば問題や悩みは解決すると考えるのが行動療法です。行動療法では、問題となる行動を無くしたり、新しい行動の再学習について、その対象となる人が変わっても手順が同じであればいつも同様の結果が得られる、このことこそが科学的だと主張したのです。

こうした二つの流れについて、それぞれを批判する第三の流れがあります。第一の流れである精神分析に対しては、患者の無意識的な本能や過去に焦点をあてていることへの批判、第二の流れである行動療法に対しては、行動の変容に重点が置かれ心なき心理学だと批判しました。第三の流れでは、人を無意識や環境からの学習によってのみ捉えるのではなく、自らの人生について自己決定の権利と能力を備えた存在として捉えようとします。そしてこの捉え方に基づく心理学をアメリカの心理学者マズロー（A. Maslow）は人間性心理学と呼びました。この人間性心理学における心理療法の一つに、ロジャーズ（C. Rogers）が始めた非指示的療法（後に来談者中心療法と呼ぶようになります）があります。

ここでは心理療法の三つの流れである、精神分析、行動療法、非指示的療法（来談者中心療法）について、もうすこし詳しくみていきましょう。

2　精神分析

(1) 精神分析の誕生

十九世紀末、オーストリアの精神科医であったフロイトは、フランスの神経学者シャルコー（J. Charcot）のもとに留学しました。そして次のようなことを学んだのです。それは、人は心理的な問題によって、ヒステリー症状、つまり身体に問題がないにもかかわらず耳が聞こえなくなる、足が動かなくなるといった身体的な症状が引き起こされるということです。このことを学んだフロイトはこうしたヒステリー症状を医者として治療したいと考えました。そしてその治療のために、ヒステリー症状を代表とする神経症の原因を探っていきました。

フロイトは治療過程から、人の心の世界について、「意識」という普段人が気づいていて、言葉にすることのできる世界と、「無意識」というどんなに意識しても気づくことのできない世界があるということを明らかにしました。そして、症状の原因となるものは、無意識の中に押しこめられた感情すなわち葛藤や願いであり、それがヒステリー症状のような神経症となって表れていることもまた明らかにしたのです。この葛藤や願いを意識できるようになれば、つまり言葉にすることができればヒステリー症状を代表とする神経症が治ることを理論化しました。その治療方法は、患者自身にそれまで体験してきたことを回想させ、そこから連想したことを言葉で表現することで、症状の原因となる患者自身が気づいていなかった葛藤や願いへとたどりつき、さらにそれを表現することだと説明したのです。

こうした一連の治療方法やその理論を、フロイトは一八九六年に「精神分析」と名づけました。

(2) 精神分析の方法

フロイトが作り出した精神分析は、人の心、特に無意識について明らかにしようという心理学としての方法であり、同時にその方法を手段として治療場面に用いました。そして治療を通して得られた経験をまとめ、治療をより進めるために人の心についての仮説や理論を立てるなどの研究をし、その成果を治療に用いたのです。そしてフロイトは神経症症状に悩み苦しむ患者の心だけではなく、治療者側の心ということにも注目しました。それは、治療を行う中で様々な感情（恋愛感情や嫌悪感など）を患者は治療者に向けてきます。一方で、そうした感情を向けられる治療者も同じく様々な感情をもちます。こうした患者、治療者のお互いの治療における感情の動きが、治療そのものに影響を与えるということにフロイトは気がついたからです。フロイトは治療を進め、研究する中で、こうした治療における感情の動きについて、患者から治療者に向けられるものを「転移」、治療者から患者に向けられるものを「逆転移」と名づけました。「転移」についてフロイトは、この感情は、治療における現在の状況によるものではなく、患者の幼児期における重要な他者、特に父親や母親などにもっていた感情であり、治療者との関係が深まっていく中で、治療者に向けてその感情を映し出していることに気がつきました。そして、この感情を治療において取り扱うことで、症状の解決に向けて治療が進んでいくことを明らかにしていきました。一方で、「逆転移」が起こる理由についてフロイトは、治療者自身が解決しきれていない心の問題が患者に向けられているためと考えました。このことによって、治療がうまく進まない原因になっていることに気づいたフロイトは、治療者自身が精神分析を受け、自分自身の無意識について知っている必要があるとしました。この治療者自身が受ける精神分析を「教育分析」といいます。

こうした患者、治療者ともに言葉や感情のやりとりが行われる精神分析の方法とはどういうものでしょうか。

フロイトが精神分析の治療場面における方法として作り出したものは「自由連想法」というものです。この方法では、患者は一週間のうちの約五日間、一日一時間という時間の中で、寝椅子の上に横たわり治療を受けます。治療では、治療者から「頭に浮かぶことをなんでもそのまま話してください」と言われ、患者は治療者からの質問や、また自分自身が話した内容によって、思いついたこと心に浮かんできたことを全て話さなければいけません。

この思いついたこと心に浮かんだことを患者が全て話し、治療者がその内容を分析していき、徐々に無意識の中にある症状の原因となる葛藤や願いが明らかになり、そして症状の解決へと向かいます。しかし、治療者に全て話さなくてはいけないという約束（これを治療契約といいます）があるにもかかわらず、患者には時には話しにくい内容や、どうしても思い出せない内容、知らず知らず話すことを避けてしまう内容があります。なぜこのようなことが起こるのかというと、無意識の中にある葛藤や願いが意識されることになると、患者にとって非常に辛い気持ちや、不安な気持ちを引き起こすこととなるからです。それゆえ、そうした葛藤や願いを無意識の中に押しこめ、辛い気持ちや不安な気持ちを直接感じないようにしているのです。これを「抑圧」といいます。精神分析による治療では、この抑圧している葛藤や願いを患者に言語化させようとする、つまり意識化させようとします。しかし意識化するということは、辛い気持ちや不安な気持ちなどを引き起こすために、患者はまさに無意識の力によって、思い出せなかったり、知らず知らず話すことを避けようとするのです。これをフロイトは治療に対する「抵抗」と呼び、この抵抗の原因を探っていくことも治療において重要であるとしていました。

フロイトはこのような形で、ヒステリー症状に代表される神経症症状の原因を精神分析により探り明らかにしてきました。そしてその原因が意識化されれば治るという形を作り出しました。つまり、無意識という私たちが意識することができない心の世界について、精神分析で明らかにし、理論化したのです。

しかし、無意識という目に見えない心の世界や、ある出来事や感情が、ある人にとっては悩みや問題となる一方で別の人には全く問題とならないということがあること、こうしたまさに複雑な心のメカニズムについて、精神分析のような患者と治療者との間で語られた内容によって明らかにしたものは客観的な事実に基づいていないと批判する人たちがでてきました。そして科学的であるためには、実際に確かめることができ、変化させることが可能な、人の行動こそを重視すべきだという主張が生じてきました。この主張による心理療法が行動療法です。

3　行動療法

⑴行動療法の誕生

「行動療法」という言葉は、一九五〇年代に作り出され、心理療法として理論化、技法化されて発展してきました。この行動療法の背景には、一九一〇年代にアメリカの心理学者ワトソン（J. Watson）の唱えた行動主義があります。それまでの心理学の研究方法は個人の意識についてその個人が自分自身を振り返りそれを記述し研究するものでした。ワトソンはそれを主観的だと批判し、科学的であるためには客観的で観察可能な行動を取り上げ研究すべきだと主張したのです。つまり、心という誰が何を思ったのか、考えたのか、感じているのかなどという目に見えにくく捉えにくいものを扱うのではなく、誰の目にも明らかな人間の行動そのもの、すなわちどのようなふるまいをするのか、どんな表情や表現をするようになるのかなどに注目し、行動の予測とコントロールすることを目的とすることを重要視したのです。このワトソンの行動主義は、人の行動は、環境つまり周囲からの働きかけの影響によることを強く主張するものでした。それは、遺伝による影響を否定するものでもありました。このような行動主義の立場を簡単にいうのであれば、人の行動は学習や訓練によって変化することができるというものです。この考え方が広まった背景の一つには、当時のアメリカの急速な工業化や第一次世界大戦による経済成長の中、誰であっても学習や訓練次第によっては変わることができる、成功できるということが、その時代の風潮に合っていたのではないかと考えられます。

人の行動は学習や訓練によって変化させることができるという考えのもと、それまでの精神分析への批判から発展した行動療法の理論と方法とはどのようなものなのでしょうか。

(2)行動療法の理論と方法

行動療法は、ある働きかけ（刺激）によって、行動の変化（反応）をもたらすということを基礎として、ある人にとって問題となる行動は、それまでの環境でそのような行動を学んでしまったと考えます。そこで新しい働きかけによって、問題となる行動を変化させようとします。この理論と方法は、それまでの動物を用いた実験で得られた結果を、人の行動に対して応用したものです。行動療法の方法は様々なものがありますが、そのうちのいくつかを、基になった実験とともに紹介します。

(1)古典的条件付けと系統的脱感作《けいとうてきだつかんさ》法《ほう》

ロシアの生理学者パブロフ（I. P. Pavlov）は、犬に餌を与える際に、鈴を鳴らすことを繰り返す実験を行いました。その結果、犬は鈴の音を聞くだけで餌が目の前に無くても、唾液がでるようになりました。すなわち、犬は餌を見ると唾液がでるという生理的反応から、鈴の音を聞くことで唾液がでるという新しい反応を学習したといえます。この実験では、食べ物を見る（刺激）と唾液がでる（反応）を、鈴の音という新しい刺激を聞かすという学習の結果、鈴の音（刺激）によって、唾液がでる（反応）というそれまでとは異なる行動を学んだのです。このようにそれまでの刺激と反応という一連のプロセスの中に、全く新しい刺激を加え、置きかえていくことによってその反応を起こさせることを、古典的条件付けといいます。

これを人の場合について考えてみましょう。例えば、高所恐怖症のように高いところに登ると恐怖や不安におそわれる人があります。もともと高いところと、恐怖や不安という感情はその人の中で結びついていませんでした。しかし、あるときに高いところ（刺激）が恐怖や不安を引き起こす（反応）よう、学習してしまったのです。そのために高いところに登ると恐怖や不安におそわれるようになってしまったのです。

こうした高いところに登ると恐怖や不安におそわれるということを取り除く行動療法として系統的脱感作法というものがあります。系統的脱感作法は、南アフリカの精神科医ウォルピ（J. Wolpe）が開発しました。この方法では、ある場面に対して恐怖や不安を抱く状況（例えば、高いところに登ると恐怖を感じる）に対して、リラックスした反応をそこに引き起こす（脱感作）ことを系統的つまり順序立てて行い、その恐怖を取り除くというものです。

前述の高いところに登ると恐怖を感じるという場合、系統的脱感作法では、不安階層表と呼ばれる、最も恐怖や不安を強く感じる状況から、最も恐怖や不安を感じにくい状況を段階的にまとめた表を作ります。それに従って、最も恐怖や不安に感じにくい場面から脱感作法を行います。その最も恐怖を感じにくい状況が階段を一つ上がることであれば、階段を一つ実際に上がって、リラックスした状況を体験します。次に、階段を二段上がってリラックスした状況を体験する、といった具合に徐々に恐怖や不安の高い状況に対してリラックスした状況をあてはめていくことで、やがて高いところに対する恐怖や不安は解消されていくのです。

(2)オペラント条件付けとトークン・エコノミー法

アメリカの心理学者スキナー（B. Skinner）は、次のような実験を行いました。それは、まず箱の中に空腹のネズミを入れます。その箱の中にはボタンがあり、そのボタンを押すと餌が箱の中に投入されるようになっているのです。箱の中を動き回るネズミは偶然ボタンを押し、餌が出てくることを経験します。このことを通じて、やがてネズミは自ら頻繁にボタンを押し、餌を取り出して食べるようになるのです。

この実験では、餌というネズミにとっての褒美（これを「強化子」といいます）を与えることで、自らボタンを押すという行動をするようになりました。これを「強化」と呼びました。このように、褒美といった強化子によって、より望ましい行動をするよう強化することによって、行動の変化をもたらすことをオペラント条件付けといいます。オペラントとは、日本語では「自発的な」という意味で、オペラント条件付けとは、ある行動を自発的に行うように条件付けをするということになります。

このオペラント条件付けを人にあてはめて考えると次のようになります。望ましい行動や反応をしたときに、褒美を与える、誉めるなどすると、その行動や反応を繰り返し行おうとします。一方で、望ましくない行動や反応をしたときに、叱るなどの罰を与えれば、その行動や反応をしないようになります。

この考え方を応用した行動療法の方法にトークン・エコノミー法があります。トークンとは、日本語にすると「代用貨幣」となります。ここでは、お金に代るような、例えばおもちゃのコインやカードなどのことを指します。エコノミーとは、「効率のよい使用」と訳すことができます。すなわちトークン・エコノミー法とは、「コインなどの代用貨幣を効率よく使用する方法」を用いた行動療法との意味になります。

トークン・エコノミー法では、セラピスト（ここでは行動療法による治療者のことです）と、クライエント（ここでは問題や悩みを抱えた人のことです）との間で、あらかじめ望ましい行動や反応を決めておきます。そしてクライエントがその望ましい行動や反応をしたときに、おもちゃのコインやカードなどをクライエントに渡します。このコインやカードをクライエントが集め、ある程度の枚数がたまったときに、それと交換する形で、クライエントにとっての褒美となるような物や行動（例えば、テレビを長く見ることができる、美味しい食べ物が食べられる等）が与えられるのです。なお、この褒美となるような物や行動は、クライエントにとってより欲求度が高いと必要なコインやカードの枚数は増え、欲求度の低いものは逆にその枚数は少なくてすむようにします。例えば、生活習慣がなかなか身につかないことで悩んでいるクライエントがいるとします。このクライエントにとって一番の楽しみはテレビゲームをすることですが、テレビアニメはあまり見なくてもいいと思っているとしましょう。そしてセラピストとクライエントとの相談の中で、朝決まった時間に起きて、家事や自分の仕事をこなし、夜も決まった時間に寝ることができれば、コイン一枚をクライエントが貰うなど、望ましい行動とその報酬を決めます。また、コインの利用については、いつもより三十分長くテレビゲームをするためにはコインが五枚必要だが、三十分長くテレビアニメを見るにはコインは三枚必要などと、コインによって交換できる条件をあらかじめ決めるのです。クライエントはこのような条件のもと、自分の行動における悩みを解決していけるようにしていくのです。なお、トークン・エコノミー法では、この方法が用いられているときは効果が表れますが、トークン・エコノミー法をやめると効果がだんだん落ちてくることもありますので、実際の行動療法の場面では、他の行動療法の方法と組み合わせて用いるなどの工夫をしています。

このように行動療法の主な特徴は、治療の目的が明らかであり、人の行動を対象とするところにあります。そして、問題となる悩みや症状は、問題となる行動を学習した結果もしくはそれまで学習してこなかったことで生じたものとして捉えます。そして、行動療法を用いて、新しい行動や望ましい行動などを再学習することで悩みや症状となっている行動は無くなると考えられています。また、行動療法を行う期間は、精神分析による方法に比べると非常に短い期間で済むとされています。しかしその一方で、行動療法は、個人の行動の変化を第一の目的としており、その個人の内面、つまり心については、治療の目標とするものとはしていません。

アメリカの心理学者マズローは、第一の流れである精神分析では人間の行動を無意識的な本能にしばられたものとして扱っていること、第二の流れである行動主義では環境による条件付けの結果として人間の行動を扱っていることから、両者とも人間の全体を見ていないと批判しました。そして、精神分析と行動主義という二つの心理学に対して「第三勢力」として、人間性心理学を提唱したのです。人間性心理学では、自己実現ということを柱にしており、自己実現に向けた心理療法としては、次に挙げる非指示的療法（来談者中心療法）があります。これが心理療法における第三の流れとなります。

4　非指示的療法（来談者中心療法）

(1) 非指示的療法（来談者中心療法）が生まれるまで

ロジャーズの非指示的療法（来談者中心療法）が生まれてくるまでのアメリカにおける心理療法とはどのような

ものだったのでしょうか。詳しくは「カウンセリングの歩みと基本的理念」の章に譲りますが、簡単に触れておきたいと思います。

一つは、医学と自然科学の流れがあります。医学の流れとは、精神分析のことです。十九世紀末にヨーロッパで生まれた精神分析は、二十世紀になってアメリカで盛んに行われるようになります。この一つのきっかけが、当時のナチスドイツによるユダヤ人の迫害です。ユダヤ人の精神分析家たちが迫害から逃れるためにアメリカへと亡命しました。このことはアメリカの精神医学や心理学に大きな影響を与え、大学の講義でも精神分析が行われるなど学問としての地位を得ることとなりました。また、二十世紀は第二次世界大戦をはじめとした長期にわたる戦争が繰り返された時期でもありました。そして軍人を中心に戦争神経症という、戦争での辛い体験によって様々な心の問題を抱えた人たちが多くおり、社会生活を送ることが難しいという状況が明らかになったのです。この戦争神経症を抱える人たちへの治療には、無意識の中に押しこめた戦争での辛い体験を明らかにしていく精神分析が有効でした。こうした戦争の影響によって、心理療法が必要となっていったのです。同時期にこの精神分析を批判する立場の心理療法がアメリカで生まれました。行動療法です。これは自然科学としての立場から生まれたものでした。

そして、もう一つが教育としての立場によるものです。当時のアメリカは、経済成長の時期でもありました。しかし、数多くの就職先がある中、なかなか定職につくことのできない若者が多いことも明らかになりました。この問題に対処するために、一人一人の若者に向いた職業とは何かを調べ、指導するようになったのです。そこから発展してきたものが、指示的カウンセリングでした。経済的に豊かになってきたことで、個に合わせた若者への指導、子どもへの教育ということに目が向きはじめたのです。

このような時代の中、第三の流れである非指示的療法（来談者中心療法）を作り出したロジャーズは、児童相談施設の職員として非行少年や恵まれない子どもたちへの心理的な治療や対応を行っていたのです。

(2) 非指示的療法（来談者中心療法）の誕生

アメリカの臨床心理学者ロジャーズは、人々の悩みや問題の解決に対して、当初、アメリカの中で広まっていた精神分析の手法で取り組んでいました。しかしあるとき、乱暴な息子に悩む母親への精神分析による治療は失敗したのですが、その母親が自分自身についての思いを自由に語ったことで、その問題が解決したという体験をしたのです。

ロジャーズはこの体験を通して、問題を抱えて相談に来る人自身が、何に傷つき、進むべき方向、重要な問題とは何かなどを知っていることを学びました。この体験から非指示的心理療法（来談者中心療法）の基礎が生まれたのです。

そして、精神分析では時間と費用がかかりすぎることや、過去を重視し現在の環境についてあまり考えないことなどの点から、精神分析という手法に疑問を感じるようになりました。また、様々な問題や悩みを抱えてやってくるクライエントに対して、その解決のために行動を強いることや、クライエントに対する理解をカウンセラーがクライエントに伝え指示してもあまり効果がないこと、それよりも、クライエントの思いや考えを明らかにしつつ、カウンセラーはその思いや考えを話すクライエントに寄り添って聴いていくことの重要性に気づいていきました。こうしたクライエントへの関わりや理解はあまりなされていない新しい考えであるとロジャーズは気づき、一九四〇年ミネソタ大学で彼の考えるカウンセリングのあり方についての講演を行いました。このミネソタ大学は当時、ウィリアムソン（E. Williamson）を代表とする指示的カウンセリングを行う中心地でもあり、この講演によって、ロジャーズの意見に賛成する者、ロジャーズの意見を強く批判する者にわかれ、大きな議論を引き起こすことになりました。この議論を引き起こしたということそのことが、彼の考えがそれまでになかった考えであったと改めてロジャーズは気づきました。そこでロジャーズは自分の考えを話すだけではなく、文字にまとめることにしたのです。こうして出版されたのが、一九四二年の『カウンセリングと心理療法』です。この本の中で、当時の指示的なカウンセリングや精神分析への批判とロジャーズ自身の相談活動を基に「非指示的療法」を提唱しました。この本ではどちらかというと、非指示的療法を非指示的つまり何も指示をしない方法として受け取られてしまうことが多かったのです。これを踏まえてロジャーズは、一九五一年に「来談者中心療法」という論文を発表し、ロジャーズの考えるカウンセリング理論を改めてまとめたのです。この頃から非指示的療法は来談者中心療法と呼ばれるようになりました。その後もロジャーズはカウンセリング理論についての論文を発表し、カウンセラーのあり方についてなど、現在のカウンセリングの中心となっている理論や考えをまとめていったのです。それでは、ロジャーズが作り出した非指示的療法（来談者中心療法）の基本的な考え方や方法とはどのようなものなのでしょうか。

(3) 非指示的療法（来談者中心療法）の基本的な考え方と方法

ロジャーズは、相談活動を行っていく中で、人は自分自身の中にもともと備わっている力、自ら成長していこうとする力をもっており、それを発揮していこうとする存在（これを「実現傾向」といいます）であると考えるようになっていきました。そして、人はもともと成長していく力をもっており、受け身的に環境からの影響を受けるのではないこと、カウンセラーはクライエントの自ら成長していく力を信じ、カウンセリングではクライエントが自分自身で解決に向けて進んでいくのであって、カウンセラーはそのことについて指示を与えるべきではないのだと、ロジャーズは主張したのです。このような考えは、クライエントという呼び方についても見られます。問題や悩みを抱えた人たちのことを、医学では「患者」と呼びますが、ロジャーズは、「クライエント」と呼ぶようにしたのです。これはどういうことかというと、ロジャーズは、患者という呼び方はそこに「病んでいる人」という意味があり、それは不適切だと考えたのです。非指示的療法（来談者中心療法）では、そうではなく、「専門的な援助を求めてきた人」という意味で、クライエント（日本語では「依頼者」と訳せます）という言葉を用いたのです。これは、法律の専門家に相談に来た人のことをクライエントと呼んでおり、それと同じ意味をロジャーズはカウンセリングでももたせたのです。

非指示的療法（来談者中心療法）では、「実現傾向」が充分に発揮されるようなクライエントとカウンセラーとの関係の中、クライエント自身が、悩みに向き合い今まで気づかなかった自分すなわち本当の自分というものに気づき、自己成長することで解決していくと考えます。

クライエントが本当の自分に気づき、自己成長するためには、カウンセリングによって自分自身をありのままに見つめることが必要になります。クライエントが自分自身をありのままに見つめるには、カウンセラーを充分信頼する必要があります。なぜなら、もしカウンセラーを信頼できなければ、クライエントが自分自身についてありのままに話すことをためらってしまうためです。クライエントが生活する中で感じた様々な思い、それは、社会の中で良いと認められるようなことも悪いと思われるようなことでも全てカウンセリングの場で話すことができなければ、本当の自分というものに気づくことはできなくなります。そのためロジャーズは、カウンセリングにおいてカウンセラーがもつべき態度、つまりクライエントと信頼関係を築き、クライエント自身が自己成長するために必要な条件を挙げたのです。その条件は三つあります。

(1)純粋性

カウンセリングでは、クライエントがクライエントの心の奥深くにある感情をカウンセリングの場で表現することが重要となります。すなわち、クライエントが自分の感情をありのままにカウンセラーに話せることが大切となるのです。クライエントがありのままに話せるようになるためには、カウンセラー自身もありのままでいること、つまり、カウンセラー自身がカウンセリング中に湧き起こる自分の感情を偽わったり、押し殺さないようにすることが大切となります。クライエントが話す内容や、クライエントの様子などをカウンセラーは注意深く見聞きし、そのときカウンセラーに湧き起こる思いや感情について、カウンセラー自身が敏感に気づいていること、そして、カウンセリングにおいて、必要に応じてクライエントにそうしたカウンセラーが感じている思いを言葉で説明することが重要であると、ロジャーズは述べています。こうしたカウンセラー自身もカウンセラーの心の動きにありのままの姿でいることを、ロジャーズは「純粋性」と説明し、最も基本的なものとしています。

この純粋性についてロジャーズが最も基本的なものとして、重要視した背景の一つにロジャーズ自身の体験がありました。それは、ロジャーズがカウンセリングを行う中で重い病気を抱える一人の女性のクライエントとの出会いがありました。このクライエントのカウンセリングにおいて、なぜかロジャーズは、時にはその女性に対して温かく接したり、クライエントの状態が悪いときには非常にクライエントに対して恐ろしさを感じ、よそよそしい態度で接するなど、気持ちの上で混乱してしまったのです。そのためにカウンセリングをカウンセラーとして一貫した姿勢で行うことができず、同時にカウンセラーとしてまた心理学者としての自信をロジャーズは失ってしまったのです。こうした中、ロジャーズは、仕事仲間の一人にロジャーズ自身のカウンセリングを依頼したのです。仕事仲間からカウンセリングを受けることについて、ロジャーズははじめのうちは自分の抱えている問題の大きさゆえに、その問題と向き合うことに恐ろしさを感じていたのですが、カウンセリングを受けていく中で徐々に自分に対する自信を取り戻して、その問題を乗り越え解決していったのです。それ以来、ロジャーズは、クライエントとのカウンセリングを、カウンセラーとして一貫した自然な態度で行えるようになったのです。

この体験を通じて、ロジャーズは自分についての様々な思いを自分で押し殺すのではなく、ありのままに受け容れていくことの大切さを知り、カウンセラーの最も基本的な態度として「純粋性」を重要視したのです。

そしてこの「純粋性」をもってカウンセリングを行うことは、次の二つの条件に自然とつながっていきます。

⑵無条件の積極的関心

一般に教育やしつけといった場面では、「良い行いをするときは認めるが、悪い行いをするときは認めない」という、条件付きの受け容れの態度となります。しかし、カウンセリングでは、このようなことを超えた「悪い行い良い行いにかかわらず、どのような思いや感情を持っていても、認めます」というカウンセラーの姿勢を示すことによって、クライエントは、「こんなことを話しては怒られるかもしれないから、隠しておこう」などといった気持ちをもたず、「怒られるようなことかもしれないけど、でもこのカウンセラーだったら、話してもきっと受け容れてくれる」という思いをもてるようになるのです。そして様々な感情をありのままにカウンセラーに話すことで、クライエント自身が本当の自分に気づくことができるのです。

このようにクライエントから語られる内容やそのときの感情、態度といったクライエントの全てをありのままに認め、受け取ろうという態度や姿勢を「無条件の積極的関心」（または「受容」ともいいます）とロジャーズは述べています。カウンセリングの場では、相談者が、道徳的倫理的にみて悪いといえるような感情や思いを語っても、また、辛さや恐怖、不安、自己否定につながるような発言があったとしても、クライエントのそうして語られる感情や思いを大切にし、受け容れていくことが重要となるのです。

(3)共感的理解

カウンセラーとして「純粋性」をもって、「無条件の積極的関心」でクライエントの話を聴く中で、どのような話を聴けばいいのでしょうか。クライエント自身やその周りで起こった出来事を聴けばいいのでしょうか。

カウンセリングではクライエントが話す全てをそのままに聴いていく(これを「傾聴《けいちょう》」といいます)のですが、かならず丁寧に聴かなければならないことがあります。それは、クライエント自身の思いや感情です。

クライエントの体験などにまつわるクライエント自身の思いや感情を聴き、カウンセラーは、そうしたクライエントの思いや感情を、〝あたかも〟自分自身のものである〝かのように〟感じ取ろうとし、感じ取ったことを相談者に伝えることが大切だと、ロジャーズは述べました。これを「共感的理解」といいます。

ここで重要なことは、クライエントの思いや感情について、カウンセラーが「あたかも～かのように」と受け取ることなのです。それはどういうことかというと、この「あたかも～のように」が抜け落ち、クライエントの思いや感情を、まさにカウンセラー自身のこととして捉えてしまうと、クライエントとの適切な関係がとれず、クライエントの思いや感情そして抱えている問題や悩みが、カウンセラー自身のもっている問題や悩みと重なってしまい、クライエント場合によっては、カウンセリング中で話し合われている内容がクライエントの問題についてなのか、カウンセラーの問題についてなのかがわからなくなるような状況になってしまいます。つまりカウンセリングが破綻してしまう恐れがあるのです。

カウンセリングでは、時にはクライエントが話す感情、例えば辛いこと、悲しいことといった内容が、カウンセラーにとっては、辛い、悲しいと感じないようなことがあります。先ほどの「純粋性」と併せて考えるのであれば、「クライエントは悲しい気持ち辛い気持ちを話しているけれど、そうした悲しい気持ち辛い気持ちが私（カウンセラー）に伝わってこない、クライエントの感じているような悲しい気持ち辛い気持ちになれない」ということです。このとき「共感的理解」をしなければいけないからといって、あわてて悲しい気持ち、辛い気持ちになろうとする、つまりカウンセラーが自分の感じている思いを偽ろうとすると「純粋性」のところで矛盾が生じてしまいます。そこで、「無条件の積極的関心」でもってさらにクライエントの話をそのままに聴いていくのです。つまりなぜクライエントが悲しい気持ち、辛い気持ちになっているのか、カウンセラーとして理解できるよう、今はわからないけれど話を聴いていくうちにわかることができるよう話を聴いていこうということが大切になるのです。

このように三つの基本的な態度はどれか一つが抜け落ちると、クライエントの話をありのままに聴いていくことができなくなってしまいます。三つの基本的な態度はそれぞれ結びついているのです。

この三つの基本的な態度をもつカウンセラーとのやりとりを通してクライエントは、徐々に自分の悩みや問題に向きあい、こうした思いにとらわれていた自分自身を解き放つのです。そして、それがクライエント自身の成長へとつながっていくのです。

5　おわりに

ここまでみてきたように、心理療法の第一の流れである精神分析によって、人の心の世界が明らかにされ心理療法が確立されました。第二の流れの行動療法では、心から人の行動に着目し心理療法の幅が広がり、第三の流れである非指示的療法（来談者中心療法）では、人の心や行動を含めて、その人自身がどうありたいかということを共に考えていくというカウンセリングのあり方そのものを作り出したのです。それぞれの流れでは方法や考え方が異なりますが、全て個人（患者やクライエント）が個人（治療者やカウンセラー）との関係の中で悩みや問題を解決しようというものとして共通しているといえます。

参考文献

小此木啓吾『フロイト』講談社学術文庫、一九八九年。

S・コーチン（村瀬孝雄監訳）『現代臨床心理学』弘文堂、一九八〇年。

佐治守夫・岡村達哉・保坂亨『カウンセリングを学ぶ』東京大学出版会、一九九六年。

平木典子・袰岩秀章編著『カウンセリングの基礎――臨床の心理学を学ぶ――』北樹出版、一九九七年。

松原達哉編著『図解雑学心理カウンセリング』ナツメ社、二〇〇四年。

C・ロジャーズ（末武康弘、諸富祥彦、保坂亨訳）『ロジャーズ主要著作集1　カウンセリングと心理療法』岩崎学術出版社、二〇〇五年。

C・ロジャーズ（保坂、末武、諸富訳）『ロジャーズ主要著作集2　クライアント中心療法』岩崎学術出版社、二〇〇五年。

C・ロジャーズ（諸富、保坂、末武訳）『ロジャーズ主要著作集3　ロジャーズが語る自己実現の道』岩崎学術出版社、二〇〇五年。

二　仏教の〈こころ〉とカウンセリング・マインド

人間性心理学（humanistic psychology）とは
――主としてマズロー、ロジャーズの心理学から――

児玉龍治

1　はじめに

心理学者であるビューラー（C. Bühler）は、若い頃「人生は何のためにあるのか」という疑問にとりつかれ、その答えを心理学に求めようとしたことがありました。しかし、質問を受けた心理学の教師は、「あなたが心理学と考えているのは心理学ではありません。私は人生については語りません。心理学は刺激に対する感覚的反応や学習について語るだけです」と答えたのでした。その言葉にビューラーは失望し、それならば自分が人生の心理学について取り組もうと決意し、やがて仲間とともに、「人間性心理学会」を創設するに至りました(1)。

この質問を受けた心理学の教師が言うように、従来の心理学は、研究者が純粋に客観的な第三者として事象を観察、分析し、因果関係の法則を見いだすという自然科学的な研究方法をとることが主流を占めていました。しかし、そのことにより、心理学は、結果として人間のこころを細分化し、人間の価値を見失い、次第に人間不在に陥っていくこととなりました。

そこで、人間性を尊重する新しい心理学として生まれてきたのが、人間性心理学（humanistic psychology）です。この心理学は、人間を細分化せず全体的にとらえるとともに、人間を自己実現の道をあゆもうとする主体的な存在と考え、その「生き方」や「生きがい」にかかわる新しい人間学的な心理学を意味しています。ここでは、人間性心理学について、主としてその創設者であるマズロー（A. Maslow）、ロジャーズ（C. Rogers）の心理学から述べていきたいと思います。

2　人間性心理学の誕生

人間性心理学への動きは、一九六〇年代にアメリカで明確なかたちをとりはじめ、学会が創立され、機関誌が創刊されるようになりました。この学会の創設に、マズロー、ロジャーズ、ロロ・メイ（R. May）などが力を尽くしたので、学会ではこの三人を、アメリカ合衆国の建国に力を尽くした人々にならい、この学会の「建国の父たち」と呼びました。

マズローは、人間性心理学の動きを、心理学の歴史上の先輩にあたる第一勢力・第二勢力である精神分析、行動主義の二大勢力につづく、心理学における「第三勢力」であると主張しました。

精神分析は、人間の理解や解釈に関して、病気をもつ人の心理過程をもとに、健康な人の心理構造を類推しようとし、また、人間の行動を因果論的な視点により解釈しようとしました。そのため、人間のもつネガティブな面や過去が重視されることとなり、結果として、人間の積極的な在り方や生きがいの問題などについては提示することができませんでした。

また、行動主義は、人間を理解するのにできるだけ客観的であろうとし、表面にあらわれた行動のみを研究の対象とする立場です。しかし、その結果、人間の内面的な感情は心理学の対象から外されることになりました。

そこで、マズローは、人間のこころを明らかにするためには、精神分析のように人間のこころの病理的な側面のみを扱うのでは人間の全体を扱ったことにはならず、一方、行動主義のように外から観察可能な行動のみを扱うのでは不十分であると考えました。そして、彼はむしろ可能性の実現過程にある「自己実現の道をあゆむ人（self-actualizing person）」の研究が必要であると考え、それに没頭していくことになります。

つまり、人間性心理学とは、第一勢力・第二勢力である精神分析、行動主義の限界を克服し、心理学に新しい道を開こうとするものであり、マズローは、第一・第二の両勢力をふまえ、その上に心理学における「第三勢力」を打ち立てようとしたのです。そして、これが人間性心理学が誕生する発端となりました。

また、この人間性心理学が発展していく背景として、一九六〇年代にアメリカ西海岸を中心とした文化的雰囲気があげられます。一九六〇年代後半のアメリカは、学生運動、大学のバリケード封鎖、ベトナム反戦運動、黒人の公民権運動、街頭デモなどが次々とひきおこされていった時代でした。そうしたなかで、心理学においても、多くの一般市民が参加するかたちで、硬直したからだとこころを解き放ち、人間の潜在的な可能性をいかしていこうとする「人間性回復運動（human potential movement）」という運動が起こってきました。

この運動の拠点となったのが、カリフォルニアのビッグ・サーと呼ばれる景色の美しい海岸の温泉地エスリンに創設された「エスリン研究所」でした。このエスリン研究所では、一九六〇年代から、マズローをはじめ、ロジャーズ、パールズ（F. Perls）などといった著名な心理学者により、講義やワークショップなどが行われ、こうした活動は、人間性心理学の発展と普及に大きな役割を果たしました。

3　人間性心理学の特色

この人間性心理学の特色については、ビューラーの考えをもとに畠瀬稔により次のように説明されています。(2)

(1)いままでの心理学は、理論的説明や外側の行動に重きをおきすぎていますが、人間性心理学は、人間の経験こそを中心とした心理学をつくろうとします。

(2)人間を機械のようなものとして理解する方法（例えば、自動制御機構、コンピューターに似たものとして説明する）や、還元論的に見る方法（例えば、人間の行動を生理学や動物学の進歩によってどんどん説明がつくとする見方）ではなく、人間性心理学は、人間を理解する別の適切な方法をうちたてるべきだと考えます。

(3)事実、人間は主体的に意志をもち、自己実現を求め、価値を追求する存在です。人間性心理学は、このような人間の尊厳、人間の価値を重視し、一人ひとりの人間に固有な潜在的能力の発展・援助に関心をもとうとします。

この点においては、マズローは、経営の領域において、その成員の自己実現をはぐくむ心理学的な経営により、組織心理学という新しい分野を開きました。また、ロジャーズは、パーソン・センタード・アプローチにもとづくエンカウンター・グループにより、地球規模での葛藤・内紛に至る様々な問題に対して、その解決を支援する方法を示しました。

(4)これまでの心理学は、自然科学的方法を重んじるために、重要な人間現象の研究を回避してきました。つまり、心理学的研究の手続きを重視し、客観性を強調しようとするあまり、人間の現象やその意義は見落とされることが多くありました。しかし、本来、心理学は課題とするその現象に適切な方法を選ぶべきで、研究方法の厳密さを優先させるべきではないでしょう。

こうした考えをもとに、アメリカ人間性心理学会においては、「愛」「創造性」「自発性」「遊び」「自己超越」「自律性」「責任性」「真実性」「人生の意味」「超越体験」「勇気」などがテーマとしてとりあげられることとなりました。

4　精神的に健康な人

人間性心理学では、先に述べたような理由から、精神的に健康な人に注目し、そうした人にはどのような特徴がみられるのかについて研究が重ねられてきました。そのなかでも代表的な研究としてとりあげられるのが、マズローによる自己の可能性の実現過程にいる「自己実現の道をあゆむ人」に関する研究です。マズローは、研究の結果として「自己実現の道をあゆむ人」の特徴を次のように示しています。[3]

⑴現実をより正しくみて、それと快適な関係をもつことができます。「無邪気な眼」をもって、偏見や固定観念を超えた、自然という現実の世界を生きることができます。

⑵自己や他者や自然を受容できます。自己満足ではなく、自分自身の欠点や理想から程遠い事実を、あたかも自然を自然のままに疑いをもつことなく受けいれるのと同じ精神で受けいれることができます。

⑶自発的で自然な行動がとれます。つまり、行動は、かなり自発的であり、内なる生き方、思考、衝動などは、よりいっそう自発的です。そして、彼らの行動の特色はその単純さや自然さにあり、それが気取りや何らかの効果

をねらってのものではない点にみられます。

(4)問題中心的です。つまり、あまり自分のことに気をもんだりすることがなく、客観的な態度をとることができ、真の問題に持続的に取り組み、集中することができます。

(5)孤独やプライバシーを好みます。孤独にも傷つかず、不快になることはありません。友情についても、執着的なものであったり、排他性を望むものではありません。

(6)自律的であり、社会的環境から独立しています。彼にとって満足とかよき生き方を決めるものは、内なる個人そのものであり、他の人々の与えてくれる、名誉、地位、報酬、威信といったものではないのです。

(7)絶えずフレッシュな鑑賞する眼をもちます。彼には、人生の基本となるものを繰り返しフレッシュに、無邪気に、畏敬や喜びや驚き、そしてエクスタシーさえを伴って体験できるという、すばらしい能力が備わっています。

(8)神秘的体験（大洋感情）をもちます。こうした体験は、激しいものから穏やかなものまで広く連続するものであり、穏やかな体験はおそらく大部分の人々に起こるといえます。さらに、恵まれた人々には、一日に何回も起こることさえあります。

(9)共同体感覚（Gemeinschaftsgefühl）をもちます。つまり、ときには嫌気がさしたり、怒りを感じたりしながらも、人類全般に対して同一視し、思いやりや愛情をもっています。

(10)深い対人関係をもちます。彼が愛する人々は数においては多くはありません。しかし、それは、自己実現の道をあゆむなかで誰かと親密であるためには、時間を必要とするためです。

(11)民主的な性格構造をもちます。つまり、彼は、階級、教育、政治信念、あるいは人種とか皮膚の色などに関係なく、彼らにふさわしい性格の人とは誰とでも親しくなることができます。また、自分に何か教えてくれるものをもっている人からは、その人がどのような人であれ、何かを学びとることができます。

⑿手段と目的の区別がつけられます。一般的に、彼は手段よりも目的にひきつけられます。そして、手段ははっきりとこれらの目的に従属させられます。しかし、一方で彼は他の人々にとっては目的のための手段にすぎない多くの体験や活動を目的とみなし、行動それ自体を絶対的な意味で評価しがちです。

⒀哲学的で悪意のないユーモアのセンスがあります。誰かを傷つけることによって人々を笑わせるような悪意のあるユーモアや誰か他の人が劣っていることを笑うような優越感からのユーモアなど、ユーモアにもいろいろありますが、彼が特にユーモアとみなすものは、哲学に密接に結びついています。彼は、笑いよりは微笑を引き出すような、計画的ではなく自然にあふれでるようなユーモアを好むのです。

⒁創造性に富んでいます。これは、今まで述べてきたことを結果からいっているのです。

一方、ロジャーズは、カウンセリングという密接な人間関係において人々にかかわってきた体験から、「よき生き方（good life）」についての自らの考えを、「十分に機能しつつある人（fully functioning person）」としてまとめました。ロジャーズはその「十分に機能しつつある人」の特徴を次のように示しています。(4)

⑴こうした人は、自らの体験に開かれていきます。つまり、その人は、防衛性という極みから離れて、体験に開かれるという極みへと向かって動いていきます。その人は生命体（有機体）が体験していることを意識から排除してしまうのではなく、それをもっと自由に生きることができるようになっていきます。

⑵こうした人は、ますます実存的に生きるようになります。つまり、その人は、それぞれの瞬間を十分に生きる傾向がますます強くなります。その瞬間に生きるということは、硬さのなさを表し、最大限に適応し、体験のなか

に構造を発見し、自己やパーソナリティの組織が流動し、変化することを意味しています。(3)こうした人は、それぞれの実存的状況において最も満足すべき行動に達する方法として、自分の生命体をますます信頼するようになります。

このように、マズローやロジャーズは、いずれも人間を「生成のプロセスのなかにある存在（being-in-the-process-of-becoming）」ととらえ、お互いに影響を与えながら、それぞれ「自己実現の道をあゆむ人」「十分に機能しつつある人」として、精神的に健康な人の特徴を描き出しました。

5　超越

マズローは、先に述べた自己実現の道をあゆむ人の特徴を示した後、やがて、こうした人のなかにも、「単に健康なだけの至高体験を経験していない人」と、「至高体験を経験している人」とがいることに気づき、この二者を区別して考えるようになりました。

至高体験（peak experience）とは、深いエクスタシーを伴う人生における最高の歓喜の体験を表す概念であり、マズローは個人面接やアンケートによって人が生涯のなかで最もすばらしいエクスタシーを味わった瞬間について調査し、その体験の特性をとりあげました。その結果、至高体験における認識には次のような共通の特徴がみられました。(5)

利害や目的などとは無関係に、全体として、また完全な一体として対象をみます。対象にもっぱら没入します。愛するものに魅せられ、繰り返し意図的、探究的に関心をもってみるので、その理解がいっそう豊かになります。

自我超越的、自己忘却的で、無我の境地に立つことができます。対象に熱中するなかで、主観的に時間や空間を超越することがあります。能動的というよりもはるかに受動的であり、体験を前にして干渉的ではなく、謙虚です。なにか偉大なものを前にするように、体験を前にして、驚き、畏れ、尊敬、謙遜、敬服などの特別な趣きをもちます。多くの二分法、両極性、葛藤は融合され、超越され、解決されます。対象を個別的で分類することができないものとしてみる傾向が強くあります。

マズローは、先に述べた自己実現の道をあゆむ人のなかで「至高体験を体験している人」を「超越者（transcenders）」として、その特徴をまとめています。そして、そのために主に超越されるべき内容について、次のものをあげています。(6)

(1)自己意識の超越：これは、ものごとに夢中になり、魅せられ、集中することから起こる自己忘却と同じものです。

(2)時間の超越：すでに亡くなっている人たちに対して、個人的に、あたかも彼らが生きているかのように親しみを感じることができることです。また、人は別の意味でこれから生まれ来る子孫やそのほかの後につづく人たちのために一生懸命に働くことにより、時間を超越することができます。

(3)文化の超越：特定の文化に根をおろしながらも、その文化の上に立ち、さまざまな方法でそれから独立し、高みからそれを見おろすことができることです。

(4)過去の超越：過去をそのまま現在の自己のなかに包み込むことです。これは、十分な受容を意味し、自己を理解していることにより、自己を許すことを意味し、自責、罪悪感、羞恥心、当惑などの超越を意味しています。

(5)自我、自己、自分本位、自己中心性などの超越：自然に自己をゆだね、これと調和していこうとするかのように、現実にしたがい、これを受けいれ、これに反応し、共存することです。

(6)死、痛み、病気、悪などの超越：死、痛み、病気、悪などはすべて必然的なものとして理解されることです。もしこの態度をとることができれば、悲痛、反抗、怒り、憤りなどはすべて消失したり、少なくともずっと和らぎます。

(7)振り回されることからの超越：誰にも何ものにも振り回されず、どんなに汚れたなかにいても汚れることがないことです。人は、各種の束縛などを超越することができます。

(8)他者の意見からの超越：正しいと思うことは、たとえ人にとやかくいわれようと行うことができ、自立し、何事も自分で意志を決定できる自我になることです。

(9)超自我からの超越：フロイト派のいう超自我を超越し、本質的な良心、適度な自責、後悔の水準にまで向上することです。

(10)自己の弱さ、依存心からの超越：心理的に離乳し、自己が自己に対して心理的な親となり、責任感があり、自己の弱さを超えて強くなろうとすることです。

(11)現在の状態からの超越：刺激に束縛されたり、今ここの状態に束縛をうけたり、現実に束縛されるのを超えることです。

(12)自己の意志からの超越：「自己の意志ではなく、神の御心のままに」という精神にもとづくものであり、自己の運命や宿命に身をゆだね、融和し、愛することです。

(13)否定性（悪、痛み、死なども含むが、またそれ以上のものも含む）の超越：世界をよりよいものとして受けいれ、悪をとがめないというものです。これは、抑制、妨げ、否認、拒否の超越でもあります。

⒁空間の超越：これは、一つのものにすっかり集中するために、人は自分がどこにいるのか、その場所さえ忘れるというものです。それはまた、人類全体と同一視することにより、地球の反対側にいる人たちも自己の一部であると感じられ、ある意味で人は地球のこちら側にいるとともに、地球の反対側にもいることになるのです。

⒂個人差からの超越：個人差に気づき、受けいれるとともに、それを楽しみ、最終的に深く感謝することです。しかし、この個人差に対する感謝とは全く異なり、さまざまな人々との本質的な共通性を認めることにより、それらを超える態度もあります。

⒃自己の信条、価値体系、信念体系からの超越：自己の信念に固執し、他者の信念に対して排他的であることを超越することです。これは、排他的であるよりむしろ包括的なものです。

超越について、最後にマズローは、「超越とは、人間の意識の最も高く、最も包括的で、全体的（ホリスティック）な水準を意味するものです」とまとめています。

マズローが人間の成長の極限としてこうした「超越」を想定することになった背景には、先に述べたエスリン研究所などを通して出会うことになった禅、ヨーガ、道教、スーフィズムといった東洋宗教、あるいはシャーマニズムなどの影響が大きかったといわれています。

また、マズローは心理学の第三勢力の創立者でしたが、「自己実現の道をあゆむ人」の研究から発展し、ここで述べてきた「超越」を志向するようになり、心理学の第四勢力といわれる「トランスパーソナル心理学（transpersonal psychology）――パーソナリティを超える心理学――」を提唱するに至りました。晩年に書かれた『存在の心理学に向けて（Toward a Psychology of Being）』（一九六八）では、マズローは次のように述べています。

「わたしは、人間性心理学、つまり第三勢力の心理学は移行的なものであり、より一層「高次な」第四勢力の心理学、つまりトランスパーソナル、人間を超えた心理学のための準備であると考えています。それは、人間の欲求や利害よりも、むしろ宇宙に中心をおき、人間性、アイデンティティ、自己実現などを超えていこうとするものです。（中略）こうした心理学は、人々が見失ってしまった人生哲学、宗教に代わるもの、価値体系、人生計画に発展を約束するものです。超越やトランスパーソナルがなければ、わたしたちは病気になったり、乱暴になったり、空虚感に陥るか、さもなければ望みを失い、無気力になってしまうでしょう(7)」。

こうしたマズローのトランスパーソナル心理学へのこころざしは、グロフ（S. Grof）らの協力者とともに、一九六九年にアメリカトランスパーソナル心理学会が創設されるに至り、大きな流れに成長することとなりました。そして、学会創設の翌年、一九七〇年にマズローは心臓発作のため急逝します。

一方、ロジャーズは、その晩年の主著である『人間の在り方（A Way of Being）』（一九八〇）において、トランスパーソナル心理学の理論家グロフ夫妻（S. Grof & J.Grof）とリリー（J. Lilly）の研究をとりあげ、次のように述べています。

「彼らは、人は意識の通常レベルを超えることができると信じています。こうした研究は、変性意識状態（altered states of consciousness）にある人は進化の流れに触れ、その意味をつかむことができることを示しています。彼らは、それをひとつの超越的な体験に向かう動きとして経験します。彼らによれば、それぞれの自己は、特に美、調和、愛などのより高い価値のすべての領域に解消されると説明されています。人は、宇宙とひとつであると感じます。実際的な研究により、宇宙とひとつになる神秘的な体験が確かめられつつあるようです(8)」。

このように晩年のロジャーズは、トランスパーソナル心理学の諸研究を尊重し、マズローと同様に人間における「超越的な体験」を重視していました。そして、同じ著書の中で、「未来への仮説」として、次のように述べています。

「私は、宇宙には、ある形成的な傾向（a formative directional tendency）が存在するという仮説を抱いています。このことは、宇宙空間、水晶、微生物、より高等な生物、そして人類などにおいて確かめ、観察することができます。これは、さらなる秩序、複雑さ、つながりに向かう進化の傾向と言えます。人類においてこうした傾向は、単細胞から始まり複雑な生命機能へ、意識下のものを知り感じることへ、生命体と外的世界についての意識的な気づきへ、そして人類を含む宇宙システムの調和とまとまりについての超越的な気づき（transcendent awareness）へと向かう個人の動きのなかに示されています(9)」。

こうした仮説を残し、ロジャーズは一九八七年に八十五歳でその生涯を閉じました。

このように、マズロー、ロジャーズは、人間性心理学の基礎を築き、発展させるとともに、晩年に至り、人間性心理学を超えるものとしてトランスパーソナル心理学にこころざしを向けることとなりました。つまり、「自己実現の道をあゆむ人」「十分に機能しつつある人」という精神的に健康な人への探求をすすめていくなかで、さらにその先にある自己超越へと関心が移っていったわけです。こうしたことから、人間性心理学とトランスパーソナル心理学は別々のものとしてではなく、ひとつづきの連続するものとして理解することが大切であるともいわれています。

註

（1） 伊藤隆二「人間性心理学の主題と方法について」畠瀬稔編『人間性心理学とは何か』大日本図書、一九九六年、六九―七〇頁。
（2） 畠瀬稔「人間性心理学を求めて」畠瀬稔編『人間性心理学とは何か』大日本図書、一九九六年、三五―三七頁。
（3） A・マズロー（小口忠彦監訳）『人間性の心理学』産業能率短期大学出版部、一九七一年、二二三―二六三頁。

(Maslow, A. H., *Motivation and Personality*, Harper & Row, 1954, pp. 199–234)

（4）C・ロジャーズ（諸富祥彦他訳）『ロジャーズが語る自己実現の道』（ロジャーズ主要著作集3）岩崎学術出版社、二〇〇五年、一六九―一八〇頁。（Rogers, C. R., *On Becoming a Person*, Houghton Mifflin, Boston, 1961, pp. 183–196）

（5）A・マスロー（上田吉一訳）『完全なる人間――魂のめざすもの――』誠信書房、一九六四年、一〇六―一三七頁。（Maslow, A. H., *Toward a Psychology of Being*, Van Nostrand, New York, 1962, pp. 74–96）

（6）A・マスロー（上田吉一訳）『人間性の最高価値』誠信書房、一九七三年、三一七―三二九頁（Maslow, A. H., *The Farther Reaches of Human Nature*, The Viking Press, New York. 1971, pp. 269–279）。上田吉一『人間の完成――マスロー心理学研究――』、誠信書房、一九八八年、二〇二―二一一頁。

（7）A・マスロー（上田吉一訳）『完全なる人間――魂のめざすもの――（第二版）』、誠信書房、一九九八年、ii―iii頁。（Maslow, A. H., *Toward a Psychology of Being*, 2nd ed., Van Nostrand, New York, 1968, pp. iii–iv）

（8）C・ロジャーズ（畠瀬直子監訳）『人間尊重の心理学――わが人生と思想を語る――』創元社、一九八四年、一二二頁。（Rogers, C. R., *A Way of Being*, Houghton Mifflin, Boston, 1980, p. 128）

（9）前掲註（8）書、一二六頁。（ibid., p.133）

禅とカウンセリング

李　光濬

1　序

本論は禅とカウンセリング、特に禅の思想的な流れとその概念および区分を、そしてカウンセリングにおいては、精神分析とユング心理学および来談者中心療法を中心にその関連性を考察し、最後に禅・浄土における瞑想法とカウンセリングの問題を簡略に探ってみることにします。

2　禅とは

(1) 禅の思想的な流れ

禅はインド哲学の特質である梵我《ぼんが》一如《いちにょ》の思想、ならびにその修行法としての内省的方法であり、その起源は、古典であるウパニシャッドに求めることができます。ヤージュニャヴァルキヤという人が「意を制して我を直観すること」を説いており、その頃には、すでに修行の方法として、一般的にいわゆるヨーガが行われていたとみることができます。

後学派時代に及び、ヨーガはついに禅定法として確立され、シュヴェーターシュワタラ・ウパニシャッドに初めてその方法を規定しています。その方法は、胸、首、頭の三か所を同じくし、身体を直立の姿勢に保って、五感を意識とともに心臓に転入するという方法です。この身における気息を止めて、その動作を調節し、ほとんど気息が絶えるまでにわずかに鼻孔によって呼吸します。これは例えるならば、猛悪なる富に縛られている車をよく扱っているその騎手のように、智者は心を許さず、その意識を自身が持っておくべきだ、ということです。この方法によって、知識あるものはこれによって梵の船をよく整備し、私たちに畏怖を加える全ての瀑流《ぼる》を超えるべきである、と書かれています。

仏陀もまたこれらの座禅法を用いて、常に自ら樹下において坐禅し、もろもろの弟子たちにもまた、これを習得させていました。

それからのち大小乗の仏教を通じて、みながこれを習得し、その種別として数息《すそく》、不浄、慈心、因縁、念仏、四無量等の様々な禅法が行われ、また般舟三昧《ざんまい》、首楞厳《しゅりょうごん》三昧などの多数の三昧が生まれることとなりました。(1)

(2) 禅と止観

(1) 禅の概念

禅は梵語《ぼんご》の dhyāna（巴梨語《ぱーりご》 jhana）の音訳で、禅那《ぜんな》といい、また駄那演那《だえんな》ともいいます。それを短くして禅といいます。また心の統一をしようということを禅といいます。これを訳して静慮《じょうりょ》といい、思惟修《しゆいしゅ》ともいうのですが、これは心の統一のための心一境性《しんいっきょうしょう》の姿をいうのです。[2]

経典である『大毘婆沙論《だいびばしゃろん》』第百四十一の中には、「静は謂はく、寂静《じゃくじょう》、慮は謂はく籌量《ちゅうりょう》なり。此の四地の中にのみ定慧平等なるが故に静慮と称す。余《よ》は随って闕《か》ぐことあれば此の名を得ず」とあり、また『瑜伽師地論《ゆがしじろん》』第三十三には、「静慮と言ふは、一の所縁に於て繋年寂静にして正審思慮す、故に静慮と名づく」とあります。それは他想を止め、心を一境に専注して極めて寂静にさせて、それをもって正審思慮することを禅と名付けたのです。この寂静は止にして定をいい、思慮は観にして慧をいいます。ただ四禅だけが止観均行、定慧平等であるので静慮と呼び、ほかの四無色定等のようなものは定慧平等ではないがために、禅と呼ばないということを示しています。[3]

(2) 止と観

①止：奢摩他《しゃまた》は梵語 śamatha（巴梨語は samatha）の訳語です。止寂、または等観の義で、諸想を止めて心が寂静であることをいいます。『瑜伽師地論』第四十五に「菩薩即《すなわ》ち諸法に於て分別する所なきを、当《まさ》に知るべし、止と名づく」といい、『梁訳摂大乗論釈《りょうやくしょうだいじょうろんしゃく》』第十五に「大乗中の五百等の定を奢摩他と名づく」といい、『大乗起信論』に「言ふ所の止とは、謂はく一切境界の相を止めて、奢摩他観に随順する義の故なり」というのはこれを指しています。

また観との違いに関しては、『成実論』第十五〈止観品〉に「止は定に名づけ、観は慧に名づく」といい、また「止は能く結を遮し、観は能く滅を断《だん》ず。止は草を捉ふるが如く、観は鎌にて刈るが如し。止は地を掃ふが如く、観は糞を除くが如し」といい、また『摩訶止観《まかしかん》』第一上には「法性寂然たるを止と名づけ、寂にして常照を観と名づく」といい、すなわち止は摂心帰住《せっしんきじゅう》にして、識颺神飛《しきようじんぴ》の散動を防止し、兼ねて邪念妄想の生起を遮することを呼んだものであり、観は正しく正智を開発して、諸法を観照することを呼んだものです。[4]

②観：梵語では毘鉢舎那《びはしゃな》（vipaśyanā）の訳語で、また毘婆舎那《びばしゃな》、毘婆遮那《びばしゃな》ともいいます。分別して視るという意味です。すなわち慧を以って諸法の性相を分別照見することをいいます。また観察とも呼びます。『大般涅槃経《だいはつねはんぎょう》』第三十一に「毘婆舎那は名づけて正見と為し、また了見と名づけ、名づけて能見と為し、名づけて遍見と曰ひ、次第見と名づけ、別相見と名づけ、是れを名づけて慧と為す」といい、また『大乗起信論』に「言ふ所の観とは、謂はく因縁生滅《しょうめつ》の相を分別して、毘鉢舎那観に随順する義の故なり」といい、『往生論』に「云何が観察なる。智慧をもて観察し、正念に彼を観じて如実に毘婆舎那を修行せんと欲するが故なり」とあるのはこのことです。

これはまさしく奢摩他すなわち止によって心の散動を止め、これより生じた慧を以って諸法の性相を照見することを観と呼ぶという意味です。能観の智は勝義および世俗に通じ、そのために『瑜伽師地論』第四十五に「若し諸法の勝義理趣《しょうぎりしゅ》に於ける如実の真智、及び無量の安立理趣に於ける世俗の妙智を、当《まさ》に知るべし観と名づく」といい、『梁訳摂大乗論釈』第十五に「如理、如量智を毘鉢舎那と名づく」といいます。

つまり諸経論《しょきょうろん》を考えてみると、観を説くことは甚だ多く、その方法および目的もまた各々違います。四諦を観ずることを四諦観と呼び、十二因縁を観ずることを十二因縁観と呼び、出入息を観ずることを数息観《すそくかん》、無常を観ずることを無常観、無我を観ずることを無我観、五停心を観ずることを五停心観、四念処《しねんじょ》を観ずることを四念処観、浄土の地を観ずることを地観、仏の真身を観ずることを真身観と呼ぶなど、その名は甚だ多く、一つ一つ挙げることはできません。(5)

上記の内容を言い換えてみると、禅にはこういう段階があると考えられます。前に坐禅の座があります。体を方法責めにするのが座であり、心を方法責めにするのが禅です。禅をすると三昧に達して定に入ります。禅をやって心を静めようとします。その静まりきった所が、定なのです。その処まで行かなければならないので、「禅定」というのです。

3　禅とカウンセリング・心理療法との対比

(1)禅と精神分析

一九五七年八月、メキシコのゲルナヴァカにおいて、禅と精神分析の研究会議がE・フロム（E. Fromm）の主宰のもとに開かれました。その後、この会議の成果として、鈴木大拙、フロム、デマルティーノ（R. De Martino）の論文が一冊の本として刊行され（一九五九）、六〇年には日本語にも翻訳され『禅と精神分析』（創元新社）として紹介されました。[6]

フロムにとって、おそらく禅に関する最大の理解し難い問題は、禅における意識、いわゆる仏教でいう分別の放棄と、無意識、すなわち、無分別智の称揚であったようでした。神経症の心因的な説明として心の無意識的な働きに注目したのは、ジャネ（P. Janet）とフロイト（S. Freud）でした。特にフロイトは、心の働きを「意識」「前意識」「無意識」の局所論の観点に分けて理解し、「無意識」は、水面下奥深く全く見えない世界で、特殊な方法（例えば、夢分析や精神分析療法など）でしか、知りえないような心の世界ですが、常にわれわれの日常生活に大きな影響を与えていることを強調したのです。[7]

それゆえに、治療構造においては、あくまで無意識的なものを意識化することが原則です。それはことに古典精神分析では自由連想法と禁欲規制を守ることが求められます。[8]一方、禅では静慮と持戒精神が強調されます。禅は抑圧以前の人間の本性に戻ることが目標であり、そして悟りを目指します。つまり目標は、精神分析においては洞察であり、禅においては悟りであり、両者はかなり似かよっているように思われます。

精神分析的療法についてはどうかといえば、フロイトは晩年の論文「集団心理学と自我の分析」（一九二一）の中で、「「同一視」から道は模倣を経て感情移入へ、つまりそれによって、一般に他人の精神生活に対する態度が可能にされるゆえんの、メカニズムの理解へと通じている」[9]と感情移入が自己の自我と本質的に異なるものを知覚しようとする過程であることを認めているものの、それはあくまでも知的同一化としてでした。その後、フロム＝ライヒマン（一九五〇）の次の言葉がこの辺の事情をよく説明しています。すなわち「前世記半、S・フロイドがはじめて教授しうる心理療法の方法と技術を発展させたころ、精神分析医は心理療法の技術さえあれば、あらゆる型の性格を治療しうると考える傾向があった。当時は情緒的に安定し、心理療法の技術に熟練していて、しかも冷静さと医学的責任感のある精神科医ならば、あらゆる型の患者を治療しうると考えていたのである。現在、分析的心理療法の成否は、このほかに、精神科医と患者の間に共感的要素があるかどうかによって、おおいに左右されることが知られている」と述べられています。効果的な心理療法を行うためには、冷静で科学的分析的な知識や技術だけでは不十分であって、患者との情緒的な交流、つまり共感がなくては治療効果をあげ得ないことがわかってきたのです。

今日、精神分析的療法の中では、「共感なくしてはセラピーは不毛であり、患者の全身的な変容はおこり得ない」（フォックスとゴールディン、一九六四）とまで強調する人と、逆に共感という言葉にさえ全く触れない人とがあるようにみうけられます。

しかし、後者にしても、正確な解釈とか解釈のこつ、タイミングについて述べたものをみるかぎり、共感過程の論述と何ら変わるところなく、「正確な解釈とよんでいるものと共感との差異は単なることばのちがいにすぎない」（ルボースキーとスペンス、一九七一）ともいえ、精神分析的療法でもやはり共感はいまや治療の中核的要素なのです。[10]

以上のような共感の問題は、禅では同事摂《どうじしょう》の役割にあるとみられます。同事とは、他の心を測って、他と同一の事を行い、自然にこれを教化することで、菩薩が衆生済度をする手段です。[11] ここで、同事とは、あるいは同利《どうり》・同行《どうぎょう》・等与・等興ともいいます。広く衆生の事業利益等に同じように苦楽を共にし禍福を分つことをいい、これに由って以って引摂得道《いんじょうとくどう》せしめるので同事摂といいます。また、地持論等によると、同事に苦事同・楽事同の二種類があります。同行に集善行同・離悪行同の二つがあり、同利にもまた自分徳同《じぶんとくどう》・勝進《しょうしん》行同の二つがあります。すなわち彼の論文に「此義此善、若しは等《とう》、若しは勝《しょう》、衆生に授与して悉く己れと同ぜしむ、是れを菩薩、衆生と利を同ずと名づく」[12] というのです。

以上のようなものは人々を救うために菩薩が用いる衆生済度の方法で、特に「同事といふは不違なり、自にも不違なり、佗にも不違なり。たとへば、人間の如来は人間に同ぜるが如し」[13]（眼蔵、四摂法《ししょうぼう》）ということは、治療者と来談者との間に間隔のない真正の共感の状態であるべきことをいいます。

また、コンプレックスの問題についてちょっと触れてみると、精神分析では、男の子の幼児期に持つ母親への愛着と父親への敵意をエディプス・コンプレックスといいますが、これに対して古沢平作（一八九七―一九六八）は、『観無量寿経』の阿闍世王の物語から、母親との関係で持つ感情を阿闍世コンプレックスと名付けました。古沢によれば、前者の罪意識は、処罰を恐れてのものですが、後者の罪意識は、子どもが過ちを犯し、それが許される時に、心からすまないと思う罪意識であるといいます。[14]

(2) 禅・唯識とユング心理学

ユング（C. G. Jung）は一九二九年に、『黄金の華の秘密』を出版しますが、一九三五年にチューリッヒの医学会で、「およそあらゆる宗教は心理療法であり、それはこころの病いやこころが原因の体の病を治療し、救うのである」[15]といい、一九三九年には、鈴木大拙の『禅仏教入門』のドイツ語訳の序文「禅の瞑想」において、「西洋文化の内部で、このような努力（禅による宗教的体験）をある程度理解でき、また理解すべき唯一の運動は心理療法である」[16]と記しています。

これは、禅に対する理解と関心を示しているもので、彼は西洋人として、禅の「悟り」とは何かを本当に知ることはできないが、それはユングの用語を用いるならば、自我意識の自己に対する突然の開きの体験といえるのではないかという、注目すべき意見を述べています。ユングは鈴木大拙との親交によって禅への関心を持ち続けました。晩年になって死も近くなった時、愛弟子のフォン・フランツ女史から借り受けた中国の禅の本を読み、ユングは自分もこれと同じようなことを書いたかも知れないと言ったといいます[17]。

「無心」は中国禅宗の中心概念です。精神分析のユングが鈴木大拙の影響を受けて、「集合的無意識」の語を創唱したことは有名です。それに対して、大拙は「それではまだ禅にいう〈無心〉には届かない」と言って、「宇宙的無意識」ということを言われました。ユングは、「先生の言われるところは分かるが、私は科学者だから、そんな形而上学的な発言はできません」と答えたといいます。西洋では「無意識」の世界は現代になってフロイトによって初めて発見されました。しかし、東洋においては早く二、三世紀頃から、インドにおいて瑜《ゆ》伽行唯識《がぎょうゆいしき》学派の祖師たちによって説かれていました。ユングの説は、第八阿頼耶《あらや》識の概念を受けて、それを科学的な検証のもとに唱え出したものです。こうして、唯識《ゆいしき》と精神分析の相互研究は、今日は西洋近代科学の枠を超えて、「新しい科学」の創造というところまで進んでいます。[18]

一方、性格構造的には唯識で第八識と呼ばれる阿頼耶識は人類の過去のあらゆる体験的な識の貯蔵庫であり、すべて心的なものの根元であると考えられています。阿頼耶識は、いかにしても対象化することができない根本的な主体をあらわします。阿頼耶とは蔵の意であり、現在の阿頼耶識の中に、過去の果であるとともに、未来の因となる種子を蔵しています。種子とは、自らの果としての行為を生み出す可能力、もしくは心的エネルギーを意味する比喩です。[19]そして、この背景には仏教における業や輪廻転生の思想があり、人間の誕生と死の絶え間ない循環は、この輪廻と業という二つの方法で理解されています。[20]すなわち輪廻主体の追究のはてに阿頼耶識という根本識を発見したこと、などを挙げることができるのです。この説の一大特徴は、あらゆる存在を生み出す根本識としての阿頼耶識を根元として、その上に末那《まな》識《しき》と六識とを位置せしめる八識説を唱えたことです。阿頼耶識とは別名、一切種子識と呼ばれるように、その中に過去の業の影響が種子として蓄えられ、同時に現在・未来にわたって自己の心身さらには自然界を生み出す根源体です。

このほか、こころのあり方、広くは存在のあり方を遍計所執性《へんげしょしゅうしょう》・依他起性《えたきしょう》・円成実性《えんじょうじつしょう》の三つに分ける三性説《さんしょうせつ》と、およびそれを否定的に表現した相無性《そうむしょう》・生無性《しょうむしょう》・勝義無性《しょうぎむしょう》の三無性説《さんむしょうせつ》も唯識説を構成する重要な思想です。唯識説は識以外の存在を否定して唯識無境であると主張します。しかし、究極の境界すなわち勝義諦の世界からすれば、その識さえも存在しない識無境無の空の立場に立ち、般若の空の思想をそのままひき継いでいます。ただし、唯識説の実践行を通して悟りに達しようとする根本的姿勢から、修行の段階においては少なくともこころ、すなわち識の存在を認め、その識のあり方を修行によって汚れた状態から清らかな状態へと変革することを目指します。すなわち汚れた識を転じて清らかな智慧を得ること（転識得智《てんじきとくち》）、換言すれば阿頼耶識中のあらゆる汚れた種子を滅して、清浄な種子のみで満たすこと（転依《てんえ》）こそが唯識説の究極目的であるといえます[21]。

この考え方は、かなりユングの元型、または自己という考え方と近いものです。しかし、ユングの元型の場合には、しばしば誤解されているけれども、決して過去の体験が遺伝的に伝承されたものではありません。たしかに各民族、あるいは集団によって体験される元型的イメージには、その民族または集団が持つ固有の神話的要素や登場人物の影響があるように述べられていることが多いようです。しかし、それは一つの心的事実として、無意識から生まれた投影であって、それを生み出す元型という一つのタイプ、または構造のほうが先にあるというように考えたのです。フロイトが無意識を個人的無意識に限り、それを、かつて意識されていたものが何らかの理由で意識されなくなったもの、としたのに対し、ユングはさらにその底に生来的な無意識の層があるとして、これを集合的無意識と呼びました。人類のすべてが集合的に、遺伝によって備えているとされる無意識の層です。それが意識化される時は、ある種の類型的なイメージの形をとります。しかし個人によっては生涯意識されぬままにとどまることも多いのです。この意識の可能態としての潜在的なイメージのパターンを、元型と呼ぶのです。

(3) 来談者中心療法と四摂事

一九四二年に公刊された『カウンセリングとサイコセラピー』においてロジャーズ（C. Rogers）は、来談者に内在する成長への動機付けを全面的に信頼し、これを非指示的な治療者の態度、技法を用いて開放することこそ最も効果的で望ましい治療法であると主張します。その後、一九五一年の著書『来談者中心療法』では、より治療者の基本的な面接態度を重視する方向への変化が生じ、この傾向は一九五七年の論文「治療的変化に必要かつ十分な諸条件」で、次のようにあらわれることになります。すなわち、治療者に必要な条件は治療状況で治療者が自由に自己の真実の姿を開放すること（真実性）、人間としての来談者のいかなる特徴をも条件をつけずにありのままに受容し尊重すること（無条件の肯定的配慮）、および共感的理解の三つに集約されるものです。

そして一九五八年頃から心理療法の過程についての研究が発展するにつれて、心理療法に中心的な機能を果たすものが変わりました。それは、ありのままに象徴化されることはほとんどないのですが、有機体の全体的な過程への感情の流れに対する、個人のかかわり方が、理論の中心にすえられるようになった（体験過程療法）のです。[22]

その後、ロジャーズは一九六六年の論文の中で正確な共感的理解として以前の論文を訂正して次のように論じています。「正確な共感的理解とは、セラピストがクライエントの世界のなかに完全に気持ち良く入り込んでいるということである。それは、〝今ここ〟すなわち、即時的な現在のなかにある瞬間瞬間の敏感さなのである。それは、クライエントの私的な個人的な意味の内的世界を〝あたかも〟それが自分自身のものである〝かのように〟、しかし、〝あたかも～のように〟という性質を絶対に失うことなしに、感じ取ることである[23]」として、即時的な現在の中での瞬間瞬間の敏感さという表現で絶え間ないクライエントの体験過程への焦点づけを強調しています。

共感の真の治療的意味は共感の結果ではなく、共感する過程そのものにあるので、その過程を捉えなくてはなりません。しかし、共感的理解の過程を直接捉えることは困難であるので、伝達過程としての共感的応答やその応答を自在に修正できる能力によって、体験過程を深く、広く、そして正確に推し量ろうとしています。要するに、現段階ではロジャーズなどの定義から「自己の感情や判断を保留して、クライエントの今ここでの体験しつつあるものを自らの体験として生き直しながら、その瞬間瞬間の感情や体験の意味を正確かつ敏感に見取り、それをクライエントの体験過程に直接照合しながら、なおかつまだ十分には言語化しきれていない〝～という感じ〟に目を向けていくたえ間ない過程[24]」が共感的理解の過程であると定義できます。

このような治療的条件は、仏教では四摂事《ししょうじ》として説かれているとみられます。それは全く同じ概念ではありませんが、その四摂事の思想はロジャーズの治療概念に近付いているもっとすばらしい人間性心理学的概念のものとみられるからです。その四摂とは菩薩が衆生を摂取し引導するに布施《ふせ》・愛語《あいご》・利行《りぎょう》・同事《どうじ》の四種があることをいいます。「総じて摂《しょう》と名づくるは菩薩がこの四法を以て衆生の情に投じ、善巧摂引《ぜんぎょうしょういん》して以て度脱せしむるが故なり」というのです。ここで、その四摂事のことを探ってみることにします。

四摂事（四摂法《ししょうぼう》）とは、梵語では catvārisamgraha-vastūni の訳で、四種の摂受の法の意味です。また、略して四摂とも称します。すなわち菩薩が衆生を摂受し、調熟《じょうじゅく》する方法に四種があることをいいます。一に布施摂、二に愛語摂、三に利行摂、四に同事摂です。

この中の布施摂とは、また布施摂事、布施随摂方便、随摂方便といい、あるいは恵施ともいいます。無所捨の心によって財法二種の布施を行い、よく衆生を摂するということです。つまり、財を求める衆生のためには財を施してこれを摂受し、法を求める衆生のためには法を施して之を摂受し、そのことによって衆生は親愛の心が生じて菩薩に依附《えふ》し、そのことにより道を受けて真理に到達することをいいます。

『大智度論《だいちどろん》』第六十六に「財施法施の二種を以て衆生を摂取す」とあります。

二つめの愛語摂とはまた愛語摂事、愛語摂方便、能摂方便ともいい、また愛言ともいわれます。美軟《びなん》の言葉によって一切の恨情に随順し、衆生の聞いて欲しいと思うところを開喩するというのがいわれです。そのことによって衆生は親愛の心が生じて菩薩に依附し、そのことにより道を受けて真理に到達することをいいます。

『大智度論』第六十六に「愛語に二種あり、一には随意愛語、二には其の所愛の法に随つて為に説く。是の菩薩未だ得道せざれば、衆生を憐愍《れんみん》して自ら憍慢を破し意に随て説法す。若し得道せば応に度すべき所の法に随つて為に説き、高心富人には為に布施を讃す、是の人能く他の物利名声福得を得るが故なり。若し為に持戒を讃じ破戒を毀呰《きし》せば、則ち心喜楽せず。是の如き等は其の所応に随つて而も為に説法す」とあります。

三つめに、利行摂というのは、また利行摂事、利益摂《りやくしょう》、令入《りょうにゅう》方便、度方便ともいい、あるいは同行、同利等ともいいます。身口意の行を起こすことによってそれぞれの衆生が利益を得て、衆生は勝利することができ、これらの利益を喜ぶので、親愛の心ができて菩薩に依附し、そのことにより道を受けて真理に到達することをいいます。

『大智度論』第六十六に「利益に亦二種あり、一には今世利《こんせり》と後世利《ごせり》にして、為に説法し、法を以て治生し利事を勤修す。二には未信を教へて信ぜしめ、破戒を持戒せしめ、寡識を多聞ならしめ、不施者を布施せしめ、痴者《ちしゃ》に智慧を教へ、是の如き等なり。善法を以て衆生を利益す」というのがこれです。

四つめに同事摂とは、また同事摂事、同事随順方便《ずいじゅんほうべん》、随順方便、随転《ずいてん》方便ともいい、あるいは同利ともいいます。これは菩薩法眼によってあきらかに衆生の根縁を見て、一切同欣の者にしたがってその形影を分散し、あまねくその光と一つになり、かの事業と同じになり、それぞれの利益を得るということのいわれであり、そのことによって衆生は親愛の心ができて、菩薩に依附し、そのことにより道を信じて受け入れ、涅槃に到達することをいいます。

『大智度論』第六十六に「同事とは、菩薩は衆生を教化して善法を行ぜしめ、其の所行に同ずるなり。菩薩は善心にして、衆生悪心《あくしん》なれば、能く其の悪を化して己れが善に同ぜしむるなり」といわれています。

また『梵網経《ぼんもうきょう》』巻上には、施心《せしん》、好語心《こうごしん》、益心《やくしん》、同心《どうしん》と名付けて、これを地前十長養十心《じぜんじゅうちょうようじっしん》中に摂す、とあります。[25]

(4) 禅、浄土の瞑想法とカウンセリング

禅などの瞑想法は、いずれも調身《ちょうしん》、調息《ちょうそく》、調心《ちょうしん》というセルフコントロールから成り立っています。調身の方法がよく体系化されており、体位を調えることと、呼吸を一致させ、しかもその身体の動きに注意を集中させるというように、調身、調息、調心を一致させています。(26)

これについては、中村昭之氏の研究報告があります。(27)

①調身（regulation of body）とは姿勢を調えることです。諸縁を放捨し、万事を休息し、静処において開眼のまま結跏趺坐《けっかふざ》（もしくは半跏《はんか》趺坐）し、手を組み（定印）、正身端坐《しょうしんたんざ》（背骨をピンと伸ばす）します。この結跏趺坐の坐り方では、尾てい骨を支点とし、両膝の間に正三角形をつくり、その中心に身体の重心をおくようにします。

この結跏趺坐の姿勢は坐禅にとってきわめて重要です。坐禅の進行とともに脳波は高電圧化、徐波化していくことが知られています。それは大脳皮質の興奮水準が低下してくることを意味します。しかし、まさにその時期に反復的音刺激を提示すると、その音刺激に対する反応としてα波の抑制が生じます。さらにその音刺激を繰り返し提示し続けると、初心者ではその音刺激に対する順応が起こり、α波抑制は次第に消失します。しかし、平井富雄によると、ベテランの修行僧では、そのような順応はみられません。音に対する抑制は最後まで続きます（脱順応）。つまり、坐禅中、大脳皮質の興奮水準は低下していきますが、開眼による視覚刺激と下肢の皮膚や筋肉からの求心性インパルスは意識の調整中枢である脳幹網様体に常に作用し、それによって覚醒水準は一定の水準に保たれているものと推測されるのです。

禅を含めた東洋的行法では、そのほとんどが調息を重視します。②調息（regulation of respiration）とは呼吸を調えることです。初めは数息（一つ二つと呼吸を数える）を行いますが、慣れるに従い、出息長《しゅっそくちょう》、入息短《にゅうそくたん》（呼気を長く、

吸気を短く）の呼吸が良いとされています。今、坐禅中の呼吸を生理学的に調べてみると、結跏趺坐で坐蒲を使用することによって、呼吸パターンは横隔膜が強力に働く腹式呼吸になり、腹圧が上昇します。呼吸数は減少し、呼気延長呼吸となります。一回換気量は増大するため、肺内の空気は十分に換気されます。酸素消費量、炭酸ガス排出量ともに減少し、坐禅時の代謝量もまた減少します。このように調息は呼気延長呼吸で行われ、自律機能はある一面では沈静化（副交感神経優位）の方向に向かい、それによって身心が安定化すると推測されます。

③調心（regulation of mind）とは、心を調えることです。それは、呼吸や身体の一部（鼻端《びたん》や丹田《たんでん》など）に注意を集中することによって行われます。そのような注意の集中は、多かれ少なかれ、意識の狭窄《きょうさく》や視野の狭小化をもたらし、それによって現実志向的、適応的態度が希薄になり、客観性、理性も減弱してきます。そうして通常とは異なる、いわゆる意識の変性状態が生じます。その状態では、非現実的イメージ、想像、空想、思考などの出現が活発化します。時には禅で魔境と呼ばれる幻覚も出現します。しかし、禅では、それらの非現実的な心的現象、特に魔境に対しては、それに「とらわれる」ことを厳しく禁じます。「とらわれるな」とはどういうことかというと、積極的にそれに注意を向けるでもなく、そうかといって無理にそれを消そうと努力するでもないということであって、イメージや幻覚は浮かぶまま出現するままにまかせ、注意をもっぱら呼吸に向けるように指導されます。その時の注意は、最初の一つの対象に注意集中するあり方とは大分異なったものになってきています。

上記のような瞑想性の注意集中の持続の中で、意識、無意識の様々な対立が克服され、次第に無念無想の統一された心的状態が出現します。それは、禅定、三昧、心一境性などと呼ばれる心身の心地です。その状態については、主客合一体験、自己と環境の一体感、没我、無我、時間・空間の超越など、いろいろと述べられています。これらの状態は単に緊張がとれ、弛緩した心身の静的平衡状態ではありません。むしろ、充実感と気迫を内蔵した高次の動的平衡状態の実現と考えられます。

そして、この禅定や三昧から悟りに向かうためには、これに覚とか気づきといった認知の要素が加味される必要があり、それによって心の本性をくらます無明が除かれて、本来の自己、仏性が自覚されることになるのです。

また、坐禅が心身の健康に与える効果は以下の通りです。

(1)生命力の増大、やる気、充実感、積極性の増大。今この瞬間を全力を集中して行動できます。

(2)不安や緊張が軽減し、心身のバランスが回復し、ストレスへの抵抗力が増大します。

(3)自他《じた》一如《いちによ》の体験によって自己中心性から脱却することができ、他者の立場や、さらに広い立場から物をみることが可能となり、諸々のとらわれから解放されます。

(4)日常生活のいろいろな場面で深い腹式呼吸を活用することが可能となります。

以上、禅のプラスの効果の一部について述べましたが、臨床場面で心理療法として禅を活用するにはいろいろな問題があります。坐禅の実践は健全な成人でもなかなか厳しいからです。まして自我の力の弱い神経症者などへの適用はさらに困難を伴います。また、自閉的、強迫的、あるいは精神分裂症的傾向のある患者では、坐禅によって病状がかえって悪化する場合もあります。それゆえ、臨床場面での坐禅の適用は慎重を期さねばなりません[28]。

一方、禅と念仏の心理学研究では、鈴木大拙の「禅と念仏の心理学的基礎[29]」がありますが、恩田彰は禅と念仏との関係について、心理学的立場から考察しています[30]。鈴木大拙は「念仏は種々の観念や感情を払拭する」と述べているように、念仏は禅の公案と同じように、一切の念を消滅させる働きがあります。悟りとは、自己と対象とが一体化した体験、主客未分の純粋経験での気づきです。また念仏によって阿弥陀仏に没入し、真の自己に目覚めた時、阿弥陀仏は真の自己であること、そして今ここが浄土であることに気づくのです。また、恩田は、浄土教と創造性について、念仏によって三昧発得し、無生法忍《むしょうぼうにん》を得れば、創造性が開発されることを明らかにしました。無生法忍とは、元の世界に帰った、何も求めるものがなくなった、このままでよかったということに気づき、安心を得ることです。安心が得られると、自由に動けるようになり、創造的に活動しうるのです。[31]

4　結び

一般的に東北アジアで禅というと中国の禅をいうのですが、それは中国での禅宗の成立以後のことであり、仏教本来の禅はインドにおける禅那（dhyāna）の音訳です。すなわち禅はインドで発生しましたが、禅宗は中国で起こりました。また、その方法は観法《かんぽう》としてあらわれ、二五〇〇年前の仏教教団の成立以後、仏教ではいろんな形としての観法が発達しました。それらは中国では、宗派仏教が形成されることによって、禅は禅宗のもの、念仏は浄土宗のものとして刻印されるようになったのですが、実は禅ないし観法の元は宗派に関係なく、ただ仏教の修行方法として存在していたのです。

そして、その他にも煩悩を断じ、悟りへの道を教示しているものが大蔵経の中に数多くあり、そのような教えは、今日、洋の東西を問わずカウンセリングや心理療法において少しずつ応用されています。そして、その治療的効果が知られることによって、仏教における心理学的な研究は重要視されるようになってきています。それは、精神分析をはじめとするユングの分析心理学やロジャーズの来談者中心療法にも当てはめることができるのです。特にロジャーズの治療概念は、例えば、仏教では四摂事の思想が非常に近いですが、それを心理学的治療概念から発展させていくと、よりすばらしい治療理論として成立することも可能であると思います。何故ならば、釈尊の正覚にはじまる幅広い仏教思想は、現代のカウンセリングや心理療法において応用できる理論的背景と実践的な可能性が潜在しているとみられるからです。ここに仏教に対する心理学的研究の必要性がますます強調されてもよいことがわかります。

註

(1) 望月信亨・塚本善隆編『望月佛教大辞典』世界聖典刊行協会、一九七四年、一四三八頁。
(2) 高楠順次郎『アジア民族の中心思想(印度篇)』大蔵出版、一九三八年、八五頁。
(3) 前掲註(1)書、二九四一頁。
(4) 前掲註(1)書、一七〇七頁。
(5) 前掲註(1)書、七六七頁。
(6) 秋山さと子「禅と精神分析」『現代思想』第八巻一四号、青土社、一九八〇年、八七頁。
(7) 国分康孝編『カウンセリング辞典』誠信書房、一九九〇年、五三四頁。
(8) 加藤正明編『新版　精神医学事典』弘文堂、一九九三年、四六四頁。
(9) S・フロイド(井村恒郎訳)『自我論』日本教文社、一九七〇年、一四一頁。
(10) 春木豊・岩下豊彦編著『共感の心理学――人間関係の基礎――』川島書店、一九七五年、六六頁。
(11) 山田孝道『禅宗辞典』国書刊行会、一九七四年、八〇一頁。
(12) 龍谷大学編『仏教大辞彙』冨山房、一九七二年、二一九四頁。
(13) 駒澤大学内禅学大辞典編纂所編『禅学大辞典』大修館書店、一九八八年、九二四頁。
(14) 恩田彰『禅と創造性』恒星社厚生閣、一九九五年、二四一頁。
(15) C・ユング(林道義訳)『心理療法論』みすず書房、一九八九年、二五頁。
(16) C・ユング(湯浅泰雄・黒木幹夫訳)『東洋的瞑想の心理学』創元社、一九八五年、一九九頁。

(17) 河合隼雄『ユング心理学入門』(河合隼雄著作集第一巻)岩波書店、一九九四年、三四一―三四二頁。
(18) 前掲註(7)書、五三五頁。
(19) 前掲註(7)書、一五頁。
(20) ジョン・ウェルウッド編(岩井寛他訳)『東洋と西洋の心理学――二つの道の出会い――』ナツメ社、一九八四年、一一五頁。
(21) 高崎直道編『仏教・インド思想辞典』春秋社、一九八七年、四七〇頁。
(22) 前掲註(8)書、八〇〇頁。
(23) C・ロジャーズ(伊東博編訳)『クライエント中心療法の最近の発展(第一一章)』(ロージァズ全集15)岩崎学術出版社、一九六六年、二六五頁。
(24) 前掲註(10)書、六七頁。
(25) 前掲註(1)書、一八五六―一八五七頁。
(26) 前掲註(14)書、二四〇頁。
(27) 氏原寛・小川捷之・東山紘久・村瀬孝雄・山中康裕編『心理臨床大事典』培風館、一九九二年、一八一―一八三頁。
(28) 前掲註(27)書、一八二―一八三頁。
(29) 鈴木大拙『鈴木大拙選集　第一六巻』春秋社、一九六一年。
(30) 恩田彰「禅と念仏の心理学的比較考察」『印度学仏教学研究』第二三巻一号、一九七四年。
(31) 前掲註(14)書、二四一頁。李光濬「禅と心理学の接点」日本宗教学会第六七回学術大会、筑波大学、二〇〇八年。同「仏教と相談」東国大学校仏教相談学会第一回学術大会、二〇〇八年。

付記　本文は日本宗教学会第六七回学術大会(筑波大学、二〇〇八年九月十四日)で発表した「禅と心理学の接点」と、韓国の東国大学校仏教相談学会の第一回学術大会(二〇〇八年一二月一三日)で特講を行った論文、「仏教と相談」の一部を活用し、更に、加筆、作成したものである。

カール・ロジャーズのカウンセリングプロセスと親鸞の三願転入

伊東秀章

1　はじめに

現代社会において、人は様々な問題に遭遇し、それを解決しています。しかしながら、その問題に対処できない場合、専門家による援助がなされることになります。現代においては、心の問題に対する支援として、臨床心理士がカウンセリングを行っています。一方で、宗教的な問題に対する支援として、僧侶が仏教や宗教の問題を中心にその問題に関わっています。このカウンセリングと仏教は、ともに悩み苦しんでいる人を援助する理論・実践であり、これらを比較し考えたいと思います。

ここではロジャーズ（Carl Rogers、一九〇二―一九八七）のカウンセリングと親鸞（一一七三―一二六二）の浄土真宗を比較します。具体的には、ロジャーズのカウンセリングプロセスと親鸞の三願転入《さんがんてんにゅう》を中心に見ていきます。ロジャーズのカウンセリングプロセスと親鸞の三願転入はそれぞれ三段階のプロセスとして、カウンセリングと浄土真宗を示しています。両者をプロセスの視点から検討することで、より実際の面接や現場の流れに沿った形で、両者の相違を考え、実践についても考えたいと思います。

2　ロジャーズのカウンセリングプロセス

ロジャーズは「カウンセリングの神様」と呼ばれるほど、現在のカウンセリングにおいて重要視されている人物の一人です。ロジャーズ以前は、カウンセリングという言葉も今日のように積極的に使われておらず、彼が積極的にカウンセリングという言葉を用いたことで、今日のようにカウンセリングが活発になっています。このロジャーズはカウンセリングプロセスについて「感情の解放」「自己洞察の成就」「終結の段階」と、『カウンセリングと心理療法』（一九四二）という本の中で分けています。[1]以下では、この本を中心に三段階について見ていきたいと思います。

⑴感情の解放

最初の段階についてロジャーズは、「面接のもっとも効果的な手法は、クライエントができるだけ自由に自分を表現できるよう援助し、カウンセラーはクライエントの話す内容や面接の方向性を左右するような働きかけや応答は意識的に慎むよう努めることである」[2]と述べています。このように、ロジャーズのカウンセリングにおいては、クライエントに対する非指示の姿勢が重要です。カウンセラーが働きかけるのではなく、クライエント自身が感情を表現していくことが初期の段階としては重要です。

そして、ロジャーズは、カウンセラーが感情に対する応答をすることが必要であり、そのことによって、ラポールという温かい人と人との信頼関係が形成されていき、より感情の表現が促進されていくと述べています。そうして、クライエントは感情について気づき、理解し、認めるようになり、これまで抑制されていた感情や態度から解放され、より自分を気楽に、そして客観的に眺められるようになり、自己理解が進んでいきます。

そうして、クライエントは今まで気づかなかった自分自身について発見し、今後の成長のための自分の位置、つまり出発点を認識します。それまで明かされていなかった自己を自分のものと受け入れることができ、不安、心配、適応性に欠けるといった思いに代わって、自分の強さや弱さを最初の出発点として受け入れるようになっていきます。これまでのように、「自分ではないものになろう」と必死で奮闘する代わりに、ありのままの自分でいること、また自分独自の成長の可能性を探っていくのです。つまり、ありのままの自分について自己理解が進み、今後への新しい可能性への基盤ができていきます。

(2) 自己洞察の成就

この段階のカウンセラーの関わりも前段階と同様であり、非指示的な関わりです。このことをロジャーズは、「自己洞察と自己理解は、これらが自発的に起こる場合にもっとも効果的である。カウンセラーが、クライエントを自由にして、明断に自己が抱える問題を見据えられるような状態にもっていくことができれば、もっとも価値ある自己洞察がクライエント主導で発展していくのである」(3)と述べています。このように、カウンセラーが指示、指摘、教育するのではなく、クライエント自身が気づいていく過程がカウンセリングです。

そして、自己洞察によって、これまでの経験に対する認知が変わり、新しい認知が生まれていきます。このことをロジャーズは、「(自己実現によって) 新しい関連性、新しい輪郭、そして新しい形態において見据えられるようになっていくのだ。（中略）この体験は「なるほど！体験」と呼ばれることがある」[4]と述べています。これまでに見えていなかったものが明らかになり、新しく関連付けられる、という気づきの体験です。このことが、第一段階の感情の解放の上に起こり、これは自己防衛から解放されているときに起こります。

そうして自己洞察をすると、より具体的な行動のレベルにおいても変化していきます。「こうした新しい自己認識とそれに伴う新しい目標に続いて起こるのが、新しい目標の達成のための自己主導的な行動である」[5]とロジャーズが述べるように、目標を選択し、その目標を達成するために自己主導的な行動が起こるようになります。

(3) 終結の段階

終結の段階を述べることは、ロジャーズのカウンセリングが何を目標にするのかということを明らかにすることでもあります。このことについてロジャーズは、「クライエントがカウンセリングの面接から得るものは、必ずしも問題に対する整然とした解決策ではなく、問題に対して建設的な方法で立ち向かう能力なのである」[6]と述べています。つまり、クライエントは問題を持ってカウンセリングルームにやってくるのですが、その問題が完全に解決することによって面接が終わるのではなく、その問題に対して建設的に取り組むことができることが大切なのです。つまり、終結に必要なことは、「終了間際の面接で重要なのは、クライエントが援助なしにやっていけるという自信をもてるほどの自己洞察を成就させることだけである」[7]とロジャーズは述べています。

このときに多くのクライエントに起こることが、カウンセラーとの別れに対する恐怖や不安です。それと一方に、自立することへの希望もあります。このことにロジャーズは、「もしカウンセラーの元を離れれば、すべての問題が再発し、対処できないのではないかという恐怖を感じるのである。（中略）同時に、自己洞察が進み自己理解が深まると、さらなる問題に援助なしに取り組みたい、またカウンセリングの助けから独立したい、という欲求が生じる。こうした深い両価的感情がさまざまな形で見え隠れするのがカウンセリングの終結段階の特徴である」(8)と述べています。カウンセラーとの別れへの恐怖や不安と、自立への希望が終結段階には見られますが、これまでと同様にカウンセリングの過程が進むと、自立への道をクライエントはつかんでいきます。

以上のような過程についてロジャーズは、バーバラという女性のクライエントの事例を元に次のように述べています。「彼女の問題がすべて解決したわけでもなければ、他人が立てた目標を達成させようという試みなどまったくなされていない。（中略）彼女は、現状の問題に取り組み、必然的にさらなる成長を促す、言わば「実用的な自己洞察」というべきものを成就したのである」(9)。このように、ロジャーズのカウンセリングは、クライエントが自分自身の力で問題を解決していく力を得ることを第一とし、そのための援助をカウンセラーはしています。

3　親鸞の三願転入

親鸞の浄土真宗における救いにおいて、最も重要なものの一つが「信心」です。この信心を獲得することを、信心獲得といいますが、その過程について述べられているものに三願転入があります。このことは親鸞の著作である、『顕浄土真実教行証文類《けんじょうどしんじつきょうぎょうしょうもんるい》』（『教行信証』）の化身土《けしんど》文類六《もんるいろく》において述べられています。

この三願転入について様々な議論がされています。この三願転入は親鸞の信仰体験の告白なのか、もし事実とするならばその時期はいつなのか、このプロセスを必ず通らなければならないか、などです。このことについては専門的には、空華《くうげ》学派、石泉《せきせん》学派、月珠やその弟子の円月の学説など様々にいわれています。しかしながら、本論においては、信心獲得のための一つのモデルとして捉え、その事実か否か、時期はいつかなどは問わないこととします。三願転入をモデルの一つと考え、それを参照してカウンセリングプロセスと比較し考えていきます。

それでは三願転入を具体的に見ていきます。浄土真宗において最も重要視する仏は阿弥陀仏です。阿弥陀仏の働きによって我々は救われていき、信心も阿弥陀仏の働きによっていただいていくものです。その働きについて書かれている経典が『仏説無量寿経』です。そこには、阿弥陀仏が仏になる前に、仏になるために誓われた四十八の誓いが書かれています。つまり、この四十八の誓いを達成しなければ、仏にならないという誓いであり、阿弥陀仏となられた今、その誓いが果たされているということになります。その中の、十八番目、十九番目、二十番目の三つの誓いを中心に本論では考えていきます。これがいわゆる三願、三つの願いです。この三願を親鸞が味わう中で、信心を獲得していったことを三願転入といいます。

では次に、親鸞が書いた『顕浄土真実教行証文類』の化身土文類六の、いわゆる三願転入と呼ばれる文章の現代語訳について見ていきます。

愚禿釈《ぐとくしやく》の親鸞は、龍樹菩薩《りゆうじゆぼさつ》や天親菩薩《てんじんぼさつ》の解釈を仰ぎ、曇鸞《どんらん》大師や善導《ぜんどう》大師などの祖師《そし》方の導きにより、久しく、さまざまな行や善を修める方便《ほうべん》の要門《ようもん》を出て、永く、双樹林下《そうじゆりんげ》往生《おうじよう》から離れ去り、自力念仏を修める方便の真門《しんもん》に入って、ひとすじに難思《なんじ》往生《おうじよう》を願う心をおこした。しかしいまや、その方便の真門からも出て、選択本願《せんじやくほんがん》の大海に入ることができた。速やかに難思往生を願う自力の心を離れ、難思議《なんじぎ》往生《おうじよう》を遂げようとするのである。必ず本願他力の真実に入らせようと第二十願をおたてになったのは、まことに意味深いことである。ここに久しく、本願海に入ることができ、深く仏の恩を知ることができた。この尊い恩徳に報いるために、真実の教えのかなめとなる文を集め、常に不可思議な功徳に満ちた名号を称え、いよいよこれを喜び、つつしんでいただくのである。[10]

以上が、三願転入といわれる記述で、親鸞が示した信心を獲得するプロセスの最も有名なものの一節です。親鸞が、高名な僧侶の書物などによって、方便の要門（十九願）を通って、方便の真門（二十願）も通り、そうして選択本願の大海に入る（十八願）ことができたと、信心獲得のプロセスを示しています。このことは、自力による修行から、他力による信心に移っていったという、親鸞の信仰体験の告白の一つといえます。

では次に、阿弥陀仏が仏になるために誓った四十八願の一部である、三願について詳しく見ていきます。

〈十九願〉

現代語を記述すると、「わたしが仏になるとき、すべての人々がさとりを求める心を起して、さまざまな功徳を積み、心からわたしの国に生れたいと願うなら、命を終えようとするとき、わたしが多くの聖者たちとともにその人の前に現れましょう、そうでなければ、わたしは決してさとりを開きません[11]」となります。

〈二十願〉

現代語を記述すると、「わたしが仏になるとき、すべての人々がわたしの名を聞いて、この国に思いをめぐらし、さまざまな功徳を積んで、心からその功徳をもってわたしの国に生れたいと願うなら、その願いをきっと果しとげさせましょう。そうでなければ、わたしは決してさとりを開きません[12]」となります。

〈十八願〉

現代語訳を記述すると、「わたしが仏になるとき、すべての人々が心から信じて、わたしの国に生まれたいと願い、わずか十回でも念仏して、もし生れることができないようなら、わたしは決してさとりを開きません。ただし、五逆の罪を犯したり、仏の教えを謗るものだけは除かれます[13]」となります。

第十九願は、「さとりを求める心を起して、さまざまな功徳を積み」とあるように、修行して仏になるということを示しています。そして第二十願は、「この国に思いをめぐらし、さまざまな功徳を積んで」とあるように、これは自ら念仏を唱えることによって仏になる道を示しています。最後に、十八願は「心から信じて、わたしの国に生まれたいと願い、わずか十回でも念仏して」とあるように、ただ阿弥陀仏からいただいた念仏を喜ぶことによって、つまり自らではなく、阿弥陀仏の働きによって救われて仏になる道を示しています。このように、親鸞の仏になるための方法は、自力の修行から他力の念仏へと変わっていったことを示しています。

つまり、三願転入のプロセスとは三段階に分けられます。人間が自力の修行によって成仏し、この世の悩み苦しみから逃れようとするのが第一段階であり、そこからそれだけでは逃れられないことを知り、阿弥陀仏にお願いをして成仏しようとするのが第二段階です。そしてさらに、第二段階においてお願いしていた自分という、自分の力があった部分さえも、実は阿弥陀仏に回向されて信心をいただいていたということに気づくという、阿弥陀仏の願力（他力）への気づきが第三段階です。この第十八願に気づくことを「転入」と呼び、自力が全くなく他力によってのみ成仏していくというプロセスです。

4　ロジャーズの人間性心理学と親鸞の浄土真宗の相違点

以上のように、ロジャーズのカウンセリングプロセスと親鸞の三願転入の三つの段階について見ました。カウンセリングプロセスは感情の解放、自己洞察の成就、終結の段階の三つに分けられ、三願転入は十九願、二十願、十八願の三つに分けられます。

ロジャーズのカウンセリングが目標にしているものは、クライエントが感情を解放し、自己洞察を行っていく過程で、新しい気づきを持ち、それによって経験してきたことをこれまでと違った認知や意味づけとして捉えていくことです。このカウンセリングにおける目標は、簡単に言うと社会で生きていく力を身につけることです。これは終結の段階で述べられていた、「クライエントがカウンセリングの面接から得るものは、必ずしも問題に対する整然とした解決策ではなく、問題に対して建設的な方法で立ち向かう能力なのである」と同じように、問題をその場で解決するのではなく、解決していく姿勢の獲得ともいえます。このカウンセリングが対象とする問題は、日常生活の中で生まれた問題であり、例えば、「息子が不登校である」といったことや、「長い間眠れずに困っている」といったことです。

一方で、仏教が目指すものはあくまで、仏となり悟りを得て、苦しみからの解脱です。この苦しみとは「人生が自分の思い通りにならない」という苦しみであり、特に人生における根本的な問題、「生老病死《しょうろうびょうし》」が最も中心的な問題です。そのために浄土真宗においては、三願転入などを参考にしながら、信心を獲得していくことが重要なことになります。実際には、日本においては、死別経験や、自分の人生が問いかけられるような事故・事件にあった場合などがきっかけとなり、仏教にふれる機会を持つ人が多いと思います。本やメディアなどを通してふれたり、僧侶から門徒《もんと》・信者へという形でふれることもあります。特に浄土真宗においては、「聴聞」を大事にしており、寺院などへ参拝する中で、法話を聞くことが大事とされています。その中で、自力の心から他力の信心へと変わっていくのは、人生における問題を解決したい、という想いから自ら仏法を聞いていく姿勢の中で、阿弥陀仏と出会っていき、変わっていくものと思われます。

このように、両者は、ともに悩みを抱えた人への援助のための理論であるという大前提は同じですが、その目

表1　ロジャーズのカウンセリングと浄土真宗の比較

	ロジャーズのカウンセリング	浄土真宗
援助者	カウンセラー	善知識（僧侶など）
対象者	この世の悩みや自分の生き方に悩んでいる人、日常生活を送る上で差し障りとなる悩みを持っている人	生老病死の悩みを持つ人、自分の人生について問いを持っている人、浄土往生を求める人
悩みの種類	後天的に獲得された個人個人異なる悩み	人間が生まれながらに持っている人類共通の悩み
解決方法	積極的傾聴《けいちょう》（クライエントが話す）	聴聞（悩んでいる人が聴く）
目　的	自己実現すること（感情が解放されカタルシスを得て自己洞察が深まり、新しい自信と独立心が芽生え、人生の目標が設定され、それが達成される）	成仏すること（阿弥陀仏によって本願力回向され信心を獲得し、正定聚不退《しょうじょうじゅふたい》の位に入ること）

的・対象には違いがあります。カウンセリングにおいては、社会において問題を建設的に解決していく能力を開発することが目的とされ、一方で仏教は成仏が目的です。対象とされる人は、クライエントと呼ばれるように社会において問題を抱えそれに対する援助を求めてきた人と、人生の問題に直面しそこから自分の人生とはどういう意味があるのかといった、宗教的な悩みに直面した人です[14]。これをまとめると表1のように表せます。

それらの問題の解決の方法は、傾聴《けいちょう》と聴聞です。カウンセリングにおいては、カウンセラーがクライエントの話を積極的に聴き、そこからクライエント自身が自分についての理解を深め、洞察し、自分で問題を解決していきます。一方で、浄土真宗においては聴聞が大切であり、門徒・信者が僧侶から阿弥陀仏の話を中心とした法を聞き、信心を深めていきます。どちらも言語を媒介とした関わりであり、そのことによって気づきを深めてい

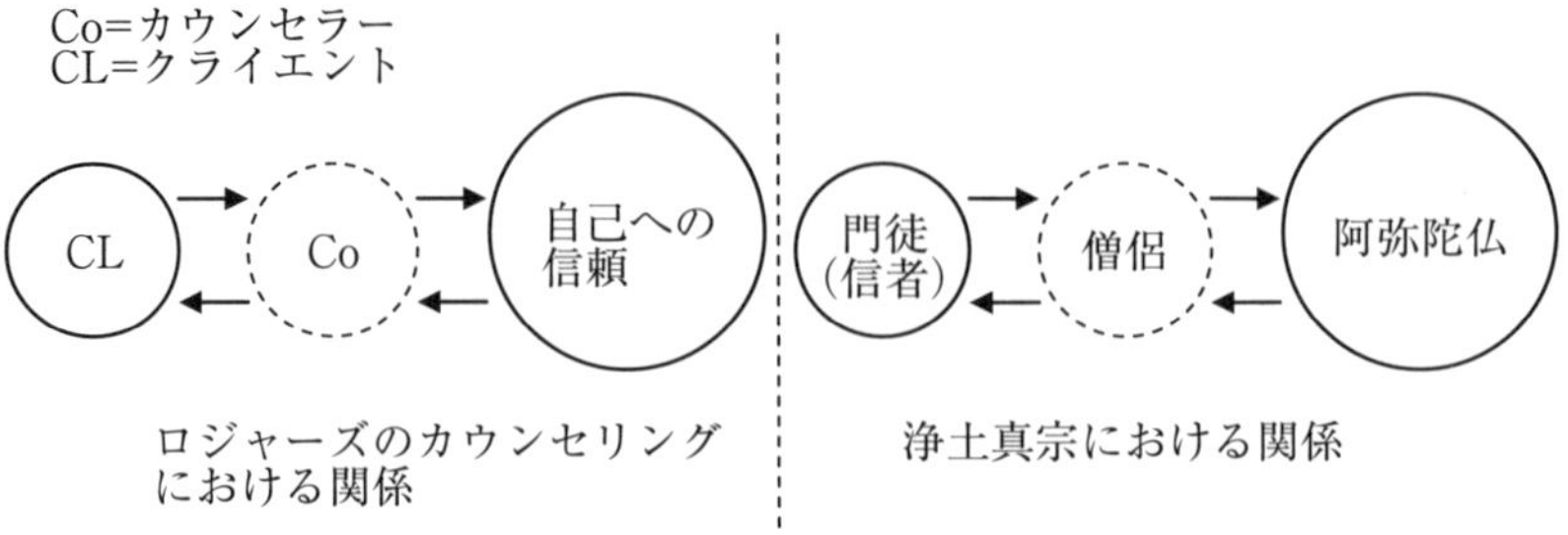

図１　人間性心理学と浄土真宗の過程の対比

くということは共通しています。一方で、傾聴と聴聞という言葉が示すように、それぞれ聞くことを大事にしているのですが、傾聴はカウンセラーが聴き、聴聞では門徒・信者が聞くということを重視している点が違っています。

また、カウンセラーと僧侶がともに、自らの知識によって解決を図ろうとはしないことも共通点です。カウンセリングにおいて、カウンセラーは非指示という名前の通り、指示的になったり、教育的になったりしません。そのことによって、クライエント自身が自分自身に気づかされ、理解を深めていきます。一方で、浄土真宗においては、僧侶自身は凡夫《ぼんぶ》の身であり、人を救うなどということは何一つできない存在です。そこで僧侶自身の知識によって解決するように働きかけるのではなく、阿弥陀仏の働きをお取り次ぎすることによって、門徒・信者自身が気づかされ、深めていきます。このことを図１に示します。

図1を左から説明します。左の図は、ロジャーズのカウンセリングにおける、カウンセラーとクライエントと、よりどころとする考え方、つまり「自己への信頼」の関係を示しています。クライエントは自身の悩みを持って、カウンセラーに相談します。カウンセラーは自身が自己への信頼を持っており、それをベースにしながら、クライエントと対応をします。その中で、クライエントも徐々に自己への信頼を獲得していきます。このとき、カウンセラーは破線で示した通り、非指示という、あくまで触媒のような存在です。クライエントはカウンセラーと

関わりながら、自分自身へと気づいていき、自己への信頼を獲得していきます。

右の図は、浄土真宗における僧侶と門徒（信者）と、阿弥陀仏との関係を示しています。門徒が人生における問題や宗教的問題に出会い、悩みを持って僧侶に相談します。僧侶は自身は凡夫であり、凡夫の知恵では悩みを解決できないので、阿弥陀仏の話や経典についてお取り次ぎします。その中で、門徒は徐々に、僧侶を通さずとも阿弥陀仏に出会っていきます。このとき、僧侶の役割はお取り次ぎであり、カウンセラーと同様に触媒のような存在です。門徒は、初期は僧侶を通して阿弥陀仏と出会っていくのですが、徐々に自分自身が阿弥陀仏に出会うようになっていきます。

そうして、人間性心理学におけるカウンセリングにおいては、クライエント自身が自己への信頼を獲得していくに従って、問題に対する新しい認識を洞察し、問題を解決していく力を身につけていきます。一方で、浄土真宗においては、門徒自身が阿弥陀仏と出会っていくに従って、自分自身の人生や宗教的問題について解決するようになっていくと考えられます。

徐々に両者の関係が深まっていくにつれて、カウンセリングにおいては、カウンセラーとクライエントの関係性は徐々に薄れていき、カウンセリング関係の終結に向かっていきます。また浄土真宗においては、門徒自身が阿弥陀仏と出会っていきます。それぞれ後期においては、専門職であるカウンセラーや僧侶の役割は変わっていくと考えられます。クライエントが自己を信頼できるようになり、門徒が阿弥陀仏と出会っていけば、その後にカウンセラーや僧侶に求められるのは、フォローアップや継続した聴聞などの教化ではないでしょうか。

さて、本論で述べたカウンセリングプロセスと三願転入について述べます。それぞれのプロセスは三段階であり、三段階目に入れば、それぞれが目標としている問題は解決されたといえるかもしれません。しかしながら、カウンセリングにおける終結が訪れることが、三願転入における深まりと関係があるのか、または三願転入における第十八願の転入による信心の獲得が、人生における処々の問題に対する解決と関係があるのか、はどうでしょうか。

結論から言うと、それぞれの関係は質的に異なると筆者は考えています。つまり、カウンセリングが深まることによって、他力の信心に近づくことはなく、三願転入することによって、カウンセリングが不必要になるということではないと思います。カウンセリングによって人が自分に対する洞察を深め、それまで問題と考えられていたことは自分の問題であることに気づいていきますが、そのことが、阿弥陀仏との関係に関わるかというと、それは考えられません。一方で、浄土真宗における他力の信心をいただいたからといって、我々が生きている限り自らの煩悩は消すことができず、日常的な問題が無くなることはないでしょう。

以上をまとめると、カウンセリングにおける悩みや相談ごとはそれぞれが異なっており、洞察による気づきも様々です。悩みごとは、不登校や不眠、不適応など様々であり、それぞれの洞察についても様々です。このカウンセリングの特性である柔軟性が現代の悩みに答えている理由でもありますが、それゆえに、生きている限りにおいて問題は必ず起こり、そのたびに何度も気づきが必要であり、一度洞察したものでさえ変化していきます。一方で、浄土真宗における信心獲得のプロセスは、それぞれの事例は違っていますが、信心は阿弥陀仏からいただく唯一つです。色々な人生の問題をきっかけに悩みますが、その解決方法は浄土真宗では一つです。この解決方法に絶対である阿弥陀仏の存在があることから、その気づきは一度気づくと一生ものの気づきとなります。

最後に、統合という側面から考えてみたいと思います。現代の問題に対するカウンセリングという手法が、現代の問題に柔軟に対応していることは事実です。一方で、浄土真宗における絶対的な救いによる解決もまた力があることは確かです。これらを統合して、悩みや苦しみなどの相談ごとに対して、カウンセリング的に寄り添いながら、浄土真宗についての教化ということは、すぐに想像されます。しかしながら、このことについては倫理的な側面に対する配慮が絶対に必要でしょう。例えば、一般のカウンセリングルームにやってきた相談者が、浄土真宗に教化されることはあってはなりません。また寺院に相談に来た相談者にカウンセリングをすることは、もしかすると相手が望んでないことかもしれません。つまり、これらは相談者のニーズに添った上でこれらを提供する必要があるのではないでしょうか。原則としては、カウンセリングを受ける場所と、宗教的な関わりを受ける場所は違うものです。それを単純に取り入れたり、合わせたりするのは危険です。むしろ、このような統合されたアプローチの可能性は、寺院における相談活動などにおいてこそあると筆者は考えています。寺院という、浄土真宗について語ることが当然であると前提されるところで、相談活動を行うという提示があれば、両者が統合されてアプローチされる可能性が今後はあると考えられます。

また、より一般的には、両者において目的や方法、対象に違いがあることを、カウンセラーと僧侶が認識し、両者が連携することが今後の援助の可能性として考えられます。例えば、生活における諸々の問題に対してはカウンセリングが有効であり、一方で、人生の問いに対しては浄土真宗が解決できる可能性があります。それぞれが特徴を活かして、連携ができるように、現在の医療と教育機関、療育機関、心理関係機関などのように紹介しあえる関係を築いていくことが、今後の援助の可能性として考えられるでしょう。

5　おわりに

ロジャーズのカウンセリング理論と親鸞の三願転入を中心に、二つの考え方を比較し、両者の相違点と今後の実践における可能性について考えました。しかしながら、これらは理論的な考えであり、今後は実践的な調査が必要でしょう。つまり、カウンセリングの過程の中で、クライエントはどのように感じており、または門徒・信者が三願転入のプロセスのどこに位置し、そのことによってどのような心境に達しているのかということや、寺院相談活動の実態についての調査が今後必要と思われます。

註

(1) C・ロジャーズ（末武康弘・保坂亨・諸富祥彦訳）『カウンセリングと心理療法——実践のための新しい概念——』（ロジャーズ主要著作集1）岩崎学術出版社、二〇〇五年、七頁。(Rogers, C., *Counseling and Psychotherapy: Newer Concepts in Practice*. Houghton Mifflin, Boston, 1942)
(2) 前掲註(1)書、一二〇頁。
(3) 前掲註(1)書、一八八頁。
(4) 前掲註(1)書、一九一頁。
(5) 前掲註(1)書、一九九頁。
(6) 前掲註(1)書、二〇〇頁。
(7) 前掲註(1)書、二〇二頁。
(8) 前掲註(1)書、二〇二—二〇三頁。
(9) 前掲註(1)書、二〇九頁。
(10) 浄土真宗教学研究所『浄土真宗聖典　顕浄土真実教行証文類——現代語訳版——』本願寺出版社、二〇〇〇年、五二八—五二九頁。
(11)(12)(13) 浄土真宗教学研究所『浄土真宗聖典　浄土三部経——現代語版——』本願寺出版社、一九九六年、二九—三〇頁。

(14) 友久久雄「仏教とカウンセリング――親鸞とロジャーズ――」『宗教研究』第八一巻四号、二〇〇八年。

三　仏教者によるカウンセリング

心理的カウンセリングから宗教的カウンセリングへ

——事例を通して——

友久久雄

1 プロローグ

私たちはこの世でさまざまな悩みを抱えて生きています。そして、その悩みは、「仏教とカウンセリング」で述べたように大きく二種類に分けることができます。一つは、日常生活を送るうえで障りとなる心理的な悩みであり、もう一つは生老病死や人間は何のために生きているかなどの宗教的な悩みです。この心理的な悩みは、人間がこの世に生まれてきた後に受ける、さまざまな状況すなわち社会・心理的な影響が原因とされます。これに対して宗教的な悩みは、人間として生を受けたことによる持って生まれた本質が原因となります。それ故、心理的な悩みは、私たちが生活する状況を変化させる、あるいは取り除くことにより解決されます。しかしこの状況が簡単に変えられない場合は、悩みを持つ人が変わることが必要となります。一般にカウンセリングというのは、この悩みを持つ人が、カウンセラーに相談することにより、言語的コミュニケーションを介して、自己の変容を求めるものと考えられています。そして、この自己の変容の結果、悩みが解決されるのがカウンセリングです。このように、心理的な悩みに対するカウンセリングを、ここでは心理的カウンセリングと呼びます。

これに対して、宗教的な悩みは、生老病死など、人間の努力や能力では解決できない問題を含んでいます。この悩みは人間の持って生まれた本質が原因であるため、避けて通ることはできません。しかし私たちは、日々目の前に繰り広げられる生活に一喜一憂し、この人間の持って生まれた悩みから目を逸《そ》らして、正面から取り組もうとしません。

私たちが人間である限り、この本質的な悩みから逃れることはできません。そこでここでは、心理的悩みから宗教的悩みに転入した事例を紹介し、仏教とカウンセリングの接点を考える一助にしたいと思います。

尚、この宗教的悩みに対する解決方法を、ここでは宗教的カウンセリングと呼びます。カウンセリングという用語を使ったのは、言語的コミュニケーションにより自己の変容を求めるものであるという点に、カウンセリングとの共通点を認めるからです。

2　事例の概要

本事例は、当初子ども（中学校二年生）の不登校問題を主訴として面接相談のために来所した母親（四十四歳）が、コンサルテーションとして、子どもにどう関わればよいかの指導を受けたことから始まりました。そして、母親は子どもへの関わりを検討する過程において、子どもの不登校の原因は、子どもよりもむしろ自分の子育てのあり方、別の表現をすれば母親自身の自我の未熟性にあるのではないかと気づき始めました。

この気づきにより、面接相談の内容は、子どもへの関わり方の相談であるコンサルテーションから、母親自身の人格の変容を求めるカウンセリングへ変換しました。その結果、母親の自己の内面への探索が始まり、自我の未熟さが原因であり、現実に真正面から取り組む姿勢に欠け、トラブルを避けるため常に偽りの仮面を被《かぶ》って行動していた自分に気づかれました。また、母親のこの行動様式が子どもの自我の成熟を阻害し、未熟な自我が原因で子どもは神経症性の不登校になったということが明らかになりました。

このことに気づいた母親は、自己洞察の結果、自己の内面の不一致に気づき、新たな自我の成熟と自立的な行動をとるように努力されました。具体的には、今まで避けて通ってきた夫との意見や態度の不一致に対して、真正面から取り組み、両者の一致点を見出すようにされました。その結果、両者の関係は安定し協調的になるとともに、子どもの再登校が始まりました。

そして、子どもが再登校することにより、カウンセリングは終結しましたが、その一年半後、姑とのトラブルで再び来所されました。この時も、子どもの不登校の時と同じく、カウンセリングにおける自己洞察と自己への気づきにより、母親は真の自己を見出し問題は解消されたようにみえました。

しかしその二年後、医学部を卒業し研修医であった自慢の娘が、男性と駆落ち同然の家出をしたことと、その原因が父親の不倫にあったことにより、母親としての自信を一度に喪失し、真の自己を見出したと思っていたその自己は虚構であったことが明らかになりました。混乱した母親は、カウンセリングにおける自己発見は信用できないとカウンセリングに懐疑的となり、新興宗教に助けを求めましたがそこでも問題は解決できず、万策つきて再びカウンセリングを求めて来所されました。

以下の事例は、その後心理的カウンセリングから宗教的カウンセリングへの変換過程を、できるだけ忠実に再録したものですが逐語録ではありません。また母親の希望により個人が特定できるような記載はもちろん、内容を変更しない範囲で、表現の方法を変えた部分があることを断っておきます。

3　繰り返す気づき

＊〈 〉は母親の発言、〔 〕はカウンセラー（相談を受ける者）の発言

〈いつもここへくる度に、私の家族のことをいろいろ考えますが、私にはよくわかりません。何をどう考えればよいかも、家でどうすればよいかも……もう頭の中は堂々めぐりで……夫の顔はみるのも嫌ですし……〉
〔そうですか。大変ですね。……毎日顔を合わせるのですからね〕
〈本当をいえば、家族の誰とも顔を合わせたくないのですが、家にいて顔を合わせないわけにもいきませんし……本当に地獄です〉
〔……つらいですね〕
〈先生何とかしてください。私どうすればよいのですか……死んでしまいたいぐらいです……もし、この嫌な苦しみから逃れることができるのなら何でもします。教えてください……〉
〔私にも、お母さんがどうすればよいかわかりません。私にできることは、お母さんの苦しい胸のうちをお聞きするだけです〕
〈先生に話を聞いてもらっている時は、少し気が楽になりますが、家に帰ればもとの木阿弥でまた同じことです。こんなこと繰り返していても意味がないとも思うのですが、外に行くところもなく……コーラスとここが唯一の息

抜きです……先生何とかしてください。先生にどうにもできないのでしたら、私はどうしたらいいのですか〉

〔お母さん、以前の面接の時、私の思っているお母さんは、カウンセリングを受けることにより、人間的に成長し自信を持っておられましたが、しかし今は娘さんと御主人の件で自信がなくなり、どうしてよいかわからなくなっておられる。そして自己洞察が自己洞察を生み気づきが気づきを生むことにより、人間的に成長するのです、ともいいましたね〕

〈はい、聞いたような気がします。しかし今は、自分をみることも気づくことも何もできません。何か自分を超えたものにでも無理に自分をみるようにされないと〉

〔いや無理に自分をみなさいとか、気づきなさいといっているのではありません。むしろ今は無理をしない方がよいと思いますよ。ただ私がいいたいことは、自分の内面をみつめる自己洞察やそれによる気づきは、何度も何度も経験することであり、エンドレスに起こるということです。確かに、その気づきで人間的には成長するのですが、その気づきはどこまで行っても、これでよいということがありません。何故だと思われますか〕

〈……〉

〔お母さん、自分のこととして考えてみてください〕

〈……はぁ……〉

4 解決できない悩み

〈いろいろ考えましたがよくわかりません。ただ、人間が生きている限り問題は起きる、というよりは問題が続くということです。私の場合も、息子、姑、娘、主人と家族全員が次々と問題を起こし、どうして私のところだけこんなに問題が起きるのだろうと、神さまを恨んだこともあります。先生への答えになっているかどうかわかりませんが……どうして私にばかり……他の家もこうですか……ここへ来られる人の家も〉

〔他の家のことはおいておいて……人間が生きている限り問題は起きるとおっしゃいましたね、そのとおりだと思いますよ。仏教では煩悩といいますが、人間に煩悩がある限り問題は起きます。そしてその問題をカウンセリングで解決する、すなわち自己洞察を深め気づきにより問題を解決すると同時に人間的にも成長する。これはこれで結構なことですが、生活をしているとまた、次の問題が起きる。するとまた、自己洞察すなわち気づきで解決する。そしてまた、問題が起きる。こんなことといつまで繰り返すのですか。そのうち、人間では解決できない問題まで起きる。諦めるしか解決方法のないことまで起きる。諦めるは、明《あき》らめる、すなわち物事をはっきり明らかにして、ダメなものはダメと明らかにして諦めるという意味ですが、この物事をはっきり明らかにしないから、いつまでも問題が起きるのですよ〕

〈？　？　？　……〉

〔簡単にいえば、問題が起きた時、自己洞察すなわち気づきにより、息子さんの不登校の時のように原因が明らかになり、あの時は息子さんよりはお母さんに原因があると気づかれ、御主人との関係を改善されたことにより問題は解決されましたね。しかし、また、姑さんとの問題が生じた。これはどう思われますか〕

〈……やはり私が未熟で、自分のことがよくわかっていなかったのでしょうね〉

〔そうでしょうね。たぶんそうだと思います。お母さんは真の自分、本当の自分がまだわかっておられなかったから……。しかし、次の問題すなわちお姑さんとの問題までは自分で解決された。しかし娘さんの問題、次いで御主人の問題になると、今はまだ解決されていない。恐らくお母さんは、自分で意識するしないは別として今、自己洞察・気づきを繰り返されているのでしょう。だから、この問題もいつかは必ず解決されると思いますよ〕
〈そうでしょうか、難しいと思いますね。……自分の力では〉
〔俗に時間が解決するといいますが、必ず解決しますよ。解決しますけれども、また、次の問題も起きてくるでしょう〕
〈どんな問題が起きるのでしょうか〉
〔それはわかりませんが、必ず次の問題は起きます。それは断言できると思いますよ〕
〈そうですか……〉
〔それでは、何故次々と問題が起きると思われますか〕
〈……本当の自分がわかっていないからですか、人間的に私が成長していないからですか〉
〔それもそうだと思いますが、本当に自分がわかっているとはどのような人のことですかね、人間的に成長するといいますが、何がどこまで成長すればよいのでしょうか〕
〈……よくわかりません、私では……〉
〔難しいですね。本当の意味で自分がわかるとか、人間的に成長するとかよくいいますが……。これは終わりがないことだと思いますよ〕
〈そうですね〉
〔お母さん、もう一度だけ考えてみていただけませんか。自分で悩んで考えて、やっと解決したと思うと、また次の問題が起きる。それを解決したと思ったら、また次の問題が起きる。どうしてでしょうね。もう一度考えてみ

てください。そろそろ時間になりましたから〕

5　赦せない気持ち

〔どうですか、考えられましたか〕

〈考えましたが、よくわかりません。私の場合、息子のことと姑とのことは何とか解決できたようにも思いましたが、娘のことでどうしようもなくなりました。息子や姑の時は、私の力で何とかなりましたが、娘と夫のことは私の力ではどうしようもありません。いくら考えてもどうしてよいかわかりません。私の能力を超えている問題のように思います〉

〔そうですか。お母さんは、息子さんと姑さんの時は、その原因は自分にあると気づかれうまく解決されましたが、今の娘さんと御主人の場合はどうですか、自分の問題とは考えられませんか〕

〈たぶん自分にも原因があるのだろうと思いますが、自分だけに原因があるのではなく、相手にも原因があると思います。特に夫の場合は……。だから相手が変わろうとしない限り、いくら自分が自分の問題だ、自分に原因があるのだと思って考えてもどうにもならないのです。先生のいわれる自己洞察とか気づきというのも限界があります。その自己洞察や気づきにより、自分の問題だ自分の問題だといっても、相手が気づかなければ何にもなりません。時には、何で自分だけ苦しまなければならないのか腹が立ちます。

ここにいる時は、先生と話をしているのでまだましですが、家に帰ったら我慢できないぐらい腹が立ちます。自分だけでなく相手にも原因があるわけですから〉

〔そうですね、お母さんの気持ちはよくわかりますが、相手というのは娘さんですか御主人ですか〕
〈両方ともです。特に主人は顔をみるのも声を聞くのも嫌です〉
〔そうですか……それでは、御主人が反省して、自分に原因があった悪かったと、お母さんに謝られたら、問題は解決しますか、心は安らぎますか〕
〈いいえ、私は赦しません。腹の中が煮えくり返っていますから……どんなに謝られても赦す気にはなれません〉
〔ということは、御主人が何をしても赦せないということは、御主人では問題解決ができないということですね〕
〈……〉
〔そうなると、この問題を解決できるのはお母さんだということになりませんか。お母さんの気持ちしだい。もっというとお母さんの自己への洞察、自己への気づきということになりませんか……。この問題を解決するということは、この問題が具体的にハッピィに解決されたということではなく、お母さんの気持ちの中で解決されたということではないのですか〕
〈理屈はそうかもしれませんが、気持ちが赦しません、気持ちが〉
と感情があらわになる。
〔わかりました、わかりました。この問題は前にもいいましたように、時間という妙薬を服んでいただく以外に解決はなさそうですね。
私が今まで何回もお母さんに考えてきてくださいといったのは、御主人や娘さんの問題をどうするかということではなく、いくら悩みや問題の原因に気づいてその問題が解決できても、お母さんの気持ちは落ちつかないのではないですかということです。そしてまた次の問題が起きるということは、その気づいた悩みの原因は、本当の原因ではなかったということではないですか、ということです。もし、気づいた、別の表現をすれば、自己の内面を洞察してみつけだした悩みの原因が本当の原因であれば、もっといえば、それが人間の悩みの真の原因であれば、その後の問題や悩みは起きないはずです。

しかし現実は、悩みはエンドレスですし、気づきもエンドレスです。確かに悩みや気づきは人間性を高め、人間としての成長を促してくれますが、それは人間に生じる問題や悩みを根本的に解決してくれるものではありません〕

〈……〉

〔どうですか、また難しくしてしまいましたが、結論からいえば、我々人間は、何度も何度も悩みを繰り返し、その都度その原因を探り、その探る一つの方法としてカウンセリングがあるわけですが、その都度その都度一つ一つ解決していかざるを得ないわけです〕

〈そうですか、今の問題も解決しなければならないわけですね〉

〔解決しなくてよいわけですか……〕

〈いいえ、解決したいとは思いますが、どうしてよいかわからないものですから〉

〔それは、今すぐ早急に解決しようとされても無理でしょうね。しかし、このことを機会に、問題の真の原因、すなわち人間とは何か、人間は何故悩むのか、人間はどこから来てどこへ行こうとしているのか、この人間を「私は」に変えて考えてほしいのですが、もう一度考えてみてください〕

〈難しい問題ですね。私が考えてわかるでしょうか〉

〔さぁどうでしょう……わからないでしょうね、たぶん、人間を超えたものの智慧でなければ〕

6　人間を超えた智慧

〔今お母さんの抱えておられる問題は、自分で解決できますか、難しいと思いませんか。しかし、それでもいつかは必ず時間が解決してくれます。すなわち、時間という人間を超えた智慧が解決してくれます。私たち人間は、何でも自分の思いや考えで解決しようと思っていますが、自分の思いや考えで解決できるのは、この世の中のほんの一部の表面的な出来事だけですよ。人間としての真の問題は人間の能力では何ひとつ解決できません。

だから、人と人との関係で解決しようとするカウンセリングの自己洞察や気づきは、何度も何度もそれが必要となるのです。それが、人間の真の問題を解決するものであれば、一度気づけばそれでよいのです。オール・オア・ナッシング、すなわち全か無です。一度気づけば全てがわかる、すなわち全てが解決できるわけですが、気づかなければ全てがわからない、すなわち全く解決できないということです。カウンセリングでは、人間としての成長は望めますが、人間の真の問題は解決できません。先ほどいいました、人間とは何か、人間は何のために生まれてきたのか、人間はどこから来てどこへ行こうとしているのか、などの人間の本質的な問題は、人と人との関係では解決できません。人と人間を超えたものとの関係でなければ人間の真の問題は解決できません〕

〈そんなことできるのですか〉

〔どういう意味ですか〕

〈人間を超えたものとの関係をつくるとか、人間は何のために生まれてきたのか、死んだらどうなるかなどがわかるのですか〉

〔人間の知恵や能力ではわからないでしょうね〕
〈？　？　？　どうもわかりません。分かり易く説明してください〉
〔難しいですね。いつもなら次回までに考えてきてくださいということになるのですが、これはお母さんが自分で考えても答えは出ないと思いますので、このことに関しては次回にゆっくり説明するとして、今日は時間ですから終わりましょう〕

7　真の自分を知る

〈この前のことですが、自分なりに考えてみましたが、やはりよくわかりませんでした。それと今までと先生が違って、だんだんと自分の考えを述べられるようになってきたと思いました。以前は、私が喋ってばかりいましたが、この頃は先生も自分の考えをいわれるようになりました〉
〔そうですか、そうですね、私も自分の考えをお母さんに伝えようと思っていることは事実ですね〕
〈先生のお考えも聞いてみたいです〉
〔そうですか。それでは説明してみましょう。私たち人間は、努力すれば頑張れば全てのことが解決できると思っていますが、実際にはそうではありません。生まれてきたのも死んでいくのも、御子息の父となり母となられたのも、全て自分の考えで選んだものではありません。自分の努力でもありません。人間を超えたものの智慧によるわけです。この人間を超えたものの智慧を、私たちは仏さんとか阿弥陀仏とか呼んでいます〕
〈はぁ……〉

〔お母さんが以前いわれていた、人間とは何か、人間は何のために生まれてきたのか、人間は死んだらどうなるのかは、私たちの能力すなわち人間の知恵では絶対にわかりません。それがわかるのは、人間の能力を超えた仏さんだけです。だから仏さんのいわれたこと、すなわち仏教でいえばお釈迦さんですね、悟りを開いて、全ての真理を体得されたお釈迦さんの話を聞いて、自分は何のために生まれてきたか、死んだらどうなるのかの問題を解決しなければなりません〕

〈お釈迦さんの話を聞けば、自分は何のために生まれてきたのか、人生とは何なのかがわかりますか〉

〔真剣にお聞きになれば、わかると思いますよ……私は〕

〈そうですか、私は娘のことと夫とのこの度のことで、自分ではどうにもできないことがこの世にはある、ということを嫌というほど知らされました。自分の気持ちを自分で何とか抑えよう、何とか気持ちを落ちつけようとしますがどうにもなりません〉

〔そうですか、まだまだ本当の自分というのがわかっておられないわけですね〕

〈そうでしょうね。本当の自分というのがわかれば、全てが解決しますか〉

〔お母さんの全てというのは、今では娘さんと御主人のことでしょうが、その問題が解決されるかどうかはわかりません。しかし、お母さんが真の自分がわかれば、自分が何のために生まれてきたか、何のために人間は生きているのか、自分の死とはどういうことなのか、という問題が解決されます。そうすれば、今のお母さんの問題も、お母さんがいう、解決されたということではないのですが、解決されると思いますよ〕

〈どういうことですか……。人間を超えた智慧が解決してくれるということですか〉

〔お母さんが、人からいくら教えられ導かれても、真の自分がわかるということはありません。表面的な自分は、カウンセリングを受けることで、自分は人の目を気にする人間で、仮面を被りながら人に接している人間で、人の前では良い子ぶってばかりいる人間で、その自分がうまく演じられないから悩んでいるのだということまではわかります。もっといえば、自分が望む自分と今の自分が大きく違っているために悩んでおられるのです。自分が本当に望んでいる自分はこういう自分だ、これが本当の自分だと自分がわかったように思っても、それは、その時の自分が考えた自分であり、状況が変われば、そんな自分はすぐに変わるのです。

自分で考えた望ましい自分というのは、表面的な自分であり、それは仮の自分で真の自分ではないからです。だから、人間は何のために生きているのかと問われれば、何も答えられないわけです。これは、カウンセリングにおける人（クライエント）と人（カウンセラー）との関係で考えた自分だからです。何故生まれてきたのか、何のために生きているのか、死んだらどうなるのかもわからない自分が、いくら考えても、これに答えられる真の自分はみつけられません。

真の自分は、人間の知恵や能力では絶対にわかりません。それがわかるのは、人間を超えた智慧、すなわち仏さんの智慧だけです。だから、我々は仏さんから教えていただく以外には、真の自分を知る方法はないのです。お釈迦さんは、その仏さんの智慧を人間に伝えるために仏さんが人間に姿を変えて、我々と同じ身体を持ち言葉で伝えるためにこの世に出てこられたのです。というのは仏さんという智慧は、そのままでは我々人間には、見ることも聞くことも触れることもできないからです〕

〈？　？　？　……〉

〔すみません、一方的に喋ってしまって、どうですかお母さん、今のお気持ちは〕

〈わかったような、わからんような変な気持ちです〉

〔そうですか、先ほど、私はお母さんが真の自分がわかれば、お母さんの今の問題すなわち娘さんと御主人の問題は、人間のいう意味で解決されるということではないですが、解決されるといいましたね。この意味は、お母さんが解決されなくても、仏さんが解決してくださいますよという意味です〕

〈えっ……仏さんが解決って、どういう意味ですか……私、わかりませんが〉

〔そうですね、難しいですね。仏さんは人間の諸々の悩みの真の原因を教えてくださいますから、真の原因が知らされてその原因が解決されれば、諸々の悩みも解決されるわけです〕

〈？　？　？　私、わかりませんが……〉

〔どう説明すればよいのでしょうね。うーん難しいですね。……我々の悩みの原因は、仏教用語では煩悩というのですが……自分の悩みの真の原因を知らないから悩みが解決されないのです。真の原因を知るということは、自分がこの世に生まれる前からの本当の本当の自分を知るという意味です。だからここでいう真の自分、本当の本当の自分というのは、日常生活やカウンセリングでいう真の自分ではありません。真の自分を知るということは、前にもいったように、何故自分は生まれてきたか、何のために自分は生きているのか、死んだらどうなるのかが知れるということです。そして、真の自分が知れるということは、これらのことを考える、あるいは知る知恵や能力は自分には全くないということを知らされるという意味です。自分は無知・無力・無能であるということを知らされることが真の意味で自分を知るということです。難しいですね、ここらは。

だから、この無知・無力・無能の自分が、何故自分は生まれてきたのか、何のために自分は生きているのか、死んだら自分はどうなるのかを知るためには、人間を超えた智慧すなわち仏さんの智慧によって知らされる以外に方法はないということです〕

8　自己に目覚める

〔この真の自分を知ることを、カウンセリングでいう「気づき」ではなく、仏教では自己に「目覚める」といいます。仏さんの智慧に触れて自己に目覚めるわけです。この仏さんの智慧にて知らされることを「仏に会う」とか「仏に目覚める」ともいいます。親鸞聖人が開かれた浄土真宗では、このことを「信心獲得（獲信）する」とか「信心をいただく」といい、仏の智慧を信じること（信心）言い換えれば信じさせられることが最も肝心であるとされます〕

〈初めて聞くので、よくわかっていないと思いますが、もう少し私がどうすればよいかを説明してください〉

〔今いったように、仏の智慧を信じるということが一番大切なことなのですが、残念なことにこの仏の智慧を信じる能力は私たち人間は持ち合わせていません〕

〈？　？　？〉

〔私たちは、自分の目や耳などいわゆる五官を通して感じることしか信じないという特徴があります。そこで仏さんは、仏さんの話をよく聞いて、それを信じるものには、人間の知恵を超えた仏の智慧でもって、私の心と身の中に同時に飛び込んできてくださいます。この体験を「覚知」すなわち悟り知るといい、浄土真宗では「一念の信」といいます。人間はこの体験をすることで、否応なしに仏さん（の智慧）を信じさせられるようになります。このことをまた「廻心」ともいいます。

もし、お母さんがこうなれば、自分が何のために生きているのかを、仏さんから知らされますから、今、ここに生きていることの大きな喜び、生かされていることへの感謝の念が自然に湧き出てくるようになります。そうなると、今のお母さんの問題すなわち娘さんや御主人の問題も、具体的には解決されていなくとも解決されたということになります。お母さん（人間）の知恵よりもっともっと大きな（仏の）智慧につつまれて、娘さんや御主人の問題も、お母さん自身の問題も解決すると思いますよ」

〈疑ってすみませんが、本当ですか。前にも先生には不義理をしていますので、いえた義理ではありませんが、今すぐ信じろといわれても……〉

「信じなさいといっているのではありません。私たち人間の能力では仏の智慧を信じることができません。あえていえば、信じさせられるようになってくださいということです」

〈どういうことですか……難しいですね、特に私のようなものには〉

「信じさせられるというのは、自分が信じるのではありません。信ぜざるを得ないような体験をさせられるという意味です。あのね、お母さんが経験されたカウンセリングにおける気づきの体験は、何度も何度もありましたね。私たちは気づくことによって、人間的には成長するのですが、その気づきは死ぬまでエンドレスで続くのです。ということは、その気づきは真の気づきではなく表面的な気づきということなので、何度も何度も気づきが必要となるのです。もしそれが真の気づき、すなわち本当の原因に気づいたのであれば、それは一度の気づきで終了にならなければなりません。

その意味では、仏の智慧に気づく、すなわち目覚めは、真の原因に目覚めることですから、ただ一度だけでよいということになるわけです」

〈へぇ……そうですか……〉

9 『歎異抄』

〈そうですよ、お母さん、『歎異抄』という本を御存知ですか?〉

〈名前ぐらいは聞いたことがあります。昔、教科書にもあったような気がします〉

〈そうですか。知っておられてよかった。そうでなければ、また最初から説明しなければなりませんので……たぶん教科書では、悪人正機説という一番有名なところが載っていたのだと思います。「善人なおもて往生をとぐ、いはんや悪人おや」のところです〉

〈そうですそうです、そこです、何かぼんやりと憶えています〉

〈そうですか、よく憶えていてくださいました。その『歎異抄』に次のような記載があります。ちょっと聞いてみてください。それではゆっくり読みますよ。「一向専修のひとにおいては、廻心といふこと、ただひとたびあるべし。その廻心は、日ごろ本願他力真宗をしらざるひと、弥陀の智慧をたまはりて、日ごろのこころにては往生かなふべからずとおもひて、もとのこころをひきかえて、本願をたのみまひらするをこそ、廻心とはまふしさふらへ(原典のまま)」とあります〉

〈先生、よくわかりませんので、分かり易く説明していただけませんか〉

〈そうですね、一向専修のひと、というのはひたすらお念仏を唱える人という意味です。ここでいう、お念仏を唱えるということは、口で唱えるだけではなく、阿弥陀仏を信じて唱えるという意味です。お念仏というのは御存知のように「南無阿弥陀仏」ということです。この南無という意味は、帰依するという意味で、優れたものを信じ全面的に頼るという意味です。言い換えれば、信じておまかせするという意味です。何におまかせするかというと次の阿弥陀仏におまかせするということです。だから南無阿弥陀仏という意味は、人間を超え優れた阿弥陀仏を信じ、私の全てを阿弥陀仏におまかせしますという意味になります。それ故「私なし」とも表現します。そして信じるということも、自分が信じるのではなく、先ほどいいましたように、仏さんの智慧により信じさせられるという意味です。ここらあたりは難しいところなので、もう少し勉強されてからお話ししましょう〕

10　廻心はただ一度

そして次に、その念仏を唱える一向専修の人においては、「廻心ということただ一度あるべし」、とあります。この廻心というのは、廻る心とありますが、どう廻るかというと、今までこの世のことばかりを気にしていた心が、くるりと廻って仏さまの方を向くという意味です。今まで信じられなかった仏さんが信じられるようになり、心が仏さんの方にくるりと廻るということです。

もっと具体的にいうと、今まで娘さんや御主人との問題すなわちこの世のことばかりで悩んでおられたお母さんの心が、仏の智慧によってくるりと廻されるということです。そうなると、自分は何故生まれてきたのか、自分は何のために生きているのか、死んだらどうなるのかなど人間の知恵や能力では解決できない問題に心が廻されます。このように仏さんへ心を廻されるということを廻心といいます。どうですお母さん……どう思われます〕

〈はぁ、なんとなく……〉

〔なんとなくどうですか……〕

〈仏さんのお話を聞いてみようかとちょっと思うようになりました〉
〔そうですか、娘さんや御主人のことばかりではなく、仏さんのこともちょっと考えてみてください。しかし、これは考えてもわかりませんから、何のために生まれてきたか、何のために生きているのか、死んだらどうなるかという疑問を持って、お寺で仏さんの話を聞くようにしてください〕
〈どこでどうすればよいかがわかりませんが〉
〔そうですか。今は、しっかりと仏さんの話を聞いてくださいというより他はありませんが……。この今のお母さんの悩み、すなわち娘さんと御主人のことがきっかけで、本当にお母さんが、仏さまに目覚めて、自分は何のために生まれ、何のために生き、死んだらどうなるかが解決されたら、娘さんと御主人は、お母さんにとっては仏さまですというようになると思いますよ〕
〈？　？　？　……どういう意味ですか、娘や主人が仏さまとは……先生が嫌がらせをおっしゃるとは思いませんが、私には全く意味がわかりません〉
〔そうですね。わからないでしょうね、この意味は。この意味がわかるようになるまで仏さんの話を聞いてください〕
〈？　？　？……〉

11　エピローグ

紙面の都合で、母親との面接相談の記録は一応ここまでとしますが、その後、母親は宗教に目覚め、お寺で法話を聞きながら、カウンセリングも続けて受けておられます。私たち人間には自分自身で解決できない、もっといえば人間の知恵では解決できない問題や悩みはいくらでもあります。しかし、このうち人間の根源的な問題すなわち生老病死といわれる四苦、および「何故自分は生まれてきたのか」「何のために自分は生きているのか」「死んだら自分はどうなるのか」などの問題に目覚めることが最も大切だと思います。そして、真の自己に目覚め仏の智慧に目覚めることが、この世に生を受けた私たちの最終目的ではないでしょうか。

その目覚めに導くまでの過程が、心理的カウンセリングから宗教的カウンセリングへの道筋であり、仏教とカウンセリングの接点の一つではないでしょうか。

序論の「仏教とカウンセリング」に述べたように、宗教的カウンセリングは、いまだ確立されていません。しかし私たち人間が真の意味でこころ安らかな生活を送るためには、人間が生来性に持っている全人類共通の宗教的悩みを避けて通ることはできません。この事例を通して、宗教的カウンセリングのあり方を考えていただければ幸いです。

尚、本事例は、『龍谷紀要』第三〇巻二号（二〇〇九年）「面接相談におけるカウンセリングと仏教――不登校児の母親の事例を通して――」および『龍谷大学論集』第四七四号第四七五号合併号（二〇一〇年）「面接場面における気づきの研究――心理的気づきから宗教的気づきへ――」に発表したものを編集したものであります。

精神分析学術と『仏説観無量寿経』

――心の育ちの源――

石丸真證

1　はじめに

二〇〇七年十一月の『本願寺新報』で「仏教とカウンセリング研究センター」の記事が目に留まりました。カウンセリングは、クライエントの内在化している悩みを昇華させていくうえで、仏教のみ教え、特に『仏説観無量寿経』の母親韋提希《いだいけ》とその子ども阿闍世《あじゃせ》の苦悩と密接な関係にあると考えていた私は胸を躍らせ参画しました。もとより、専門性には程遠い私ですが、クライエントの相談から学ばせてもらった体験を通じて学び得た学術知識をここにまとめてみました。

このご縁に遇うことができましたことは私の歓びであります。

2　心の育ちとその源

(1) 乳児期の心の成長

人はどうして愛する心、信ずる心を養うことができるのでしょうか。またどのように育っていくのでしょうか、その源は何なのでしょうか。段階的にその心の成長をまとめてみました。人は赤ちゃんとして母親から生まれ、授乳やスキンシップ、睡眠などなどすべてにおいて母子関係（二者関係）の中で育てられていきます。言うなれば赤ちゃんが生存していけるかどうかは、母親の関わり（愛情）にかかっているわけです。

もう少し母子関係が心の育ちにとって、どんなに大切なものか述べたいと思います。生まれた赤ちゃんの口に乳房をくわえさすと、赤ちゃんは産道を抜け出てきた疲れと空腹から誰に教えられたわけでもなく、ちゅっちゅ、ちゅっちゅと上手にお乳を飲んでいきます。人は、へその緒の切断と初授乳により他者と初めて接触し、その関係が始まります。乳児期はすべての面で母親に頼り生存していかねばなりません。その時期に心の根本的な依存性が生まれます。このことに注目をしたのはフロイト（S. Freud）です。また、乳児時期の依存時期において満足感が充足していることによって、人間らしく人になっていくのです。

一方母親は、上手にお乳を飲む赤ちゃんと接するときが、分娩疲労も忘れ心癒され私の赤ちゃんとしての意識の高まりが生まれる場面ではないでしょうか。母親は育児に没頭していき、家族も赤ちゃんの動き一つに一喜一憂しながら、成長を願い育てていきます。愛情を持って大事に育てられる環境があって、赤ちゃんはだんだん人としての心を持つようになっていくのです。

こうした時期があればこそ、争いや憎しみの心を持ちながらも、ほとんどの人間がなお人間への基本的信頼と愛情を保ち、互いに理解し合える人格の成長が成立するのではないでしょうか。そうした自然的仕組みがあったからこそ、人間は正常な心――理性、認識、感情、秩序――を継承して何千年も暮らして来られたのです。

フロイトは人間の心の発達を考えていくとき、快感原則と現実原則とで説明をしています。フロイトは、生まれたばかりの赤ちゃんは快だけを求めて不快なものを避ける。そういう快感追求性が本能として人間の心の奥底にある。成長をしていくにつれ現実原則に従わなければならないことが判ってくるようになる。すると、少しずつ快感原則本意の心の動きが抑制されて、現実原則に従う機能が成り立つようになると説明をしています。具体的には、おっぱいが飲みたいが母親が来るまで待つということで満足を延期して、その状況に従わなければならないことが少しずつ判るようになってくるということです。身体の成長とともに、生活リズムや育児の外的な現実条件に適応して生きていくということが少しずつ判ってくるということです。

もう少し具体的に乳児期の成長を段階的にみていきたいと思います。

〈生後数か月〉

赤ちゃんは身体的、生理的にも自分自身での自律機能がありません。したがって赤ちゃんが生きるためのすべての面で、母親の介助、代行や調整によってささえられます。特にこの頃は、母親との間に基本的一体感（母親は自分の身体の一部である）を有して分化していない時期であります。

〈生後六か月〉

この頃になると母親の全容姿が見えるようになります。母親は自分とは別の存在であることが徐々に判ってきます。そして赤ちゃんはお腹が空いて泣いたり、おむつが汚れて泣いたり、抱っこをして欲しいために泣いたりと、誰にでも判るような表現行動を示してきます。また母親に対しての愛着や関わりを求める愛情要求が表れるようになってきます。この時期は、そうした要求サインに応じることによって愛情という対象関係が成立される、情緒面の心の成長にとって最も大切なときであります。

イナイ、イナイ、バアで不安がったり（いなくなったと心配する）、母親の姿を追ったり（いなくなるのではないかと不安になる）、人見知りで泣いたり（母親とは異なることの区別ができる）する分離不安行動がみられるのもこの頃です。

〈生後十二か月〉

個人差はありますが、この頃になれば自立歩行ができるようになります。数歩進んで振り向き母親を確認すると歩き出す、その繰り返しがみられます。これは母親のイメージが脳裏に存在することを示すものであり、分離の始まりでもあります。

この頃の時期は口愛期とされ、乳児期において、依存という一体感から対象関係の成立に至る母と子のより良き関係が、後の人格形成において根源的な心の栄養になっているわけです。そのことを某心理学者は〝愛情とはすなわち、無条件満足の充足である〟と定義づけされていました。

(2) 母親らしい母親

母親とてすべての面で完全ということではありません。この点について、イギリスの小児科医で精神分析学者のD・W・ウィニコット（D. W. Winnicott）は、グット・イナフ・マザーという言葉を使っています。ほぼ良い母親でよい、パーフェクトな母親である必要はないということです。

母親らしい母親とは、一つには自然的な、本能的なものがうまく発現できればよいのです。母親となる要素は自然に身についているもので、なにも無理な努力は要らないのです。いわゆる赤ちゃんの空腹や排泄、体の不調など不快を表す行動や表情を読みとって、優しくそれを取り除いてやればいいのです。二つには、夫すなわち子どもの父親との関係がうまくいっていることです。三つには、母親自身が自分の母親とよい関係にあることです。たとえ憎しみや悪い思い出があったとしても、心の中では和解が成立していて肯定的な情緒関係が保たれていることです。四つには子どもとの間の相互循環過程を触発してくれる子どもを持つことでしょう。子どもに母親からのサインを受け止める能力が乏しかったり、反応を示さなかった場面に母親は一種の不感症になったりする場合があります。

3　母親との関係から父親との関係へ

これまで述べてきましたように、母と子の世界が先にあって、そこに父親が入り込んでくるという見方があります。子どもは父親の存在をどのようにみているのでしょうか。

まず、子どもが父親と母親とを分化していない初期的段階にある頃は、母親と同じようにお風呂に入れてくれたり、ミルクを飲ませてくれたりする父親は、母親の付属品のような存在として経験されていきます。同時に母親との一体感を脅かす侵入者とか妨害者として経験されるという両面があります。

そして母親との分離がはっきりしてくる二歳頃には、父親像も明確なものになってきます。ちょうど、子どもが男の子、女の子という性別を自覚するようになってくる頃です。ここまではフロイトの性の発達理論である口愛期から肛門期とされる時期のことです。

肛門期の時期にある一歳半ば頃から、幼児はしだいに排泄に伴う快感が体験されてくるようになります。この頃から養育者によって排泄のしつけがなされます。このしつけによって初めて幼児は、社会の秩序や約束ごとを学びます。そして排泄を伝えられると養育者が喜んでくれることを知り（対象愛）、今ないと言って排泄を引き延ばしたり（対象の拒否）、逆らったり（自体愛）する場面がよくみられます。排泄によって、養育者への服従と反抗を表し、贈り物の意味を持たせたりというように、排泄と大便には象徴としての意味があります。幼児は、上記のように葛藤しながらしつけに適応しようと成長をしていきます。その程度に応じて、几帳面、潔癖といった性格傾向が形成されたり、また排泄快感が貯蓄、倹約、だらしなさなどの性向につながるようです。

この次に出現する心の葛藤がエディポス期です。この時期は、同性の親に対しては競争心を持って、異性の親には性愛に近いような愛着が生まれてくるという三者関係（父親と母親そして子ども）が起こってきます。並行して男の子は男としての父親の男性性を、女の子は女としての母親の女性性を共有し、それぞれに同一化が起こってきます。同じ頃に、男の子は父親に成り代わり、父親を押し退けて母親と愛し合いたい、女の子は母親と同一化して女らしさを身につけようとしながら、母親を押し退けて父親と愛し合いたいという願望を抱くようになります。愛と憎しみ、羨望と嫉妬、競争心と優越感、倫理的規範と罪悪感など葛藤的な感情がうずまく世界です。それは家族の中で起こることですが、家族も小さな社会であって、子どもは社会的な人間になる訓練を受けることになります。〝三つ子の魂百までも〟といわれる由縁ではないでしょうか。また、この時期の三者の関係が思春期に大きな影響を及ぼしているといわれています。

4　心の成り立ちのまとめ

人の心の成長は、口愛期、肛門期、エディプス期、児童期、思春期、青年期と竹の節目のようなそれぞれの時期を葛藤しながら過ごし成長していきます。そこに養育者の愛情ある温かい援助や励ましがあってうまく乗り越えられて、自然的な人格が形成されいくと考えられます。特に幼児期に得た満足感がエネルギーの源となっているからこそ、大人になって社会で適応できる人間になっていくと考えられています。

5　仏典からの阿闍世物語

古代インドに王舎城《おうしゃじょう》がありました。そこには釈迦《しゃか》に深く帰依していた頻婆《びんば》娑羅《しゃら》王とその王の妃韋《い》提希《だいけ》夫人が住んでいました。二人はなかなか子どもに恵まれず、王は子どもが欲しいと願っていました。果たして、子どもができるかどうか占い師にみてもらいました。占い師は、裏山に住む仙人が三年後に死んで、その仙人が生まれ変わって王子が生まれるであろうと予言をしました。王は三年という長い歳月を待つことができず、その仙人を殺めてしまいました。仙人は死に際に「自分は王の子として生まれ変わって、いつの日かその息子は王を殺すであろう」と呪いの言葉を残しました。そしてまもなく韋提希夫人は妊娠して王は大変喜びました。ところが別の占い師から、生まれてくる王子は王を殺すに違いないと予言され、子どもを持つ喜びと占い師の言葉から生まれた心配が入り交じるようになりました。困惑した頻婆娑羅王は韋提希夫人と心配を語り尽くし、生まれてくる子を高いところから産み落とす計画を立て、実際に高塔から産み落とされました。彼はその際小指を骨折しただけで生き延びました。その後は両親は阿闍世《あじゃせ》と名付け大変可愛がり育てました。阿闍世は折指王子とも呼ばれていました。

阿闍世が青年期に差し掛かる頃、提婆達多《だいばだった》との出会いがありました。その提婆達多は、仏教の創始者である釈迦と従兄弟の間柄でした。以前から提婆達多は釈迦の信仰とその成功に激しい嫉妬心を燃やし、さらには釈迦の財産を横取りして殺害までも考え、そして自らが仏陀になることを決心していました。

その彼が阿闍世に「おまえも年老いた父王様に自分と同じことをやったらどうか」と囁き反逆をそそのかしました。「自分が仏陀となり、おまえが王様となるんだ」と野心を覗かせたのです。阿闍世は「父親からは大変な恩恵を受けている。そんなことはできない」と提婆達多に主張しました。提婆達多は「そんな恩恵を受けてなぞいない。おまえの父親は母親に、高いところからおまえを産み落として殺すように命じたのだぞ。その証拠に折れた小指を見てみろ」と言い返しました。

阿闍世は一人の大臣から出生の由来が事実であることを確認しました。そして、提婆達多の勧めに従って父親頻婆娑羅王を幽閉して、誰も食べ物を与えないよう部下に指示しました。数日間過ぎて父親の様子を見に行かせた部下から「王は夫人からの小麦粉に蜂蜜を混ぜたものとぶどうの汁の差し入れでお元気な様子」と報告を受け、怒りを母親に向け刃を振りかざそうとしました。そのとき、月光と耆婆の二人の大臣が、「王位を望んで父親を殺した人間は稀ではないが、無道にも母親を殺した人間の話は聴きません」と王妃の前に立ちはだかり止め戒めました。阿闍世は殺めることを思い止まり、母親も王宮の奥深いところへ幽閉してしまいました。

阿闍世は自分の父親を殺した後で王位に就き、満足を得ることができるようになりました。しかし、やがて彼は父親を殺害したことを後悔して、酷い罪意識に襲われ、五体が震え流注《りゅうちゅう》という皮膚病にかかり、病気から発する悪臭に誰一人近寄る者がありません。母親の献身的な看病をもってしてもますます悪くなるばかりでした。ある大臣が釈迦に救いを求めるよう勧めました。

その時、阿闍世は天上からの声を耳にしました。「私の忠告に従って救いを得るために釈迦のところへ行きなさい。私はおまえをかわいそうだと思っている」。さらに声は「私はおまえの父だ」。

阿闍世は父親を殺した私をお釈迦様でも許してくれないであろうと考えていました。

お釈迦様は「もし王であるおまえが罪を受けるに値するというならば、世に尊ばれている仏陀たちは皆すべて罪を受けなければならない。なぜならば、あなたの父は仏陀にさまざまなご供養をしたことで王になったのだから。もしわれわれ仏陀がおまえの父からご供養を受けることがなければ、おまえの父は王にならなかっただろう。もしわれわれがそれらの供養を受け取っていなければ、おまえはおまえの父を殺さなければならないような羽目に陥ることはなかったはずだ。つまり、もしおまえが父を殺すことに罪があるなら、すべての仏陀にも罪がある。もしもより尊ばれている仏陀が罪を受けないとすれば、おまえだけが罪を受ける理由はない」と言われました。その声を聞いた阿闍世はすっかり具合が良くなり、釈迦の忠実な信者となりました。提婆達多は釈迦を殺す試みに失敗し、地獄に落ちる身となったのです。

6　精神分析からの阿闍世コンプレックス物語

仏典からの阿闍世の物語は前述のようなことですが、精神分析家である古澤平作先生（一八九七―一九六九）は「二種の罪悪意識――阿闍世コンプレックス――」の論文の中で、父親を殺したことでその罪を恐れることから生じるエディプス的（西洋的）な罪悪感と、父親を殺したにもかかわらずそれを許されることで経験している阿闍世の罪悪感を比較しています。その原典を仙人を殺めたのは韋提希夫人と修正されています。

このことは、阿闍世コンプレックスのテーマが、母親における子どもを持つことをめぐる葛藤であることを示しています。母親である韋提希夫人は、自分の地位を守るために子どもを持つことを願い、仙人を殺めてしまったのです。そして、身もごった後に自分が殺した仙人の怨念に恐怖を覚え、胎児を殺そうとしたところに母の葛藤がありました。

出生の由来を知った阿闍世は父親を幽閉して殺し、幽閉中の父親へ食べ物を運ぶ母親までも殺そうとしました。韋提希夫人は釈迦に救いを求め、自己中心的な過ちに気付き、母親らしい気持ちへ変化させていきました。そして我が子が苦しむ流注という病気の献身的な看病を行っています。

阿闍世も母に対する恨みや怒りを、母親から許されることから生じる罪悪感、つまり慚悔心へと気持ちの変化を表しています。

阿闍世の物語は、内的に抑圧された未生怨の行動化も精神療法の治療として注目されているところです。

7　現代の心理社会的状況と仏教

現代社会においても、阿闍世の家族に類似した事件が近年増加の傾向を示しているようです。戦後六十数年の間にすっかり家庭内の人間関係の様子が変わってきました。戦後しばらくの間みられた、その家の長老を中心とした生活の流れは、今では消滅しているのではないでしょうか。この半世紀の間の、家族像を描写する言葉の推移を拾ってみました。一九六〇年代前半は高度経済成長真っ只中で、就労事情から家族の分散が顕著な頃でした。この頃の流行語にマイホーム主義、教育ママ、一九七〇年代には共稼ぎの家族の形態からニュー・ファミリー、育児パパ、さらに一九八〇年代になってシングルマザー、男女雇用機会均等法が施行された一九九〇年代の夫婦別性といった家族の姿は、確実に女性の家庭内における地位の向上を示し、かつての家族の姿とは程遠いものになってしまいました。

このように家庭内の人間関係が個人的な様相となって、共存、共感、許容という互いに認識し合う時間や感情が薄らぎつつあるのが現代の家族社会ではないでしょうか。そのことにより情緒発達途上にある子どもに心の満足を与えられない環境は、心の成長に大きく影響を及ぼしているともいえるでしょう。

具体的な例をあげると、不登校をしていた子どもが母親に向かって「なぜ僕を産んだ」と怒り叫びました。子どもは母親の愛情に渇望しており、その苦悩からの不登校でした。初めて母親へ愛情要求表現を行うことができたのです。母親はこの子の母になろうと気付き始めました。母親もその罪意識に懺悔して明るい家庭を目指していけるようになりました。

8　まとめ

精神分析の観点からみる人の心の成長は、口愛期、肛門期、エディプス期、児童期、思春期、青年期と竹の節目のようなそれぞれの時期を葛藤しながら過ごし成長していきます。そこに養育者の包み込むような愛情ある温かい援助や励ましがあって、うまく乗り越えられてこそ自然的な人格が形成され、社会において葛藤を経験しながらも共存し、そこに適応できる人間になっていくと考えられています。

阿闍世物語からは、仏の慈悲こそ、あらゆる凡夫を救済される願にあり、「無償の愛」であること、その根源は海でもあり大地でもある母親ではないかということがうかがえるのではないでしょうか。

参考文献

大槻憲二『精神分析図解入門』育分社、一九七一年。

小此木啓吾『シゾイド人間』朝日出版社、一九八〇年。

小此木啓吾編集『現代のエスプリ』No.一四八、一九七九年。

小此木啓吾・北山修編『阿闍世コンプレックス』創元社、二〇〇一年。

大遠忌聖典意訳編纂委員会『聖典意訳　浄土三部経』浄土真宗本願寺派出版部、一九八二年。

牛島定信編集『精神分析学』放送大学教育振興会、一九九六年。

僧侶のカウンセリングに学んだ実践について

――女子少年院での教誨師活動――

徳永道隆

1　少女苑との縁

貴船原少女苑という女子少年院は、静かな田園風景がまだ多く残る、広島県の東広島市にあります。盆地になるため、冬場は県内では寒いところですが、少女たちの過ごす環境としては、良好な地といえるでしょう。建物も高いところで二階までしかなく、広い中庭を中心に寮施設と教育棟、食堂などが配置されています。私は、研修等で何か所か他の少年院を訪ねましたが、貴船原少女苑は、のんびりとした印象を受けます。

当苑は、少年院送致の言い渡しを受けた、おおむね十二歳以上二十歳未満の少女を収容し、社会生活に適応させるための矯正教育を行う施設です。収容状況は、「一般短期処遇」という収容期間六か月以内の子と、「長期処遇」という二年以内と二年以上の子に分かれ、ここ数年は、おおよそ四十名前後の収容です。非行の内容としては、傷害・暴行が最も多く、次いで覚せい剤、窃盗と続き、その他としては虞犯《ぐはん》などです。

入院してくる子はまず「新入時教育」を受けるのですが、その時に大切な指導は、コミュニケーションがうまく取れない子が多いため、対人関係の指導であるといいます。その後「中間期教育」として、問題性別指導やロールレタリング（役割交換書簡法）等の実践的な指導に入ります。そして最後に「出院準備教育」として、社会適応講座や進路指導などを経て出院となります。

私は、十五年前にこの施設の担当教誨師《きょうかいし》としての任を頂きました。教誨師活動は、集合教誨と呼ばれる講話形式のものと、個人教誨、それに宗教行事の開催があり、私は、集合教誨を主とした活動をしています。約一時間、収容者を集めて話をするのです。

収容者の身体的な状態や中学生の教科指導などで、常に全員を集めるというのは不可能に近いのですが、有り難いことにほとんどの子が講話の時間には集まってくれます。

2　講話の進め方

講話を行う講堂は、ちょうど学校の教室のような場所で、人数としても一クラスくらいです。そういった点では、話しやすい状況ですが、ほとんどの子が集まるということは、入院してからの期間がそれぞれ違う状況の子がいるので、私としては、色々と試行錯誤してきました。その結果、ここ数年は一つの形を踏襲しています。それは、収容者とコミュニケーションを図りながらの講話です。まず、テーマを掲げて、そのことに関する時事問題等を通じて「共有できる内容を持つ提示」をし、そこから収容者の思い、考えを聞いていきます。そして、最後に私の感じた思いを、再び「提示」という形で示します。この形で進めることにより、収容者の発言時、聴講時いずれも非常に「生き生きとした」感じを受けるようになりました。収容者の発言にはもちろん、その態度や思いにできるだけ添えるように進めています。そのためか最後のまとめとしての私の話を、静かに頷きながら聞いてくれます。ですから、この講話は私にとっても、とても救われる思いのするひとときでもあります。時によっては、収容者の思いに添うことで、最初のテーマとずれることもあります。しかし、その講話の時間の互いの「今」を感じながらの進行としては、自然のことのように思われます。

この講話の時間は私にとって、とても不思議なひとときでもあります。収容者を前にした時、その子たちに「どうか元気に日々生き抜いて欲しい」という思いが生じます。こうした感情は、どう考えても「この私だけ」によるものとは思えないのです。

3　仏縁とカウンセリング

近年、「カウンセリング」や「心理療法」などの言葉を見聞きすることが多くなりました。仏教とこれらのことに繋がりがあるとは思ってもいませんでしたが、縁あって西光義敞氏との出逢いがあり、仏教とカウンセリングの類似性や相違性を学ぶ機会を与えていただきました。このことによって、特に浄土真宗の教えの持つダイナミックさと、実感する大切さを味わうきっかけを頂いたように思います。

「私」と「汝」は、繋がりのあるいのちであり、共に「名号法《みょうごうほう》」によって「呼び覚まし」を受けている存在である、ということがその中心であろうかと思います。

そして、このことは基本的に個人間のことであり、カウンセリングとしての場面を設定された中でのこととして説明されています。しかし、西光氏をはじめとして諸氏が提唱されているように、この理念を布教の場において展開していくことも重要であると言われています。つまり、どんな場面でも「今、ここ」のひとときを「感じあう」ものとして、現代では、仏教とカウンセリングは関わらざるを得ないものと思います。

その学びを通じて、教誨活動としての講話の場面において、「自覚していること」の頼りなさを感じることになりました。それは、共に「呼び覚まし」を受けている存在という感覚に繋がっていると思います。

4　ある日の教誨

ここで、実際の教誨の様子を記録したものを記してみたいと思います。これは、私の記録のみであり、少女たちの感想文は存在はしますが、公表は許可されないので、偏りはあるかも知れません。ですから、詳細なものとは異なりますが、実際の雰囲気をお伝えできればと思います。

九月某日・集合教誨

テーマ「人間の強さについて」

収容者三十五名程度　教官二名

最初の挨拶から元気がよかった。「元気じゃねぇ」と声をかける。ほとんどの子が顔に力の入った健康な感じに見える。まず、明日がお彼岸の日なので、やり取りしながらこの日は、昔の人はどういう気持ちで迎えていたかを話した。みな「ふーん」という感じ。

それから、テーマに入る。教材は「シッダルタ王子と悪魔」という紙芝居である。

読んだ後、拍手があった。ここでの「悪魔」とは心の中のことである。話の最後に、「正しい心でよい子になりましょう」というセリフが出てきたが、これに対して何か思うところはないかとみんなに問う。特に具体的な反応はないが、表情を見ていると、何かを考えている子が多く見受けられた。この紙芝居は、子供に対する一つの教育だろう。そして、みんなはこの教育をいろんなかたちで受けとめていくだろう。でもどうだろう、もう一つ踏み込んで、その教育を受けた時の自分の中に起こる感情を考えてみよう、と話した。

少し間を置いて、話を変えてみる。

私の経験した場面として、癌患者だった方の講演の後、「私は癌を武器にして頑張っています」という講師に対し、「癌患者を侮辱している」と非難の声。その場に司会者として自分がいたら、どうまとめるか。と聞いてみた。「それぞれだから」「貴重なご意見有難うございました」等、みんなの心の中に色んな思いが生じた。

そして、悲しいかな、自分の思いは自分だけしか分からない。お釈迦様の「独生独死独去独来《どくしょうどくしどっきょどくらい》」の教えにもあるように、私たちは、この世でたった一人の存在だと話した。しかし、同時に私たち一人ひとりは、「願われたいのち」である。単に父母、祖父母という縁だけでなく、何かによって願われていなければ、「私」は存在しない。そのことを思いながら、自分の感情を大切にしていくことで、何かが変わってくるかも。そんなことを最後に話した。終了のチャイムが鳴り始めたとき、実に力強い頷《うなず》きがあった。最後に、最初よりいっそう元気よく、みんなと挨拶をした。

5　まとめ

私は「僧侶」という身で日々をすごしています。普段接する門信徒の方々に、「元気でおってもらわんと」とよく言われます。それは、どうも先祖のための読経や自分の葬儀等のことをしっかりやってもらわないと、という意味が強く感じられることが多いのです。「葬式仏教」と呼ばれていることが、まさに目の前で起こっています。このままでは仏教本来の「生老病死《しょうろうびょうし》の苦しみから人々を救う」ことが困難になり、衰退の一途を辿るのではといわれています。これについては、さまざまな要因が指摘されていますが、私は僧侶の仏教に対する実感のなさが、その大きな原因のように思えます。私もその一人です。

しかし、カウンセリングという西洋の科学的思考との関係を学ぶことで、逆に仏教の本質を実感する手立てとなると思います。そして、その学びを大切にしながら、あらゆる「場」にその身を置くことで、その実感を深めていくことになろうかと思います。

私は、これからも仏教、カウンセリングに学び、様々な現場にその身を置きながら、共に救われていく縁を、私自身の求道として歩んでいきたいと思います。

私の仏教体験とトランスパーソナル

丸山顕子

1　トランスパーソナル・仏教体験

トランスパーソナルとは個を超えた大きなものと一体化し、人生観・生死観・自己認識などが変化すると共に、人格の変容が起こり成長へと向かう、というように理解しています。

浄土真宗の救いは宇宙の根源である阿弥陀仏と一体化し、常に仏と共に在るという安らぎを得ることです。

私は子供の頃から「何のために生まれたか？　私とは何か？　死んだらどうなるか？」と、いう事が、悩みでした。考えても分かるはずがないので、意識の片隅に追いやっていましたが、その疑問は絶えず私を脅かし、神経症や心身症になりました。

救われて、「何のために生まれたか？」と「死んだらどうなるのか？」が、解決しました。

救われる（信心獲得）とは、自分を見る目を頂くことでもあり、数多くの気づきがありました。理想の人間像を追い求めるあまりに、無意識の世界に抑圧していた様々の思いや感情が、明らかになりました。「私とは何か？」

という疑問も、かなり解決の方へ近づいている感じですが、自分を見ていく作業は限りが無く、日常生活や心理療法の場で、気づく事は多いです。以前には気づけなかった自分の愚かさを知ると、恐ろしくなります。そんな時、罪は問わないという教えの有難さが身にしみます。

2　救いとは

総ての罪は問わず、既に許されて在るという事が分かると、自分でも自分を許せるようになってきました。自己肯定感が増し、自己受容が出来るようになってきます。

自分を許せると、次第に人も許せるようになる感じです。とは言っても限界があり、縁に会えば、怒り・恨み・憎しみで一杯になります。が、命の尊厳や安全を揺るがし、傷つける相手に怒るのは、むしろ当然だと思います。相手を許せない自分も、許すことにしています。

怒り・恨み・憎しみ・妬み等の感情は心地よくないので、排除したくなりますが、必要があって本来人間に具わっているのだと、思います。時には自分を守るためのものであったり、向上心に繋がるものでもあると思います。恐ろしい心を自覚するのは辛いですが、有難いです。「自分の心は鬼であり、やはり地獄にしか棲むところは無い。こんな私だからこそ救われた」と味わわせて頂きます。「憎い人は、私に鬼の心を見せて下さる仏様かもしれない」という気持ちと、「憎い人は憎い」という二つの気持ちが、矛盾なく存在する感じです。ひどい事をした人に対しては、「そうするしかない悲しい訳があったのだろう。その人も真の幸せを見つけて欲しい」という気持ちと、「一生恨む」という、やはり二つの気持ちがあります。

3　地獄

地獄の存在を証明することは、出来ません。六道輪廻や後生の一大事等、言葉は覚えましたが、私の思考や五感で分かるものではありません。でも、阿弥陀様の存在を否定出来ない以上、地獄も否定出来ません。

私の心が造り出す地獄は、私だけのものです。心が造った地獄の中で、六道の中で、私の魂は迷い続けて来ました。阿弥陀様は呼び続け迷いを断ち切り、救って下さいました。

4　何故救われたか？

二十代の頃「自分自身の救いに絶望することこそ最大の罪である」という言葉を聞き、心に残りました。そのため色々と頑張りましたが、三十半ばを過ぎて、結局絶望しました。最大の罪を犯したから救われたのだ、と思います。あらゆる神仏に見放され、絶対に救われない者を救って下さるのが阿弥陀様です。

浄土真宗について僅かな知識しかなく、聞法求道もしていないのに救われたのは、それだけ無明で罪深かった証拠です。

前生からの業縁とも言えると、思います。遥か遠い過去から、阿弥陀様の願いはかけられていたのですから。人それぞれの時機（期）が、あるのだろうと思います。

5　救い

「自分の命といっても、自分で作った訳ではないから自分で殺す権利は無い。自殺は罪。親より先に死ぬのは、一番の親不孝」等と知ってはいましたが、生きているほうが皆に迷惑をかけるから、早く死ぬべきだという思い込みが強く、何度も自殺未遂をしました。

もともと無神論者ではありませんので、よく分からないけれど、神か仏か、そういう絶対的な存在はある、と思っていました。でも、絶望した時、神仏のことは完全に忘れていました。自分の総てに絶望し、自殺を図りました。死に切れずに放心状態で過ごしていた何日目かに「全く存在価値の無い、こんな私でもいいと阿弥陀様は言って下さるのだなぁ」とふと思いました。心が軽くなり嬉しくなりました。それが救いに気づいた時だと思います。絶望して、自力の、計らいが尽きたのだろうと思います。

6　自殺・他殺

自殺未遂前後の事は、あまり覚えていません。後にその頃の日記を読むと、「世界中の人を殺してしまいたい気分。でも、今のところそんなに憎い人はいない。一番憎いのは自分」と、書いていました。意識を失う直前には、「本当は死にたいんじゃない。この苦しみから助けてくれなのよ。このまま死んでも仕方ない。自業自得。でも、やっぱり死ぬのが一番いいのでは……」と、書き綴っていました。

罪悪感の強かった私は、真に憎むべき相手に対して怒りを向けることが出来ませんでした。やり場の無い怒りは不特定多数に向き、内攻した怒りで自殺になる――と、思います。

世界を震撼させた連続殺人犯と自分の違いを知りたくて、犯罪心理の本を数冊読んでみました。殺人者達には「人を殺すのは絶対悪い」という常識が欠けており、私は「自殺は絶対悪い」という常識が欠けていました。

四十代初めに一週間の内観(1)に行き、「怨む心は自殺より悪い」と思い込んでいたことに気づきました。

悪いと分かっていても止められないのは、本当に悪いと分かっていない証拠だと言われますが、その通りでした。

7　絶望について

カウンセリングを学び始めて間もない頃（二十年程前）、危機介入を依頼され、自殺未遂を繰り返す人の話を聞いたことがあります。その人も「絶望している」と言っていました。でも、よく聞いてみると、自分自身というより、世の中に対する絶望のようでした。「宗教は必要ない」とも、言っていました。

同じ〝絶望〟という言葉であっても、内容は必ずしも同じでは無いようです。

8　阿弥陀様の願い

阿弥陀様の願いがかけられているという点では、人間や地球上の生きとし生けるものだけでなく、全宇宙に存在する総てのものも、仏になる可能性があり平等だと思います。

肉体が消滅しても、元素に戻り存在し続けます。さらに、原子や分子として、全宇宙に漂い続けると思います（科学には弱いので、よく分かりませんが……）。やがて、別の星や生命体の一部になって、それが壊れて原子や分子になり、またいつか生命体に取り入れられたりと、循環するのだと思います。気の遠くなるような長い年月です。

仏法の宇宙と物理学的宇宙の違いは、よく分かりませんが、科学で証明されている宇宙を含み、もっと大きな宇宙があるのだろうと、思っています。まさしく無限大の宇宙です。

ＳＦ小説のパラレルワールドのように、常に存在するけれど、見えず気づけない世界という感じです、或る条件が揃った時だけ、コンタクト出来ます。ＳＦでは「時空の歪み・時空の裂け目」等と表現されるようですが、仏法では、縁が整い阿弥陀様の呼び声が届いた時であり、自力の計らいが尽きた時です。計らいを、自分で無くす事は不可能です。

9　存在・有無

自分の存在に疑問を持った私は、地球や宇宙の成り立ちについても気になりました。

数十年前の主流は、ビッグバン宇宙説でした（最新情報は知りません）。大爆発から宇宙が始まり、膨張し続けていると聞いても、「爆発した物は何から出来たのか？　広がっている外側には何が有るのか？　何も無いとして、無いとはどういうことなのか？」と不安でした。

二十年前、初めてフォーカシング(2)を体験し、「自己主張したい」という願望に気づきました。私は、生まれたことに罪悪感を持っていましたから、常に人の顔色を窺っていました。言いたい事も言えず、〝いい子・いい人〟を演じていました。自分を偽り、自分を大切にしていませんでした。心身の不調は、押さえつけられた本当の自分が、偽りの自分に対して反乱を起こしたという面も、あると思います。

自己主張したい、という気づきの後、激しく心が動き続けました。

若い頃、「アインシュタインの宇宙」というTV番組を見たことがあり、その中で「有るとか無いとかいう概念が、地球上の人間のもの」と、言っていました。それを聞いた時、何かを感じました。分かった訳では無いけれど、全然分からないものでも無いような、まさしく漠とした感じでした。フォーカシング後、その意味が、より明らかになりました。「有る・無い」に拘わる必要が無くなった感じです。

阿弥陀様の救いには、善悪・生死・有無を超越し、そういうものに煩わされなくなる面もあります。生身の体がある間は、全く煩わされないという事は無理ですが、薄れてきているのは確かです。

10 仏法・心理療法

カウンセリングをはじめ、数々の心理療法や健康法に出会い、癒されてきています。頸椎症と脳脊髄液減少症の後遺症からくる痛みは、軽減されたものの、やはり辛いので、治す方法を探し、色々と試しています。体が緩むと、気づきが起こったり、逆に気づきの後で体が緩んだりします。心と体は分けられないと、実感しています。

瞑想やお念仏をしている時や、フォーカシングでシフトした後や、アレクサンダー・テクニーク(3)のワークを受けている時に、体の輪郭が消え、宇宙に溶け込んでしまう感じになることがあります。痛みだけが残り、これが業だと、しみじみ実感します。

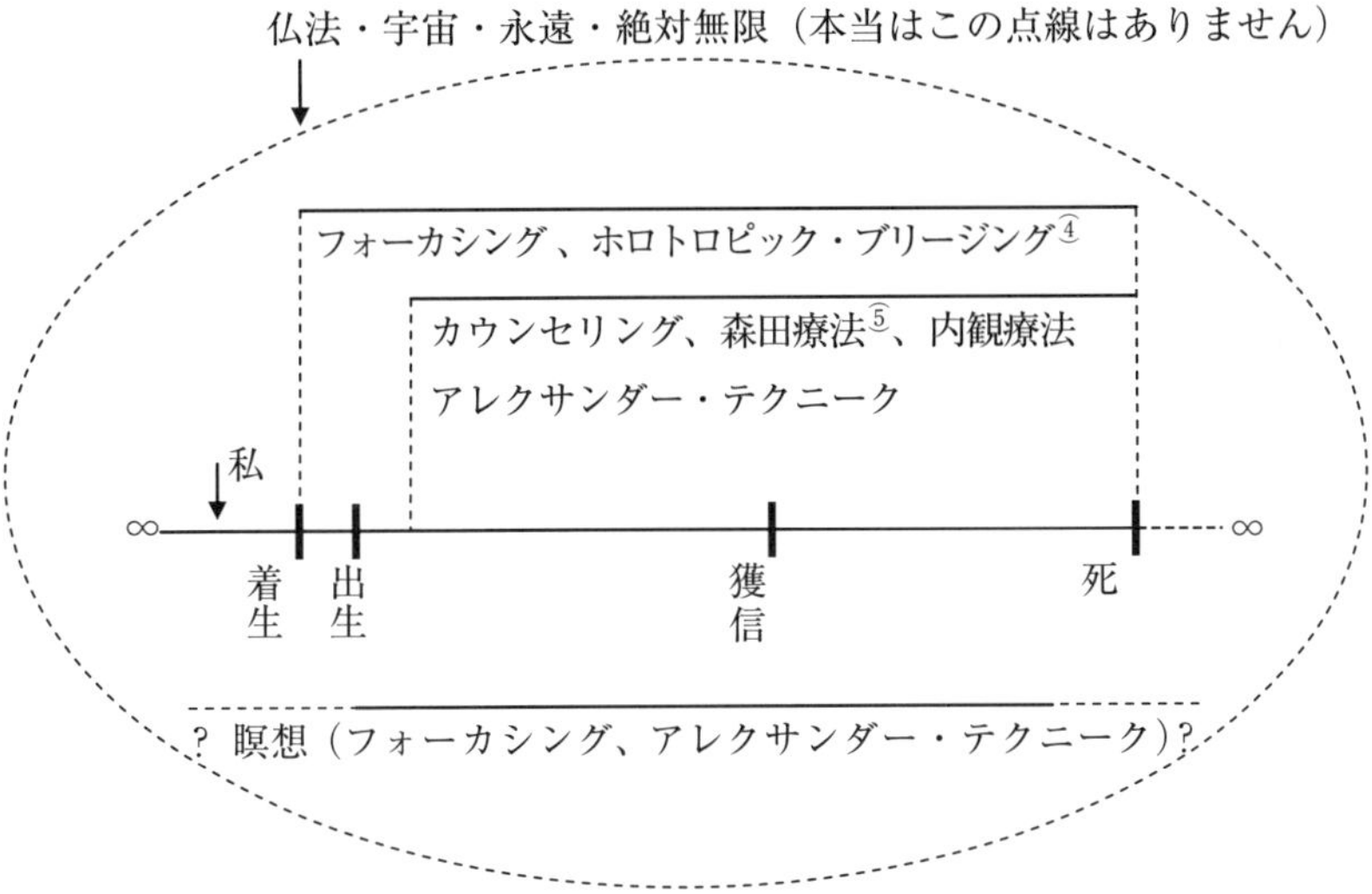

図１　仏教とカウンセリングなど心理療法の関係

阿弥陀様は究極のカウンセラーという気もしています。私が気づいていない所まで見抜いた上で、無条件に肯定し受容して下さるのです。

私個人における仏法とカウンセリングや他の心理療法等の関係について、図にしてみました（図１）。飽くまでも、私個人の感覚的なものです。それに、明確に分けられない部分もありますが、前生今生後生を含む私の命（心と体と魂）が、癒されたと感じるものを、当てはめてみました。本当は、外側の点線は、ありません、無限ですから。でも、なんとなく包まれている感じがあるので、描きたくなりました。

私の体は信心で全宇宙と繋がり、宇宙は私の中にも侵入した感じです。この度の生が終われば、無限（阿弥陀仏）の中に〝私〟は消え、永遠の命になります。ならせて頂きます。

この世に存在するもので、理に適ったものであれば、仏法と共通する部分は、あるはずです。仏法――全宇宙を貫く法則なのですから。

私の体験した療法やワークは、大きな流れの一部という感じがしています。それぞれ技法の違いはあり、習熟には長い年月を要します。私のように心身の不調に悩む者にとって、大切なものです。でも、この世を健全に生きていけるようになる方法と、生死を超える仏法を、同列には出来ません。

11　そのまま・あるがまま

カウンセリングでは、批判されることなく共感的・受容的に聞いてもらえます。安心できる空間で自分を見つめ、自分の嫌な面も、そのまま受容できるようになります。

森田療法では「あるがままを受け入れる」、と言われます。症状を治そうとするのでなく、症状はあるままで、それに囚われず、出来る事から少しずつやっていくのです。

排除するのでなく、受け入れ、それと共に生きるというところは、カウンセリングや森田療法も、真宗の教えと似た印象を受けますが、やはり同じではありません。阿弥陀様のおっしゃる「そのまま」は、絶対に救われようのない姿の、そのままです。救われるために聞法する人が、救われない自分を見ていくのは、辛く厳しい作業です。人間の頭の中に無い事を聞いていくのですから、理解も納得も出来ず、反発や抵抗が起こると思います。

それでも、救われた喜びを知った者は、他の人にも同じ喜びを知って欲しくなります。ただ、言葉で表現出来ない事を、言葉で表現するしかないので、途方に暮れることも度々あります。

12　仏法ひろまれ

現代人の多くは、物質的な豊かさだけでは真の幸福を得られない事に気づいていると思います。私は、出家前の釈尊を連想します。釈尊は、生老病死の問題を解決する道を求め、城を出られました。現代人は、何をどう解決すべきかも分からないまま、彷徨っているのではないでしょうか？

私は、仏法の中に答えはある、という事だけでも、言い続けたいのです。全否定が全肯定になり、罪悪深重の凡夫が天上天下唯我独尊になり、人も自分も尊重していける道だと思っています。

註

（1）内観療法のこと。両親や親がわりに育ててくれた人をはじめ、身近な人々に対する自分を見つめ直すため、①してもらったこと②して返したこと③迷惑をかけたことを調べる心理療法。

（2）日頃感じている問題に焦点を当て、その問題が発するメッセージを、体の感じやイメージなどから掴み、自分に関する新たな発見と自己受容を促す心理療法。

（3）習慣的で無意識の余分な筋肉の緊張に気づき、それを止めることにより本来の自然な動きを取り戻す方法。思考も感情も動きであり、心と体は不可分に影響しあっていることを知る方法でもある。

（4）速く深い呼吸を持続して行うことにより、変性意識状態（宇宙との一体感・強い至福感などを伴う状態）に導く心理療法。

（5）神経症に対する治療法の一つ。神経症を「病気」として治療するのではなく、症状を受け入れ、症状のあるままで出来ることをして行くことによって治療をめざす心理療法。

サトリへと至るカウンセリングマインド

――空なる私とウィルバー理論――

中盛清人

1　はじめに

本論では、仏教とカウンセリングという異なるように思える分野が、実際には共通性を内包していることを、たった一人のサンプルではありますが私自身に起こったことと、ケン・ウィルバー（K. Wilber）[1]の意識スペクトル理論[2]を通じて論じます。

2　仏教とカウンセリングについて

仏教とカウンセリングとの研究意義は、仏教で説かれる、絶対に回避できない人間の苦悩（生老病死）の超克であるサトリやそこへ至るための実践での心理状況と、西洋心理学を基に欧米で考案されたカウンセリング理論や実践との共通点を見つけ、比較・検討して、仏教側は新たな存在意義と活動にそれを活かし、カウンセリング側は宗教的問題への対応の可能性を見出し、宗教的問題の治癒や解決へと繋げることにあります。

ここでの仏教という語は、無我のサトリや自己超越を至上とする実践や真理そのものとして用います。カウンセリングという語は、意識で働く自己の否定的側面の受容による、自我の確立と真の欲求の自覚、さらには自我レベルを超えた実存心理学[3]レベルの自己実現[4]や、自己超越のサトリまで至らしめる「気づき」という作用全般として用います。

本論では仏教とカウンセリングに共通する、意識上における「気づき」の作用と一貫性を私個人の出来事に沿って述べます。

仏教とカウンセリングを含めた、意識の包括的構造のモデルはウィルバーによって意識スペクトル理論として説かれており、私は人間の様々な意識状態と構造がそこに見事に説かれていると確信しています。その理由は私の個人的体験における宗教現象がこのモデルにも見事に合致していたことにあります。

ウィルバーは意識を電磁波の多層帯域的（スペクトル）構造とみなして、我々の意識やパーソナリティは宇宙意識から自我意識周辺までの多層的な意識の局所的な顕れであることを、心理学者や宗教者の言葉を分析し、彼自身の体験も踏まえて心理と意識の発達構造と段階として示しました。このモデルの優れた点は、それまでの様々な西洋心理学はもとより、主に東洋宗教で説かれる超個的心理描写をも統合して、段階的な発達として序列されている点にあります。

意識スペクトルモデルでは、仏教での真のサトリは最も深いレベルにあり、カウンセリングは最も浅い自我のレベルにあります。サトリとカウンセリングレベルとの間には実存と超個の帯域が存在しています。

カウンセリングでは自我レベル周辺の問題を扱い、社会や他者に対する自己の好ましくない側面を無意識下に抑圧し、社会や他者には好ましいと思い込んだ側面である仮面に同一化してしまうことに起因する問題やコンプレックスの解決を主な対象としています。これは自我が仮面／影（無意識）に分断され、自己のアイデンティティが狭められることにより起こります。自我（自己）は、この影と仮面の再統合により健全化し、自己成長の礎となり、自己実現にも繋がっていきます。

一方、仏教ではカウンセリングとは逆に統合された自我全体の滅である無我を目指します。つまり意識の発達は自我の確立と実存的な自己の確立を経て、今度はそれが滅していく自己超越やサトリへと段階的に至るのです。これら両者は異なる方向のようでありますが、共通の構造、視点が存在します。「私」を確立する時も「私」を超える時にも「私を見る私」と「私に見られる私」という、誰にでも確認できる関係において統合がなされていくというものです。

カウンセリングでは、まず「見る私」によって苦悩する仮面としての自己に気づき、さらに影に気づいて統合することにより自分を取り戻します。ただ仏教での自己超越（サトリ）では統合の進展過程の中で「見る私」と「見られる私」という構造は変わりませんが、真の超越には両者を映し出す非二元的な空なる目撃者の顕現が必ず起こります。この目撃者は指し示すことができず厚みのない鏡としか形容できないものですので、概念化はその性質には当てはまりません。サトリへの階梯を歩むと、この特殊な状況や現象が突如起こるのです。ウィルバーはこれを絶対的主体性、超個的目撃者などと呼んでいます。[5] 諸宗教では法界、空、アートマン（真我）、プルシャ、タオ、最高神と呼ばれ、唯識仏教[6]ではこの段階を歓喜地、初地入見道、入無相方便などと呼び、この目撃者は大円鏡智と呼ばれています。

3　空なる私の出来事

⑴ 自己への気づき

私に起きた意識変容の出来事を、主体的な視点に客観的観点を交えて述べていきます。

その出来事は一九九一年四月頃に、無信仰で宗教が嫌いな、宗教知識や言語をもたない二十一歳の私の身の上にもたらされました。二か月余りをかけて絶頂に至りましたが、二年ほどで次第に元の意識レベルに戻ると、私自身も世界観も以前とは全く異なっていました。唯一の問題は、私の出来事を共有できる人がなく、またそれを形容し表現する能力や構造的理解をもたないために自問自答の日々が続いたことでした。

ある日、ウィルバーの『意識のスペクトルⅠ、Ⅱ』に出会った時、直感的にこれが私の出来事に合致する記述だと理解しました。

事の起こりは私自身の性格や容姿、学歴などのコンプレックスによる社会や人に対する思い込みにありました。病的な症状は出ていませんでしたが、世間に対して積極的でなく、その元には、自覚に上らない、自分の存在自体を社会や人が認めてくれず、否定されているという思い込みがありました。当然、自分自身を嫌いになり、存在自体が苦痛となっていました。その頃は社会人として働いており、仕事上で自分の意見や主張を伝えるということが苦痛となる時があり、次第に苦悩と化しました。その苦悩が日常化して増していき、極限に近づく中で私はふと、なぜ自分はこれほど悩むのだろうかと私自身に疑問が湧いたのです。そして、悩める自分はおかしいのだ、悩むほどでないことに悩んでいるのではないかという気づきがそこに起こりました。自分が自分を目撃した瞬間でした。

とりあえず書物にあたり始めました。いくつか読んだ本の中で加藤諦三氏の文章(7)が私に突き刺さりました。それは「人の意識を尊重する」「私という姿・形をもつ人間はこの世に一人しかいない」という二つのフレーズでした。

この二つのフレーズは大きな衝撃として私を崩壊させ、それまでの人生を完全に止めてしまいました。そして私は全く未知の自分と世界へ、新鮮さと驚きを伴いながら放り込まれました。

「人の意識を尊重する」というフレーズは、他者の思いや価値観を自分で決めつけないというあり方に私を変えました。これは他者によって自分の価値を決めつけない、他者の価値観に依存しないということです。そして自分に対する他者の視線や思いは幻想であり、勝手に自分で思い込んでいたということに気づきました。

「私という姿・形をもつ人間はこの世に一人しかいない」というフレーズは、先のフレーズと合わせることによってより効果がありました。「人の意識を尊重する」ということは、私という存在に対する他者の思いに対して中立になるということです。この自覚は自分自身を、世界で唯一の存在である愛すべき私に変えました。

その後は常に二つのフレーズを念頭に置き、人と接する時や会話する時に意識の中でリフレインし続けることによって、正しい感情や思いの自覚を恒常的にしていきました。通常であれば、正常な社会的人間への成長としては、この段階の変容で十分であると考えられますが、私にはその判断もできず、ただ、自分を対象化する自分、つまり「私を見る私」と「私に見られる私」というあり方と、二つのフレーズをリフレインし続けることに集中し続けました。

この状態を維持していると、私はさらに変容していきました。私に関わるすべての人々に対して、二つのフレーズをリフレインするとともに、その人がその時、どのような状態であるのかを心中で言葉にするようにしました。その人が今、何をしているのかを正しく情報として捉え、なぜそこにそうしているのかということを憶測して心中に語るのです。それと同時に自分自身がそれらの人々に対してどう映ってどう感じられているのかを様子を見ながら憶測するのです。以前と違うのは、勝手な思い込みや感情に左右されずに感覚に集中するという点にあります。これは他者の存在や思考に対して中立になったことで、イメージや固定観念をもたずに接することにより起こります。またこのあり方には仕事が大きく関わっています。仕事は目的や為すべきことがある程度明確であるために、自分自身の欲求を自覚しやすいからです。さらに二つのフレーズをリフレインしていると、素直な感情や感想が意識に上りやすいために、より良いアイデアや思考が湧き出るようになりました。

通常の意識状態での自覚は時間軸の中での意識の流れに同一化しており、「見る私」と「見られる私」とがあまりにも近接しているため、時折反省や後悔といった形で振り返ることは起きても、意識の流れそのものに対しては注視していません。特に無意識領域に関してはほとんど意識することはなく、注視自体がはなはだ困難です。

しかし冷静に微細な心の揺れや動きに注意を向け、普段は自然な当たり前の思考・行動・動作に対して、集中して探りを入れてそれらの意味を考察していけば、その行動の真の理由や動機が存在することに気づかされていくのです。最初はすべて理解できなくても、次第に推測の域であいまいであったそれらが、ほぼ確定できるようになります。今までは瞬間的に無意識下の判断基準に沿って決定を下していた行動に対しても、その判断基準の成り立ちの分析と再確認を行なうようになるために、行動の基準や目的がより明確化するのです。

このように他者と自分の意識に対して、今この時、ここで何のために何をしているのかということに常に集中していると、日常生活全体を通じてそれが維持されるようになりました。

出会うすべての人々に対して、憶測と同時に、自分の感じたことをすぐに心中に語るのです。こうして感覚や感想に敏感になってくると、無意識下でのそれらも浮上してきます。そして他者や自分の思考への探究により、他者と自分の空間的な関係性をも客観的に捉えるようになりました。私の行動や存在が他者に対してどう関係するのか、その行動が最適なのか、ということが行動決定の基準の一つになっていきました。

より客観的に見れば、これは自分と他者とそれらが存在する場の全体を一つとして思考していくということです。これら一連のプロセスは極度の緊張と集中において二つのフレーズを心中に語りながら進んでいったのですが、次々に絶え間なく感覚器官を通じて入ってくる多くの情報を処理するために、フレーズを語る速度と、感覚に対して想起する真の感情や感想は次第に高速度に目まぐるしく浮上するようになっていきました。

無意識の探究は、同時に社会的・家庭的役割の消失を伴い、人間関係が当初は円滑にいかなくなりますが、以前のように自我を無意識的に抑圧するのではなく、意識的に自我を抑制して役割を積極的に演ずることで社会との軋轢を回避できるようになりました。

(2) 鏡のような自己の顕現

自分の無意識や無意識化される前の真の感覚や感情や感想の探究を続けていると、ある時に、今までに経験したことのない意識のあり方が顕現しました。それは「鏡に似た自覚」というようなものであるといえます。それまでは「見る私」と「見られる私」というあり方においてのみ自覚が展開していたのですが、突如、この二者の私における自覚の一切がそのまま映し出される新たな場が浮上したのです。これは非常に不可思議な状態で、言葉で伝えることがかなり困難です。鏡に似ているためにそれ自体には感情や思考がなく映し出すだけなのですが、その「鏡に似た自覚」とともに、私という自覚が同居するのです。言葉にすると分裂したような印象になってしまいますが、そうではなく多元的でありながら、同一性の自覚が確かにあるのです。私はこの驚愕の意識状態に対して懐疑的な感情もなく没入していきました。この意識状態はそれまで積み上げてきた世界観と、自分に対する価値と信頼を崩壊させるとともに、私そのものの変容として、新たな価値や世界観に目覚めさせ始めました。今まで確実で間違いないと自覚してきた自分という自覚が、実は対象化され、不確実になるのです。この衝撃は筆舌に尽くせません。正に私は絶対的な自己によって傍観されたのでした。感覚的には、以前の自分という自覚と外部世界に対して距離が置かれたような感じでした。これは自分を他者化するような感覚です。

(3) 空化していく私

「鏡に似た自覚」の顕現後も、私と他者に向けられる「見る私」による探究は継続されていきました。私という自覚の消滅まで継続する変容ラインの基幹は、無意識下にある真の欲求や欲望の「気づき」とその言語化による認識と把握にあります。そして、この状態を維持していくと、感覚（五感）に対しても同様の認識と把握が生じてきました。

まず意識上では自我と身体が統合された状態になり、欲求と感覚との関係が高速度で自覚されていきました。この欲求は次第に自我と身体の両者の欲求が統合されたものになりました。この意識レベルは西洋心理学が取り扱う範疇での上限の実存レベルにあたります。

感覚と欲求と行動・言動が直結して、私は感覚であり、感覚が私となるのです。ここではすべての行動が基本的欲求を基礎として成立していることを理解し、その深まりとともに高度な複雑な欲求が次第に消滅し、シンプルな欲求とその充足のために、今この時に、どうありどうすべきかに意識が集中していきます。これは煩悩の終息という側面をもち、また個的なものがなくなり空化していくことでもあります。

例えば好き嫌いや嗜好は個的な要素ですが、基本的欲求が前面に出てくると、食事や服装などに対して、機能さえ満たせば不平や不満も起こらなくなっていくのです。

ただ不満はなくなっても、探究が休止することはありませんでした。生きている限り、必ず何らかの目的や意味があり、今何のために、何をすべきかを不断に探究したのです。アクシデントに対しては、どんな場合でも感情的にならず、すべてを一旦受け入れ、驚異的な集中力で対処するという姿勢が次第にもたらされました。その結果、願望・期待・後悔といった執着がなくなっていきました。

続いて外部に対してですが、感覚からの情報を正しく、丁寧に捉えることが起き始めました。無意識にあった思い込みや慣習的な判断基準に照らした反応がなくなるのです。

外部の情報とそれに対する意識上の感想や感覚の高速度の言語化により、次第により深い無意識が顕わになり、私は空化していきました。

通俗的で人間的な煩悩は次第に終息していき、よりシンプルな根本煩悩（食欲・睡眠・排泄・性欲）に根ざしたもの、あるいはそこへ繋がり、連関していくもののみが無意識から心中に言葉として直接的に浮上しました。そして「鏡に似た自覚」にはただ単にそれらが映り込んでいるだけです。

情緒面では、当初は感情の発露に対して敏感になり、その時は喜怒哀楽が烈しく噴出するために注意が必要です。また注目すべきは、一般的に語られる道徳・倫理的な行動を自然にふるまうようになることです。そこには気負いや使命感はありません。極度に集中している中では他者の視線は全く気になりませんでした。

問題点としては、この状態では自己の実存が優先されるため、人間関係が崩壊する恐れがありました。執着は、その瞬間の自己の存在のみであり、それに関連すること以外は無執着なのです。「私」「私のもの」といった通常の人間にあるような心配や憂いはなくなりましたが、何かに反応して感じたことをそのまま語り、またそれに対する他者の反応に全く配慮がなくなりました。しかし、倫理・道徳観が高いレベルであるのと、「見る私」が「見られる私」を対観、分析していく中でシンプルな生存に基づく欲求しか見出せないために、他者とは必用以上には関わらなくなります。今この時は何のために何をしているのかを自問自答しながら、確認と問いと修整を不断に為すのです。この作業は新たに論理、概念を構築するような知的生産や創造的な仕事よりも目的や結果が明確で、尚且つ身体を使う感覚的なシンプルな動作や仕事が適しています。

その結果、全的存在として全感覚の総動員により、情報は、自己のもつイメージや思い込みなどを経ずに、正しく捉えられていきました。

⑷ 時のない瞬間（永遠）の訪れ

ここからはさらに注視の具体的様相が複雑で高度になります。「鏡に似た自覚」「見る私」のまま「今ここ」での「見られる私」の意思やその元となる微細な欲求を、瞬時に言葉として浮上させていくことを不断に為していきながら、同時にそれが正しいのか、またさらに微細な意思や欲求がないかどうかを常に問い続けるのです。さらにその欲求に基づく行動や存在する場において、それが最適なのかどうかを問い続けるのです。これは常に目的を明確にすることに努めることでもあります。そしてすべての行動や出来事や存在にはすべて原因と結果と意味があることを理解し、それらの無数の意志を直感的に理解しました。

全世界で今この時に生起しているすべての意志と意思は過去のそれらの積み重ねの上で新たに生起しています。今の私の意思はこの世に生まれてから今までの意思の連鎖で起こっており、常に変化しています。そして私の意思は世界に対して依存しており、世界もまた私の意思に依存しています。例えば私が何かモノを作るとすると、そこには私の意思が反映されています。私たちのまわりには多くのモノが溢れていますが、それらすべてに考えた人や作った人の意思が宿っているのです。この理解はすべてのモノや出来事の理由を探究していくことの延長にあります。そして、その延長には何故その形なのか、何故それが必要なのか、何故それがそこにあるのか、何故あの人はこの行動をしたのか、といった疑問が湧くのです。「見られる私」における最初の本来のシンプルな感覚に対する自然な気づきの浮上により起こるのです。

引き続き、外部と意識上で生起していることとその理由を追究していくと、時間と空間に対する選択肢と思考の範疇が狭まっていきました。当面の「～のために、今～している」という、時間概念の中で行動を決定していたものが、より短時間内での最適な行動を探究することとなり、終局では「今」の瞬間での最善に至りました。その瞬間では、「行動」ではなく「存在」そのものが、その時どんな状態であっても肯定されました。これは自己と世界との意味と関係を、劇的に超感覚的に理解することです。その瞬間の、この世界の出来事が凝結して時間が止まるような感じで、すべての出来事、存在がその一瞬に繋がっていることを瞬間的に理解するのです。世界の始まりはこの瞬間と繋がっていて影響を与えており、さらに来るべき未来にも、この瞬間が影響を与えていくことを直感的に理解するのです。この状態は対象として理解されるのではなく、瞬間の自覚としての状態へ変容そのものとして、「私」という痕跡を僅かに残した状態で、世界全体の真理そのものとして理解するのです。いわゆる仏教で説かれる「縁起」「智慧」をそのものとして理解するのです。

自己と世界の肯定が起こった後は、焦り・動揺・恐怖・予期・後悔や未来への期待が全く起こらず、何が起こっても冷静に判断し、最善を尽くすというあり方になりました。

この一連の過程においては、行動が次第にシンプルになり、今までの世間とは違った時間軸や世界観となり、同時に自然環境や地球の動きに敏感になりました。これは世界に対しても注視、精査するようになるからです。なぜなら行動とは世界の中において行なうもので、世界と自分は分離できないからです。

ここまでは人間が創造したモノや人間の行動に対する気づきでしたが、続いて人間が関与できない存在物である自然に対しての存在や形体の意味や理由を理解しました。

突如として超感覚的に創造者、超越者、絶対者の意志を感じたのです。すべての意思は始源的な意志（神、超越者）から流出し、拡散してきたことを超感覚的に理解しました。

(5) 身体欲の変化、コトバ・イメージ・概念の粉砕

依然として目的や欲求を明確化する生活を続けましたが、そのうちに、無意識での微細な欲求から浮上する言葉が意味をもたなくなる時が訪れました。明確化された欲求や目的はすべて言葉に置き換えて自覚してきましたが、時のない瞬間では言葉はなく、欲求や目的は認識されないのです。

意識の中に言葉は響いているのですが、言葉自体の意味を理解しなくなり、その状態を維持していると食事の際に直感的な慈しみの念が湧き起こりました。食物の味は感じず、ただ涙が溢れ、自らの一部のように感じながら極少量を食することが最終局面まで続きました。

基本欲求が先行するようになると、たとえ微細な欲求であっても、それを満たすことが優先されます。このように記すと、欲望が肥大化しそうですが、実際は全く逆になりました。常に懐疑的に真の欲求を浮上させ、慈悲の念が強いために、禁欲せずともそうなっていくのです。

この段階での日常生活は、夜明けとともに目が醒め、行動が始まり、余計なことは全く為そうとはしませんでした。メディアからの情報を求める気は起きず、影響も全くなく、毎日が生まれ変わりの日々でした。

人との交流は、欲求レベルでは不必要となりましたが、世界や他者との一体感と慈悲心が強く、他者の痛みに敏感になりました。

ここからが最終局面の訪れです。言葉が意味をもたない状態に置かれ続けると、ある時点で今までに記憶に蓄積されてきたモノの姿形・名称や言葉の概念・意味が一時的に消滅してしまい、単なる色の洪水が現前しました。視覚を通じて、何かを感じてはいますが、それを照合するデータがなく、理解されないのです。これは「見られる私」全体が消滅し、同時に「見る私」も消滅し、それらを映し込んでいた鏡に似た識には何も映らなくなり、単に世界そのものの自覚が浮かんでいるだけとなります。つまり、世界そのものとの合一、神との合一、成仏、無私の瞬間でありました。

この境地は世界が私であり私が世界としてあり、極度の緊張と究極のリラックスが同居する特殊な状態でした。存在論的には私は真理であり、厳密にはあるともないとも言葉にはできないという状態です。

(6) 身体の変化

意識の変容に伴い身体にも変化が起こります。まず、「鏡に似た識」の顕現以降は身体が地面から少し浮いているような感じになりました。また身体意識の拡大に伴い、無意識的緊張が減少するために不随意筋肉の不必要な収縮がなくなり、筋肉がより柔軟になっていきました。筋力自体も向上し、心肺能力も向上しました。外傷の回復も早くなり、骨・爪が強靭になりました。摂食の減少と極度の集中により、体脂肪率が激減して極度に痩せますが、運動能力は向上し、疲労の回復は驚異的に早くなりました。また心拍が安定しており無駄なカロリー消費もなくなっていたようです。

4　最後に

本論の意図は、仏教とカウンセリングで扱う意識段階はそれぞれ異なってはいるが、カウンセリングから仏教（サトリ）への意識変容は「気づき」の連続によって起こるということと、人間には無我や自己超越という可能性が開けており、そこでは世界のすべては一つであるというあり方をすることの事実を理解していただきたいことにありました。

ただ、私に起きた言葉や感覚を超えた現象のすべてを伝えることは不可能であり、真の理解を求めるならば同じ出来事を起こしていただくしかありませんが、単なる憧れや現実逃避のための欲求で目指すことはお勧めしません。確かな知識と正しい理念を学び高い志を抱いて目指すべきです。意識変容のある段階では、霊的あるいは超常的な現象が起きることがあり、その結果、自己を肯定し傲慢になると、真の意識変容はそこで頓挫してしまう可能性が高いのです。

目指すべきは他者や環境との一体性の気づきと一体化にあります。そこでは「私」という自覚や煩悩は縮小し、家族・友人・コミュニティー・国家・人種・人間・動物・全生命体・環境・宇宙との一体性が自覚されるのです。そしてその過程で宇宙の真理や人間の本来性が感覚を超えて知らされ発現されていくのです。仏教では「縁起」や「慈悲」として説かれます。

私の場合、直線的でロマン主義的だと指摘されるウィルバーの意識スペクトル理論にほぼ沿うような意識変容が起こり、それは瞑想や座禅とは異なり日常生活において展開したために、加速度的に二か月ほどの間に一気に直線的に絶頂に至りました。またその余韻は二年ほど後を引きました。意識変容の起点である自我の確立から超越までの過程において、終始一貫した構造は無意識へのまなざしと「気づき」にありました。これは自らが自らに問い、自らを感じて気づいていく自らによるカウンセリングであったと言えます。

そして我々は、始源の神から流出してサトリに目覚めている真の自己により、常に自らに気づいています。この瞬間にもサトリはいつも我々とともに開かれているのです。

註

（1）「一九四九年、アメリカのオクラホマ州生まれ。医学、生科学を専攻。ネブラスカ大学卒。一九七七年、学際誌『Revision』を創刊、編集長を務める。禅の研鑽とセラピーの実践を基盤に、トランスパーソナル心理学の理論書を次々と発表」（ケン・ウィルバー〈吉福伸逸訳〉『無境界』青土社、一九八六年より抜粋）。

彼は、自らを絶対視しがちなあらゆる学問分野からの視点や解釈を、それぞれの関連性や位置づけを明確にしながらも、それぞれを尊重して、一つの全体として統合的に見ていく、トランスパーソナル心理学の枠に限定されない、統合的（インテグラル）ビジョンによるアプローチを提唱しています。そして世界のあらゆる思想や価値観や主義の尊重は、統合的（インテグラル）思想を踏まえた上で、真のサトリレベルの宗教体験などによる個人の意識進化が不可欠だとしています。

詳細はインテグラルジャパン（http://integraljapan.net/）を参照してください。

（2）ウィルバーの処女作である『意識のスペクトルⅠ、Ⅱ』（ケン・ウィルバー〈吉福伸逸・菅靖彦訳〉春秋社、一九八五年）において明示された意識の構造と発達理論。仏教などの東洋宗教で説かれる東洋心理学と、自我の確立や成熟を問題とした西洋心理学における意識の発達の共通構造と、自我の確立（西洋心理学）から無我のサトリ（東洋心理学）への意識の階梯が電磁波の多層帯域的（スペクトル）構造になぞらえて理論化されています。

（3）実存心理学の目指すものは、「自我（心）と身体意識と無意識の全体性の意識的浮上」にあります。それらは単独ではありえず、依存しあっています。人は自我意識を中心にして生きていますが、本来は身体にも意識があり、また無意識も自我を支えています。実存心理学ではこれらが偏ることなく意識上に反映された、一つの全体としての人間存在において生の意味を見出します。人間の生とは、存在とは、という問いに、自らの身体意識や無意識への気づきによって理解と回答を体現していくのです。

（4）自己実現は、人間性心理学において中心的役割をしたマズロー（A. Maslow）によって提唱されました。自己実現した人とは、「自分の持つ可能性を最大限に発揮した人」と定義されています（諸富祥彦『自己成長の心理学・人間性／トランスパーソナル心理学入門』コスモス・ライブラリー、二〇〇九年、参照）。

（5）『意識のスペクトルⅠ・Ⅱ』参照。

（6）唯識（瑜伽行唯識）は四世紀前後に瑜伽行（ヨーガ）の実践によってサトリに至った人々の体験を元にして始まりました。意識変容の実態と構造の記述がなされ、弥勒・無着・世親によって論書が大成されました。唯識とは「ただ識のみ」という意味で、我々の自覚の対象や言葉や概念はすべて無意識のアーラヤ識（蔵識）に蓄えられ、それらに照合できるものが意識上でのみ意味付けがなされ、認識・判断されるのです。日本では、三蔵法師として有名な玄奘による唯識解釈が定着しました。これは中国で起こった玄奘唯識を支持した法相宗が持ち込まれたからです。奈良の興福寺や薬師寺が法相宗です。

（7）加藤諦三氏は現在、早稲田大学名誉教授他、いくつかの役職についておられ、これまでに多数の啓発本を執筆されています。詳細は「加藤諦三ホームページ」（http://www.katotaizo.com/）にて。

四　心理療法としての仏教の役割と現状

遺族を支える
――仏教とカウンセリングの視点――

グリーフケア班　赤田太郎
打本未来
黒川雅代子
小池秀章
神舘広昭

1　はじめに

命あるものは、いつかはその生を全うし、死を迎えることになります。それは自然の定めであり、いずれおとずれることは、誰もが知るところです。

しかし、その人生の終わりがいつおとずれるのか、死をどのような形で迎えるのか、その生や死がどのような意味をもたらすのか、これらは個別的な出来事かもしれません。

人は、大切な人の死をどのように体験し、そしてその後の人生をどう再構成していくのか、その過程において仏教やカウンセリングはどのような役割を担うのでしょうか。本論では、死別を体験した二人の事例を紹介し、その事例を通して仏教やカウンセリングの立場から死の意味づけや人生の再構成について考えてみたいと思います。

(1) 死別にともなう悲嘆とは

人は、大切な人との死別を体験した時、「悲しい」という感情だけではなく、さまざまな心と体の変化を経験します。それは、大切な人との死別は、二度と取り戻すことができないその人との関わり、人生の喜び、希望が同時に失われてしまうということと同じことを意味するからです。

心身の変化はさまざまです。誰もが同じ痛みを感じるわけではありません。その中の一例をあげると、亡くなられた人が感じていた同じ部分に、痛みや違和感を覚える人がいます。また、大切な人を守ることができなかったという罪責感《ざいせきかん》にさいなまれる人もいるかもしれません。その人がもう食べることがない食事に関心がなくなり、食事をする気になれない、また眠れないなどの症状を訴える人もいます。中には、これから先の人生を楽しむことすら罪悪感《ざいあくかん》を覚える人もいます。

これらの遺族に起こってくるさまざまな反応は、大切な人を亡くしたことによって起こる正常な反応だといわれています。また、それぞれの反応には、個人差があり、悲しみの表現の方法も個別性があります。

これらの死別にともなうさまざまな反応について、「悲嘆」「グリーフ（grief）」、そしてその支援について「グリーフケア（grief care）」という言葉で表現されることが多くなってきました。本来「悲嘆」や「グリーフ」とは、死別にともなう反応のみを表しているわけではありません。しかし、現在のわが国では、遺族の悲しみについては

「グリーフ」、その支援については「グリーフケア」という言葉が最も一般的に使われています。この章では、事例を読む際に理解しやすいように、一般的によくいわれている、大切な人を亡くした後に起こる心身の変化や悲嘆理論についての一部を紹介します。

(2) 心と体の変化(1)

ショック：頭の中が真っ白な状態になってしまうこともあります。また、その人の死や周囲の出来事が、自分に起こっていることとは感じられない状態になる場合もあります。

混乱：頭の中が整理できず、簡単なことも決められなくなることがあります。大切なことを忘れるなどの失敗をしてしまうこともあります。

思慕《しぼ》：その人のことを恋しく、なつかしく思います。

不安：また身近な人が死んでしまうのではないかと不安になることがあります。子どもを亡くした親は、その子のきょうだいもまた亡くなってしまうのではないかと、特に強い不安を抱いてしまうこともあります。いろいろなことに自信を失くしてしまったり、これからの人生に不安を感じたりしてしまうかもしれません。

怒り：誰かを責めたり、攻撃的な気持ちになったりすることもあります。その矛先《ほこさき》は、医療者や身近な人に向けられることもあります。

後悔と罪責感：遺された人に責任がないことでも、その人が亡くなったことを自分のせいだと感じてしまうことがあります。特に子どもを亡くした親は、自分たちの保護下にあった子どもの死について、強く罪責感を抱いてしまう傾向にあります。

悲しみ：体験したことのない悲しみを感じるかもしれません。胸が苦しくなり、一日中涙が止まらないこともあるでしょう。

うつ：今まで好きだったことに興味を抱かなくなり、無力感を感じることもあります。集中力がなくなり、物忘れや思い違いが起こることもあります。何に対しても興味がなくなり、生きる希望がもてなくなり、死んでしまいたいとさえ思うこともあるかもしれません。

体調の不調：不眠や疲れやすさ、食欲不振、胸の痛みや息苦しさなどを体験することもあります。

(3) 大切な人を亡くした人の課題

アメリカの心理学者のウォーデン（W. Worden）は、大切な人を亡くした人には四つの課題があると述べています[2]。

一つ目の課題は、その人が死んだという事実、その人が逝ってしまい、戻ってこないという事実に直面することです。葬儀などの伝統的な儀式は、遺された人が死を受け容れていくために役立つこともあります。

二つ目の課題は、その人の死を認めることによって起こってくる心身の苦痛に向き合うことです。時には、この課題を否定し、何も感じようとしなくなることもあるでしょう。また、死を思い出すことを避け、アルコールに依存してしまうこともあります。しかし、それらの苦痛と向き合う方法を見つけていくことが課題のひとつとなるのです。

三つ目の課題は、その人が亡くなってからの生活に適応していくことです。亡くなった人が担ってくれていた役割に気付いた時、自分にとってその人の存在がいかに大きかったのか、初めて実感することも多いでしょう。その人が担ってくれていた役割とは、テレビを見て一緒に笑うなど簡単な日常生活のひとつひとつの中に存在するかもしれません。

最後の課題は、遺された人が死者との関係をあきらめるのではなく、情緒的な生活の中に亡くなった人の居場所を見つけ出すことです。心の中にいるという人もいれば、空で見守ってくれていると考える人もいます。その人の存在をどのように自分の中で再構築していくのか、遺された人の大きな課題の一つです。

(4)死の意味づけ

ニーマイヤー（R. Neimeyer）は、人は自らのライフストーリーの（共同）執筆者であり、思いがけない出来事や不条理な出来事が起こった場合、ライフストーリーを改訂、編集、大幅に書き直したりする存在となると述べています[3]。

つまり、人生設計において、突然その人生の中の重要な登場人物がいなくなった場合、その後の人生をどう計画し直すのか、その先の人生にどのような意味を見出すのか、これらが遺された人たちにとって重要な課題となるのです。

2　カウンセリングと悲嘆

(1)遺族と亡くなった人との関係の重要性

人は、亡くなった人に対して、はじめから「大往生だった」などのように、亡くなったことを肯定的に考えることができるわけではありません。遺族にとって、不慮の事故などで親しい人が死んでしまった場合は、なおいっそう、死そのものが受け容れられないものとなります。そのような状態の時に葬儀の際やってくるお坊さんは、存在そのものが死んでしまったという現実を突きつける存在になります。これは、お坊さんは、亡くなった人があることでやってくる存在だからです。また、お坊さん自身もすでに亡くなっていることを前提に、遺族との関係をもとうとします。そのため、遺族が死を受け容れていない場合は、こうした葬式そのものやお坊さんの態度を受け容れることができません。この時、お坊さんがいつも通りの態度で接すると、関係を結ぶことができずに、ぎくしゃくしてしまいます。こうしたぎくしゃくした関係に陥らないためには、遺族と亡くなった人との関係に焦点をあてることが非常に重要です。これはお坊さんに限らず遺族を援助しようとする人すべてにあてはまることです。

(2) 関係性の理解とその支援のあり方

問題を抱えている遺族に対して支援を行うためには、亡くなった人と、遺された人たちの関係を理解しなければなりません。その関係は、遺族が生前故人に対してどのような印象や感情をもっているかによって変わります。当たり前ですが、この関係は、遺族一人一人異なります。援助する側に必要なことは、遺族と亡くなった方の中心にいるのではなく、少し離れたところで見守るという感覚です。こうした感覚の中で、遺族の語りから気持ちに添いながら、遺族と亡くなられた方の関係を理解していきます。そして、新たに死を意味づけるなど、これまでの関係を変化させ、創造していくような両者の関係を取りもつ支援が求められます。これらを実現するためには、援助する側の経験にもとづくアドバイスは必要ありません。まず、遺族の苦痛を聞き、知ることから始めます。

(3)葬儀という「儀式」のあり方

遺族は、亡くなった人に対して、はじめは受け容れられなかった死が徐々に受け容れられるようになります。しかし、葬儀を行う段階ではそのような時間的なゆとりはないため、まだ受け容れられていない状態で臨むことが多いと思われます。葬儀に拒否的になる場合もありますし、逆に供養を済ませることですべてを終わらせようとする場合（命日反応、後述）もあります。この時、葬儀という「儀式」のもつ特殊性やその意味について考えなければなりません。ユング（C. G. Jung）は、儀式について「個人がある地位ないしは存在から別の地位や存在に変化する時期に、変容のための心のうつわとして機能する[4]」と述べています。儀式の本来のあり方で必要なものは、亡くなった人とのつながりを再確認することと思われます。ここでは、亡くなった人を「無いもの」として葬儀を行うのではなく、「新たな関係性を亡くなった人と遺族の間に再構築するための儀式」とする必要があります。こうした遺族と亡くなった人との関係に焦点をあてて支援するためには、そのつながりを遺族から知るほかありません。生前の関係などをひとつひとつ丁寧に尋ねていく中で、遺族の気持ちを理解し、その関係をどう捉《とら》えていこうとしているのか、大きなリスクはないかなどの確認が必要です。関係性のあり方は一人一人違うものです。遺族にとっての気持ちや思いを納める「うつわ（器）」になる儀式が行われることが理想だといえます。

3　仏教と喪失について

(1)仏教親和性と喪失の意味づけについて

仏教と喪失について、仏教親和性と喪失の意味づけという二つの軸によって解釈を試みてみましょう。人生において喪失体験はつきもので、喪失体験をしない人はいないでしょう。そのつらい体験をどう受けとめるか（積極的に向き合っていく、つらい体験に向き合うことを避ける）によって、その人の人生への態度が変わってきます。人生における大きな喪失は、ある意味で危うさをはらんでいますが、喪失によって過去の人生を見直し、新たな成長のきっかけ、人生の転換点と考えることもできます。そうすれば否定的な側面が、肯定的な側面へと転換されるでしょう。

喪失の意味を考え、何らかの意味づけをすることによって、喪失の苦しみや悲しみにくれていた人の世界観・人生観が変化します。つらい現実であったとしても、喪失について十分な意味づけがなされれば、ひたすら悲しく、割り切れないだけの苦境から脱出できます。喪失の意味づけをタテ軸におくと次のように考えることができます。

喪失の意味づけが大きい：喪失の混乱から脱し、思考や感情が整理されています。

喪失の意味づけが小さい：喪失による衝撃で混乱した状態。思考や感情が整理されず、未分化です。

仏教親和性という言葉は造語です。親和性という言葉は、親しみ結びつきやすい性質という意味をもっています。仏教親和性というヨコ軸については次のように考えることができます。

仏教親和性が高い：仏教に親しみをもっており、仏教に縁が深いことをいいます。仏教に理解的で仏教の教えを素直に聞くことができます。

仏教親和性が低い：仏教から離れており、仏教と縁が薄いことをいいます。仏教に否定的で、仏教の教えには懐疑的です。

喪失の意味づけの軸と仏教親和性の軸を組み合わせると四つの領域があらわれます（図1参照）。

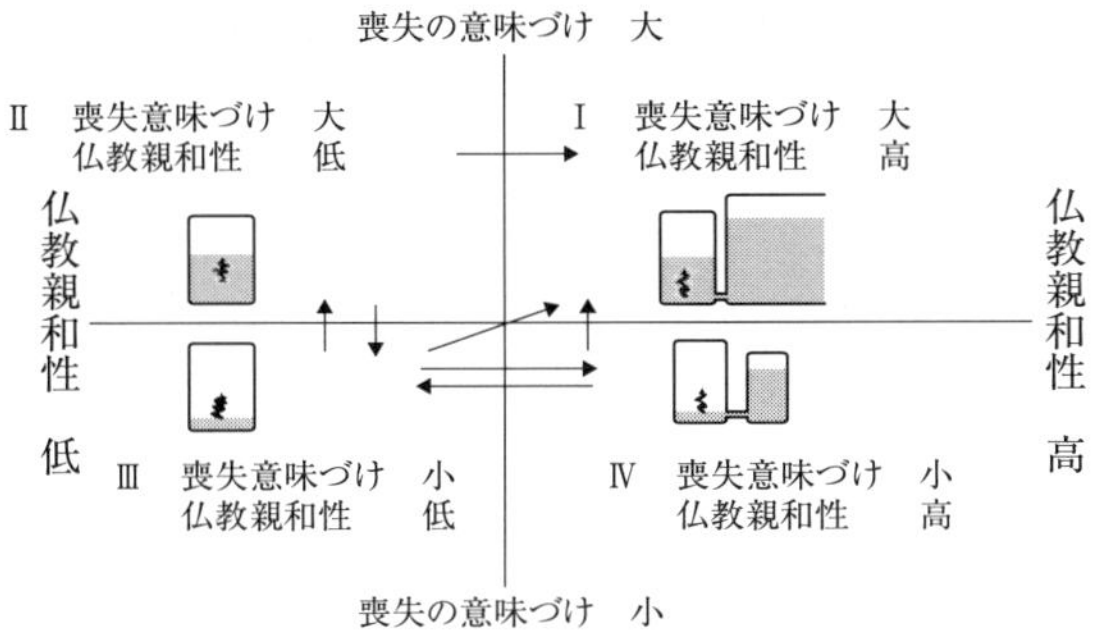

図１　仏教親和性と喪失の意味づけ

Ⅰの領域：喪失を仏教的に意味づけできています。迷いから真実へという方向性が確立されています。喪失によってただ悲しむだけの人生から、悲しみを縁として、人生の真実に向き合う、亡き人をご縁として仏教に目覚めるというような喪失の意味づけがなされています。仏さまとつながっていて、そこからエネルギーが供給されます。

Ⅱの領域：信頼できる人と出会い、自分のつらい体験を語り、共感し受けとめてもらうことによって喪失について意味づけがなされていきます。タンクの亀裂がふさがり、エネルギーが入りはじめます。

Ⅲの領域：喪失を意味づける枠組みがなく、喪失による悲嘆にくれている状態です。タンクに亀裂がありエネルギーがほぼ空の状態です。

Ⅳの領域：喪失を意味づける枠組み（仏教）をもってはいますが、まだ十分に喪失の意味づけはなされていません。タンクに亀裂があり中身はほぼ空っぽですが、このタンクには小さな予備タンクがついています。ある程度予備タンク（仏教）よりエネルギーが補給されます。

Ⅱ・Ⅲ領域の矢印：大きな喪失の後、信頼できる人と出会ってつらかった体験を傾聴《けいちよう》してもらい、人とのつながりの中で傷ついた心が回復し、タンクに入った亀裂がふさがっていきます。しかし、人生において喪失は一度ではありません。別の喪失体験が起こると、再びタンクに亀裂が生じ、エネルギーはまた空の状態に戻ってしまいます。

Ⅲ・Ⅳ領域の矢印：大きな喪失の後、仏教に出遇います。諸行無常《しよぎようむじよう》・愛別離苦《あいべつりく》・倶会一処《くえいつしよ》などの喪失を意味づける枠組みがあり、そこからエネルギーが供給されます。しかし仏教の教えを知的なレベルのみで解釈しているならば、いずれ予備タンクのエネルギーも空になってしまいます。そうすると、仏教による救いを感じることができず、仏教から遠ざかってしまうことも考えられます。

それぞれの領域からⅠ領域への矢印：Ⅰ領域は、仏教によって生死の問題を解決した、心が解放された状態を示しています。いのちの長短、死に際の良し悪しといったとらわれが破られ、この領域に入るとさまざまな喪失にみまわれても、「あるがまま・なすがまま」と我が身に引き受けていけるので、Ⅰ領域からⅡ・Ⅲ・Ⅳ領域の方向への矢印がありません。

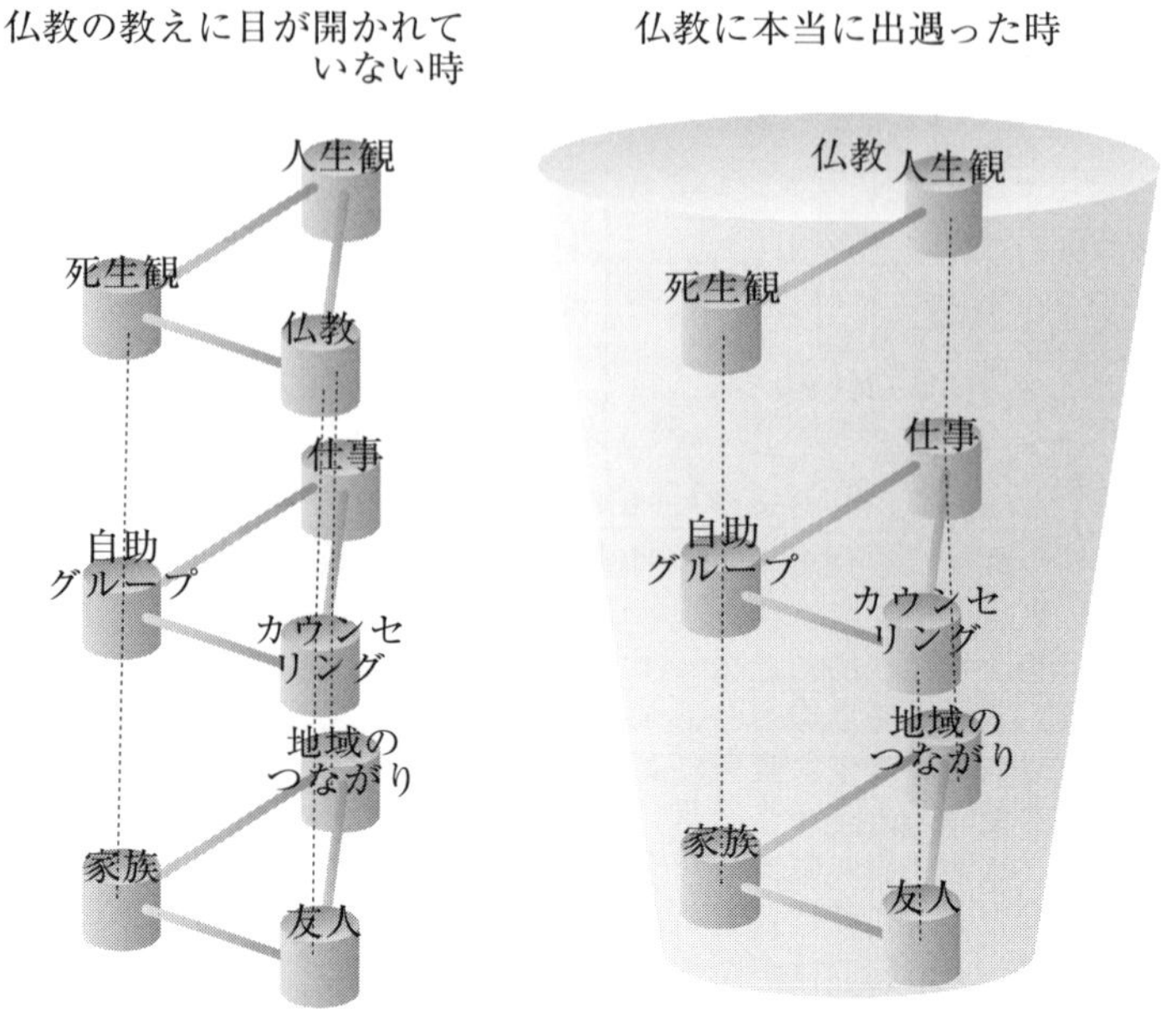

図2　仏教とカウンセリングの関係

(2)仏教とカウンセリングについて

人は生まれ、多くの場合、家族と共に育っていきます。その後友人とのふれあいや、いろいろな経験を通して成長し、その成長の過程でさまざまな人生観を身につけます。また成長の過程で、ペットとの悲しい別れや身近な人との死別などの経験や、宗教との出遇いなどによって、宗教観・死生観などが形作られていくでしょう。さらに、心理的な問題や葛藤から脱するためにカウンセリングや自助グループと出会うかもしれません。そうした家族・友人・価値観・人生観・宗教観・カウンセリング・仏教・自助グループなどそれぞれをブロックの一つの部品考えると、部品をひとつひとつ、くっつけていくことが成長のイメージです。カウンセリングは一つの部品でありながら、それぞれの部品をつなぐもの、あたかも神経細胞の軸索のようなものではないかと考えられます。

仏教の教えに目が開かれていない時は、仏教は一つの部品にすぎませんが、仏教に本当に出遇った時は組み上げられたブロック全体が、仏教に包まれている状態ではないでしょうか（図2参照）。

仏教の目指すところは「転迷開悟《てんめいかいご》」「抜苦与楽《ばつくよらく》」「転悪成善《てんあくじょうぜん》」という言葉で表されます。「迷いを転じ悟りを開かせる」「苦を抜き楽を与える」「悪を転じて善と成す」です。そして、解決する課題は人間関係の問題ではなく、迷いを離れることが課題であるといえるでしょう。カウンセリングは世間に焦点があたっているのに対し、仏教では出世間に焦点があたっているのです。

一方カウンセリングは社会や人間関係における課題に焦点があてられ、適応という言葉で解釈できるでしょう。しかしそれらの課題は今生の問題であり、カウンセリングで解決できた課題であっても、仏教の視点からは、迷いの中の解決であり、根本的な解決とはなりません。

4　浄土真宗と喪失——亡き人をどう受けとめるか——

まず、ここでいう「喪失」とは、身近な人を亡くすことです。そしてその時、私たちは心に、さまざまな思いが起こります。人生において喪失体験は、決して避けては通れないことであり、どう受けとめて生きるかが問題なのです。

仏教では、四苦八苦の中で「愛別離苦《あいべつりく》（愛する人と別れ離れなければならない苦しみ）」という苦しみがあげられています。愛する人とは、男女の間でのことではなく、自分にとって大切な人という意味です。人にはそれぞれの人生があり、日常生活の中で出会いや別れを繰り返し、親しい人との別れの悲しみ苦しみも経験してはいますが、最も苦しく悲しい別れは、死別という別れでしょう。しかも、その相手が自分にとって大切な人であればあるほど、その苦しみは大きいのです。

釈尊は、すでにその苦しみを克服する道を説いてくださっています。苦しみの原因は煩悩（「生者必滅《しょうじゃひつめつ》　会《え》者定《しゃじょ》離《うり》」の真理に暗いことや、愛する人への執着）にあると見極め、その煩悩を滅することによって、苦しみは克服されるというのです。しかし、煩悩を滅することは、大変難しく、凡人には不可能に近いことでしょう。だからこそ仏法（仏〈真実に目覚めた者〉の教え）を聞くことが大切なのです。ここで誤解してはならないのは、仏法に出遇うと、愛する人との別れが悲しくなくなるのではないということです。ただ、いたずらに悲しむだけの人生から、悲しみを通して、人生の真実（仏法）に遇わせてもらうような人生に転換されていくのです。それが仏教でいう救いなのです。

さて、浄土真宗では亡くなられた人をどう受けとめているのでしょうか。一般的には、亡き人が迷わないように、そして、いいところに往けるようにという意味で、お経を読んだり、お念仏を称《とな》えたりしていると思っている人が多いように思います。しかし、浄土真宗では、そのようには捉えません。まず、「亡き人＝迷っている人」とは受け取りません。迷っているのは、亡き人ではなく、「亡き人が迷っていると思っているその人」なのです。その迷っている人が、真実に出遇うことが大切なのです。

浄土真宗に生きる者にとって、亡き人は、仏（阿弥陀如来）さまのはたらきによって、浄土に往《い》き生まれ、仏さまとなり、今度はこの世に還《かえ》ってきて、私たちを真実に導くはたらきをしてくださる方なのです。仏さまの救いのはたらきとして、亡き人は私たちのところに、還ってきてくださるのです。

「死者は沈黙す。されど、死は雄弁なり」という言葉があります。亡き人はもうしゃべりません。しかし、死という事実は私たちに多くのことを語ります。亡き人は遺された私たちに大切なことを問いかけているのです。亡き人の言葉は、私たちにとって厳しい言葉かもしれません。しかし、それは決して怨みや悲しみの言葉ではなく、私たちを真実に導く仏さまの言葉として届けてくださっているのです。その言葉を聞かせてもらうことが、仏さまの前で手を合わせ、お経を読む意味（葬儀や法事の意味）なのです。

また、次のような言葉もあります。

人は去っても
　その人のほほえみは　去らない
人は去っても
　その人のことばは　去らない
人は去っても
　その人のぬくもりは　去らない
人は去っても
　拝む掌《て》の中に　帰ってくる

（中西智海『ひととき――私をささえる言葉――』永田文昌堂、一九八〇年）

お念仏に生きる者にとって、死は永遠の別れではありません。手を合わすところに、また会える世界があるのです。亡き人が、仏さまのはたらきと一つになって、私たちのところに還って来てくださる。そんな世界があるのです。

身近な人が亡くなられるという悲しい出来事に出会った時、そのことを忘れようとしたり、悲しみの感情を押さえ込もうとしたりする必要はありません。悲しい時は、思いっきり悲しめばいいのです。しかし、ただ悲しんで終わりではありません。その悲しみを通して、人生の真実に遇わせていただくのです。それが、私たち遺された者にとって、最も大切なことなのです。

以上のような仏教（浄土真宗）の教えに普段から触れている人は、喪失体験をした時、すぐに教えの通りに受け取れるとは限りませんが、少なくとも、どのように受け取るべきかという方向性を示してくれる心の依りどころをもっているといえるでしょう。しかし、多くの人は、身近な人（家族）が亡くなった時、初めて宗教と出遇うことになるのです。しかも、個人の信仰とは関係なく、多くの場合、「家の宗教」という形で出遇うのです。そのような人たちが、喪失体験を克服していくためには、どうしたらいいのでしょうか。

以下、二つの事例を通して、遺族が死別悲嘆とどう向き合うのかということについて、カウンセリングと仏教の視点で検討していきます。

なお、本論で紹介する事例は、実在する方から実際に聴き取った内容に基づいて記載していますが、個人が特定されないように、実際の内容を変更しない形で一部修正を加えています。

5　事例一　小さな子どもを亡くした母親、Aさんの話

Aさんは、もう少しで一歳になる女の子Bちゃんを突然の病気で喪いました。子どもの死後、Aさんは亡くなった子どものことを、語ることも悲しむことも、周囲から止められることになったのです。

まず、息子の幼稚園の先生から「お兄ちゃんの様子を見てください。すごく情緒不安定になっています」と言われます。そしてその後受診した小児科医から「お母さん、亡くなった妹さんのことをお兄ちゃんの前で話すことはやめましょう」と諭されました。

お母さんの悲しみが息子に伝わり、情緒不安定になっているので、「家で亡くなったBちゃんのことを話すことはやめましょう」というのが、周囲の判断だったのです。

Aさんは、自分さえ我慢すれば、息子がのびのびと普通の子のように大きくなるのだと思い、悲しみの感情を押さえ込もうと努力しました。Aさん夫婦は、お兄ちゃんの前だけBちゃんの話題を出さないようにすることなど難しいため、夫婦だけの時も、「Bちゃんの話はしない」と決め、Bちゃんのすべての荷物をAさんの実家にもって行ってしまいました。

しかし、Aさんはどんなに努力しても悲しみの感情を抑えきれず、夫や息子の前で激しく泣いてしまったり、一日中脱力感の中で過したりという日々を送っていました。Aさんに課せられた課題は、「娘のことを話さない努力」だけではなく、「明るく元気で、はつらつと息子と接する」という二重のものでした。そんなできそうもない課題に、Aさんは苦しむ日々でした。

葬儀の時から、Aさんにかけられた言葉は、常に遺されたお兄ちゃんのことでした。

「お兄ちゃんのために、明るくがんばって」

「お兄ちゃんがいるから、よかった」

誰もがお兄ちゃんのことに話題を逸らし、Aさんと一緒にBちゃんの話をしながら嘆いてくれる人はいませんでした。そんな中、Aさんの孤独感は、深まるばかりだったのです。家でBちゃんの話ができないことで、家庭の中でさえも孤独感は強まっていきました。

Aさんにとって B ちゃんの死は、到底受け容れられるものではありません。そのため B ちゃんが亡くなったことによって行われる葬儀や法要は、Aさんにとっては苦痛そのものでしかなかったのです。読経の声を聞くこともつらいだけでした。一歳の B ちゃんにお経の意味がわかるはずがなく、葬儀や法要を子どもが喜んでいるとも思えませんでした。仏事に価値を見出せず、すべてが大人の自己満足で無意味なことのように感じられました。

仏壇のようなところに娘を入れることも躊躇《ためら》われ、仏壇を買う買わないで義母との関係もこじれ、夫はその間で、オロオロする日々でした。娘のために貯めたお金は、ピアノやランドセルを買うためのものであり、仏壇や葬儀に使うことに、何ともいえない空しさを覚えました。

Aさんは、

「親が、つらい思いを押してでも葬儀や法要をするのは、人並みのことをしてやらないと『どんな家の子や』と、あっちの世界で子どもが肩身の狭い思いをするのではないかと思うから」

「逆に、葬儀やお墓にものすごくこだわりを見せる親もいる。それはその親たちの一種の喪の作業なのだとも思う」

と語っています。

Aさんの地域では月参りの慣習があり、毎月の B ちゃんの月命日に僧侶が Aさん宅を訪れることになりました。僧侶は、死別直後から継続的に遺族と関わる存在であり、その遺族が急性悲嘆の状態であれば、遺族の苦しみ、悲しみを直接受けとめる存在となります。

Aさんは月参りのたびに、僧侶にいろいろなことを投げかけました。

「一歳のBちゃんが、お経なんてわかるわけがない。こんなことを喜んでくれているとは思えない」

「人は死んだらいったいどこに往ってしまうのか?」

それらのAさんの言葉に対して、僧侶は、一生懸命宗教の言葉で語りかけてきました。しかし、僧侶の法話は、Aさんの疑問に答えるものではなく、二人の関係は、次第にぎくしゃくしたものになっていったのです。そんな中でも、毎月僧侶は決まった時間に訪れ、お経をあげるのでした。しかし何を話しても通じないAさんに対して、僧侶は、今度は法話をすることをやめ、お経が終わっても席を立とうとはせず、ゆっくりとお茶を飲み、黙って座っているようになりました。Aさんは、

「今から考えると、たぶん後に予定を入れずに来てくれていたのだと思う」

と語っています。

「僧侶にとって、私は怖い存在だったかもしれない。何を言っても通じない」

僧侶は、それまではAさんが何か話しかけたことに対して、宗教の話で会話をしようとしていましたが、今度は黙って聴いてくれるという存在になったのです。お経が終わった後の静かな時間の中で、次第にAさんは、僧侶にBちゃんのことを語るようになっていきました。僧侶は黙って話を聴くという姿勢に変わっていきました。しかし、黙って話を聴いてくれる僧侶に対し、Aさんは、彼を何も言わせなくさせてしまった、黙らせてしまったという思いになり、僧侶の思いとは逆に、その時間が重荷に感じてしまうようになってしまいました。結果、一周忌が終わった後「一周忌が終わったので、これからはこちらからお寺に参ります」と、月命日の法要を断ってしまうことになりました。

Aさんは、Bちゃんの死後、精神科にも受診しています。しかし、Aさんの苦しみが軽減されることはありませ

んでした。

「Bちゃんのことを話せない、自分の記憶からもいなくなる、Bちゃんのことを記憶の中にとどめておきながら、家族の中で生活していくためにはどうしたらいいのか?」

そんなAさんの訴えに、医師からの回答はなく、次々と投薬が増えるのみでした。そして増え続ける投薬の副作用に苦しむ日々となったのです。

「何回も通って、医師と話しをして、心地よかったことは一度もなかった。安心できる人に出会いたかった」

Aさんは、同じ体験者との出会いを探し求めるようになりました。そこで出会ったのが、子どもを亡くした親のセルフヘルプ・グループでした。そこで、初めて自分の話に共感し、傾聴《けいちょう》してもらえるという体験をしたのです。初めて参加したグループミーティングで、今までのつらかったことをすべて話し、そして最後にこう付け加えました。

「もう何も考えられない。今までは、自分のこと、家族のこと、自分できちんと決めて生活してきたけれど、今は簡単なことも判断できない。とにかく自信がない。人に話を聴いてもらうことも、思いもよらない言葉が返ってきて傷つけられたらと思うと怖い」

そんなAさんの発言に、グループの世話人が返した言葉は、「今、あなたにとって一番大切なことは、日常のいろいろなことの判断を、自分でできるようになることですね」でした。

「悲しみとどう向き合うか」、そんな途方もない大きな壁にぶち当たり身動きが取れずにいたAさんにとって、衝撃的な言葉でした。Bちゃんが亡くなってからAさんは、例えば家族の夕食を作るために、買い物に行って何を買ったらいいのかなど、日常生活の中で判断するひとつひとつの小さなことが、全くできなくなってしまっていたのです。何かに取り組む際、まずは小さな課題から始めることが大切です。しかし、Aさんは、いきなり大目標に立ち向かっていたことに気付いたのです。

「的確な答えが返ってきた」「人としてきちんと聴き、答えてくれる人にやっと出会えた」、そんな思いでした。グループの世話人に対して、「こんなふうに私も生きていくことができれば」「本当の人間の魅力は、這い上がろうとしている姿なのかもしれない」と思えた瞬間でした。たとえ自分がそこまで到達できなくても、そんな人と出会えたことがこの先の希望であり、遠い未来にかすかな光を灯してくれる出来事だったのです。

そして、Bちゃんの死から七年経過しました。

Aさんにとってセルフヘルプ・グループは、Bちゃんそのものとなりました。グループでBちゃんのことを語ることは、亡くなったBちゃんが確かにこの世に誕生し、生きていたということを、ほかの人の記憶の中にとどめてもらうことにつながっているのです。グループに参加する時間は、唯一Bちゃんのために使う時間であり、母親としての価値を確認する時間でもありました。グループで多くの親の話を聴くことは、Aさんにとって、子どもを喪ったことによって根こそぎ奪われた母親としての自信、そしてその奥の自分自身の価値や自信、尊厳を、もう一度見つけ出そうとする作業となったのです。同じ立場の親たちが、涙ながらに絞り出すように表現する言葉を聴くことは、自分自身の中にあった親としての価値や自分自身の価値を、もう一度気付かせてくれるものでした。

Aさんは、Bちゃんとの関係性の中で、Aさん自身の存在価値を問い直す作業を今も続けているのです。

(1)カウンセリング的視点から

〈悲嘆のプロセス〉

通常の悲しみと違い、特に死別によって引き起こされる深い悲しみ、悲嘆をグリーフといいます。悲嘆は表出することによって癒されていき、また、悲嘆から立ち直るには長い時間が必要とされています。本事例では、小さな子どもを亡くした母親が、深い悲しみの感情を表すことを無理に抑えられたために、悲嘆が複雑化したといえるでしょう。悲嘆の表出を避けたり妨げたりすると、体調を崩す原因となったり、精神的な疾患を引き起こすことにもつながることが指摘されています。本事例において悲嘆の表出が妨げられた原因について、感情の抑圧、ラポール（信頼関係）という視点から考え、次に悲嘆のプロセスについて事例をみてみましょう。

〈感情の抑圧〉

怒りや悲しみといった否定的な感情は、それ自体悪いものと思われがちです。しかし感情そのものは、その人の身体の内側から自然に湧き上がってくるもので、感情が生まれること自体は、自然で健康的なことです。しかし、自然に生じる感情を無理に押さえ込む（抑圧すること）と、心身ともに多大なエネルギーを使うことになり、感情を押さえ込むことに失敗すると感情の爆発が起きます。このことはAさんが悲しみの感情を抑えようとしたが抑えきれずに、夫や息子の前で激しく泣いてしまったことや、エネルギーを多大に消費し一日中脱力した日々を送っていた、という事例の記述によくあらわれているでしょう。いっぱいに膨らましたビーチボールを水中深くに沈めることは大変な労力を必要とするでしょう。そして、少しでも力をゆるめるとビーチボールは勢いよく水面から飛び出てしまいます。

「娘のことを話さない努力」「明るく元気ではつらつと息子と接する」という二つの課題に取り組みながらAさんは毎日を送っておられました。本当は「娘さんのことを話したい」「悲しみの気持ちでいっぱい」で、Aさんの心のボールは、パンパンの状態でした。Aさんにとっては、パンパンに膨らんだ気持ちを静かに受けとめ、共感し、

Aさんの気持ちを理解してくれる人が必要であったといえます。Aさんは、子どもを亡くした親のセルフヘルプ・グループで初めて自身の気持ちを抑えることなく語ることができたのです。

日本では、感情を表さず、平静さを装うことが美徳とされてきたという文化的な歴史があります。特に、否定的な感情を隠す文化的な傾向があります。この事例で葬儀の時からかけられた言葉「お兄ちゃんのために明るくがんばって」は、感情に関する日本の文化的な特異性が関係しているのかもしれません。この言葉と遺された子どもが情緒不安定になるので「家で亡くなったBちゃんのことを話すことはやめましょう」という周囲の判断によって、Aさんは感情を表出することができなくなってしまったのです。

また、この事例では、遺された子ども（Bちゃんのお兄ちゃん）のことについて記述はなされていませんが、「家でBちゃんのことを話すことをやめた」ことから、このお兄ちゃんも心の傷を抱えてしまった可能性も考えられます。Bちゃんのことが話されないという環境は、家族が抱えている悲しみのプロセスに、このお兄ちゃんが関わることが拒絶されたことを示しています。

さらに、幼児は身の周りに起こる出来事を、自分のせいだと思い込みやすい傾向があります。リンダ・ゴールドマンは著書(5)の中で、六歳の女の子が自分の弟に「あなたなんて大嫌い。死んじゃえばいいのに」と叫んだその翌日に、弟が溺れて亡くなった事例を紹介しています。弟が死んでしまったのは自分のせいだと思い込み、その後何年も彼女が深い罪の意識と共に生きていくことになるかもしれないと指摘しているのです。このことから、Aさんの事例においても、感情の抑圧により、母親だけでなく遺された子どもの悲嘆も複雑化した可能性があります。

〈ラポール〉

ラポールという言葉は、本来は一致・調和・関係などを意味するフランス語です。(6) 心理療法やカウンセリングにおいて、相談する者と相談を受ける者との間にある、なごやかな関係や、親密な信頼関係をさす言葉として使われています。相互に信頼し合い、安心して感情の交流を行える関係が築かれている状態を表す言葉であり、いわば相手と、心の回路がつながっていることをいいます。心の回路がつながっていくにつれて、人は安心して自由に振舞うことができ、感情を表すことができるようになるのです。

信頼関係（ラポール）を築く態度、壊す態度についていくつかあげてみましょう。

（信頼関係を壊す態度）	（信頼関係を築く態度）
無視する	存在を認める
敵意を示す	好意を示す
自分のことばかり話す	相手に関心をもつ
けなす	評価する
軽視する	尊重する
否定する	理解する
批判する	共感する

本事例で、ＡさんはＢちゃんの死後、安心してＢちゃんのことを話せる人が周りにいませんでした。夫ともＢちゃんのことについて話すことができませんでした。またＡさんは精神科を受診しましたが、ここでＡさんの訴えに医師からの回答はありませんでした。Ａさんの訴えは尊重されることなく、Ａさんと精神科の医師との間には投薬というつながりしか見出すことができません。では、Ａさんと継続的な関わりをもった僧侶とＡさんとの間に信頼関係はあったのでしょうか。Ａさんの質問に対し、僧侶は法話をするという形で答えていました。この法話はお

そらく、僧侶が話をしてAさんが話を聞くという一方通行のものであったと思われます。Aさんの質問の裏側にある気持ちには焦点があてられることなく、僧侶はAさんの知らない仏教用語を使った話ばかりをしたために、信頼関係が築けませんでした。Aさんとの関係で、僧侶が法話をやめてからは、Aさんの話を黙って聴く、という形にはなりましたが、はじめの関わりで、僧侶と心の回路がつながっていないので、それ以上信頼関係を深めることはできなかったといえるでしょう。

子どもを亡くした親のセルフヘルプ・グループで、Aさんは初めて自分の話に共感し、傾聴してもらえるという体験をしました。この体験によってAさんのグループの世話人との心の回路がつながり、Aさん自身の抑圧していた感情に向き合うきっかけとなっていったと考えられます。

〈悲嘆のプロセスについて〉

死別によって引き起こされるグリーフ（悲嘆）について、正しく知る必要があります。悲嘆のプロセスはさまざまな説がありますが、次に碑文谷《ひもんや》創(7)の著書をもとにまとめます。

第一段階　衝撃：死別によって引き起こされるショックの時期。取り乱したり、大きな心的な衝撃により現実感覚が一時麻痺したりします。また、表面的には平静であっても、内面では心的な衝撃を受けているので、平静な状態と呆然とする状態が交互にあらわれることもあります。

第二段階　否認：死亡の事実そのものを認めることができず、どこかで生きていると思い込んでいたりします。また、死亡の事実は頭では一応認識していますが、気持ちの上ではまだ生きているという想いから離れられません。この事例ではAさんは、Bちゃんが亡くなったことによって行われる葬儀や法要といった儀式を、苦痛そのものと感じていました。読経の声を聞くことがつらかったことや、仏壇も買うことが躊躇われたことは、否認が認められるのではないでしょうか。

第三段階　パニックや怒り：感情が抑えられなくなり、パニック状態に陥ります。また、〝自分だけがどうして……〟と、不当な運命に対して激しい怒りが生じます。深い悲しみの感情をあまりに抑制すると抑うつ的になり、強い怒りを内にとどめておくと、怒りは反転して自分に向かい、自己破壊にいたります。それから、周囲の人々や死者に対して敵意の感情を抱いたり、死者に対する自分の過去の行いを悔い、「あんなことをしなければよかった」「ああすればよかった」と罪の意識にさいなまれることがあります。

この事例ではBちゃんの死別直後から継続的にAさんに関わっていた僧侶に怒りの感情が向けられていた可能性が指摘できるでしょう。

第四段階　抑うつと精神的混乱：空想の中で死者がまだ生きていると思い込み、実生活でもあたかも故人がまだ死んでいないかのように振舞ったり、孤独感に襲われて人間嫌いになったり、気が沈んで引きこもってしまったりします。また、やる気を失い、何をしていいかわからない状態になることもあります。

本事例では悲しみの感情を抑えきれず夫や息子の前で激しく泣いてしまったり、一日中脱力したりという日々を送っていた時期にあたると思われます。

第五段階　死別の受容：つらい現実を見つめ、死の事実を受け容れようとする段階です。ユーモアや笑いを取り戻し、人との交流の中で、ようやく悲しみから立ち上がっていく状態といえます。本事例ではセルフヘルプ・グループに出会い、Aさんの自身の価値や母親としての自信、尊厳を見つけ出していく時期にあたるでしょう。

これらの五つの段階は、すべての人がそのまま第一段階から順番に第五段階までたどるというものではなく、それぞれの段階が必ず連続して起こるとは限りません。複数が同時に起こる場合や、一部が全く起こらない場合もあります。それは、死別による深い悲しみのあらわれ方は多様で、さまざまな要因によって影響されやすいことによるからです。この事例では五つの段階が、順序よく連続して起こっていないことが読み取れます。

また、本事例は、前述した仏教親和性と喪失の意味づけについての図1において、Ⅲ領域からⅡ領域への移行にあたります。また後述の仏教的視点からのコメントにおいて、遺族への関わり方について述べられていますが、これはⅢ領域、Ⅳ領域それぞれの人に対し、僧侶の関わり方を変えなければならないことを示しています。葬儀や四十九日の折に、仏教親和性の高い人に対し仏教の教えを伝えることは、何ら問題は生じませんが、仏教親和性の低い人に僧侶という役割意識から、仏教ではこう考える、こうあるべきと一方的に仏教の教えを伝えることは、喪失の意味づけを妨げることになりかねません。

(2) 仏教的視点から

月参りのたびに、Aさんは僧侶にいろいろなことを投げかけ、僧侶はそれに一生懸命答えました。しかし、Aさんの問いは、その答えがほしいというより、子どもの死が受け容れられないことから生まれてくる問い（心の叫び）でした。そこに僧侶は気付かず、一生懸命仏教を説きました（Aさんは後に、「自分の気持ちを聞いてほしかったのに、仏教で救ってやろうという態度しか感じることができなかった」と言っています）。その後、僧侶は、「何を話しても通じないAさんに対して、法話をすることをやめ、お経が終わっても席を立とうとはせず、ゆっくりとお茶を飲み、黙って座っているようになった。黙って聞いてくれるという存在になった」。この姿勢はとても評価できます。しかし、Aさんは自分が僧侶を黙らせてしまったという思いになり、月参りを重荷に感じてしまうようになってしまいました。そして、月参りを断ってしまいます。

その後、Aさんは、精神科を受診したが苦しみが癒されることはありませんでした。しかし、「子どもを亡くした親のセルフヘルプ・グループ」のグループミーティングで、自分の話に共感し、傾聴してもらえるという体験をしました。これはとても大切な体験であり、子どもの死を受け容れる第一歩です。

そして、「AさんはBちゃんとの関係性の中で、Aさん自身の存在価値を問い直す作業を今も続けている」ということですが、もしAさんが、本当の意味で仏教と出遇うことができたなら、Bちゃんを仏さまと拝むことのできる世界が開けてくるでしょう。そして、Bちゃん（仏さま）に導かれながら生きる人生が恵まれるのです。

さて、この僧侶のAさんに対する関わりを見てみると、最初は一生懸命仏教を説き、それが受け容れてもらえないと気付くと、黙って聞くという姿勢を取りました。この関わり方が間違っていたとはいえませんが、今回のケースでは、Aさんの気持ちに寄り添うことができず、タイミングがずれてしまったと考えられます。Aさんは後に、僧侶に対して「今になってみると、いい人だと思う」という感想を述べています。

以下、僧侶が遺族（Aさん）に関わる時、注意すべきであろうことをいくつかあげてみます。

㈠僧侶として関わる時の態度について

(1)仏教（浄土真宗）に生きる者として関わることが大切です。僧侶は、教えに生き、教えを伝える（共によろこぶ）者であって、救い主ではありません。救い主は、仏さまです。

一生懸命な僧侶ほど、仏教を使って救ってやろうという思いをもってしまいがちですが、注意が必要です。仏教を道具化してはなりません。

(2)仏教との縁が、あまり無い人と関わる時は、教えを伝えることより、「仏教に生きる者が、一人の人間として関わる」ということを重視した方がよいこともあります。

㈡遺族との関わり方について

⑴現状把握

ⓐ遺族が仏教（浄土真宗）と縁のある人かどうか。

Aさんは、葬儀の時まで、一度もお寺にお参りをしたことがありませんでした。

ⓑ遺族がどのような気持ち（状態）でいるのか。遺族が死者とどのような関係でいるのか。

Aさんは、子どもの死を受け容れられない状態でした。そのため、子どもの死が前提となる葬儀や法要が苦痛でしかなかったと考えられます（葬儀や法要に対する誤解もあり）。

⑵関わり方

ⓐ仏教と縁が深い人の場合

・共に仏教を味わいましょう（普段から聞いていた教えも、我が身のこととなると受け容れがたいこともありますが、喪失という体験の中で、仏教を味わうことが大切です）。

ⓑ仏教と縁が無い人の場合（子どもの死を受け容れられない母親〈Aさん〉との関わり方。但し、これはあくまで試案であり、以下のように展開するとは限りません）

・まず、法を説くというより、その人の気持ちに寄り添いましょう。

・無条件で受け容れ、その人の話をしっかり聞きましょう（カウンセリング的要素）。徐々に子どもの死を受け容れられるようになってきます。

・相手の気持ちに寄り添いながら法を説きます（私が救ってやろうと思うのは、大きな間違いです。仏法によって救われるのです）。

・子どもは仏さまとなり、私たちを真実に導いてくれる存在であることを共に仏法に聞きましょう（私たちが真実に生きることが、子どもの死を無駄にしないことなのです）。
・母親の心が仏さまの方向へ向くようになります（亡くなった子どもを、生きている者と同じレベル〈この世の論理〉で捉えていた母親の心が、仏さまに向かった時、仏さまのはたらきの中に、亡き子どもと会える世界がある、と気付くことでしょう）。
・最終的には、家族みんな（夫と兄）で仏さまに向かうことが大切だと思われます。
＊法を説くタイミングについて
Aさんの事例では、Aさんから「一歳のBちゃんが、お経なんてわかるわけがない。こんなことを喜んでくれているとは思えない」「人は死んだらいったいどこに往ってしまうのか？」などと問われた時、すぐに「仏教（浄土真宗）では〇〇です」と答えるのではなく、まず、「Aさんはどのように思っていますか？」とAさんの気持ちを聞いてあげるべきだったと思われます。そして、Aさんから、「仏教（浄土真宗）では、どう説かれていますか？」と問われた時こそ、仏教（浄土真宗）を説く絶好のタイミングなのでしょう。

㈢説法の内容について（どのような内容を伝えるか）
・喪失は、とても悲しい体験ですが、生死《しょうじ》の問題を問う大切な機会でもあります。どのタイミングで、どのような内容を説くかが大変重要になります。
・どのような内容を説くかについては、事例の調査が十分行われていませんが、相手の状況を見ながら、次のような内容を伝えるべきでしょう。

＊教義例

・往生《おうじょう》（往《い》き生まれる）…死ぬのではなく、浄土に往き生まれるのです。

・倶会《くえ》一処《いっしょ》（ともに一処《ひと所》〈浄土〉で会う）…死は決して永遠の別れではありません。またともに会える世界があるのです。

・還相《げんそう》回向《えこう》（浄土から還《かえ》って来て、万人を救うはたらきをする）…浄土に往生することを往相《おうそう》（往《い》く相《すがた》）、浄土からこの世（穢土《えど》）に還ってきて人々を救うはたらきをすることを還相（還ってくる相）といい、その両方がすべて阿弥陀仏のはたらきによるものだということを、回向（回《めぐ》らし振り向ける）という言葉で表しています。亡き人は、浄土に往き生まれ仏となり、私たちを救うはたらきとして還って来てくださるのです。

・善《ぜん》知識《ちしき》（私を真実の道に導いてくれる人のこと）…亡き人は、私を真実に導いてくれる善知識である、と受け取ることのできる世界があるのです。

＊教えと共に儀礼（葬儀・法事・仏壇）等の意味もしっかりと伝えていかなければならないでしょう。

・葬儀（法事）…亡き人がいいところに往くためにする追善供養ではありません。亡き人を偲び、生きている者が人生の真実（仏法）に出遇う場なのです。

・仏壇…死んだ人がいる場所ではなく、仏（阿弥陀如来）さまを安置する場所であり、仏さまの世界（浄土）を表しています。ですから、仏壇の前で手を合わせるのは、死んだ人のためでもなく、私の願いを叶えるためでもなく、生きている私たちが仏法（真実）に出遇うためなのです。

6　事例二　妻を亡くしたD夫さんの話

D夫さんは五十八歳で、四歳上の妻E子さんと二人で暮らしていました。定年まであと二年、二人の娘はそれぞれに結婚し、遠くに住んでいます。

今まで忙しく働くばかりで、妻には迷惑のかけ通しでした。定年を過ぎたら、旅行でもしながらのんびりと夫婦二人で過ごすというのが、D夫さんのささやかな老後の楽しみでもありました。

いつも元気なE子さんは、病気一つせず、病院に行くことも健康診断を受けることもありませんでした。

ある日、めずらしくE子さんは腰の痛みを訴え、近くの市民病院の整形外科を受診しました。病院では、「単なる腰痛」と診断され、コルセット、湿布と鎮痛剤を処方され帰宅しました。鎮痛剤を服用してもE子さんの腰痛は軽減せず、何度か受診を重ねましたが、とうとう一か月後には立つこともできなくなっていたのです。さすがに普通ではないと感じたD夫さんは、会社を休んでE子さんの受診に付き添いました。

医師はほとんど検査もせず、コルセットと鎮痛剤で様子を見るようにと伝えるのみでした。激しい痛みのため、座っていることもつらそうなE子さんを見て、このまま妻を連れて帰ることは困難だと感じ、D夫さんは「入院させてほしい」と医師に訴えました。医師からは、「入院の必要性はなく、社会的な入院は認められない」と言われました。個室でもよいので入院させてほしいと懇願し、なんとか入院することになりました。

入院三日目、突然主治医から、「E子さんの容態について説明があるので来てほしい」という連絡を受け取ったのです。主治医からの説明は、「E子さんの病気は悪性リンパ腫の末期状態であり、すでに手の施しようがない」

とのことでした。

D夫さんは、あまりの突然のことに、医師の説明はほとんど理解できませんでした。「とにかく痛みや苦しみを取ってやってほしい」と懇願することが、D夫さんにできる精一杯のことでした。

しかし痛みが軽減することはなく、E子さんは入院後二十日目に亡くなりました。D夫さんは、胸をかきむしって苦しみながら亡くなった妻の姿が忘れられず、何もすることができなくなってしまいました。なぜ妻の異変にもっと早く気付かなかったのか、健康診断を受けていなかった妻に、なぜ受けるように勧めてこなかったのか、自責の念に苦しめられる日々でした。なぜ最初に病院に行った時に見つけてもらえなかったのか、なぜあれほど苦しんで死ななければならなかったのか、自責の念と同時に病院への不信感も募っていくのでした。

D夫さんは、病院に対して、なぜもっと早くに病気を見つけてもらえなかったのか、病院宛に電子メールとファックスを送りました。しかし一週間たっても病院からの返答はなく、電話をしても医師は不在であると言われるのみでした。何回か電話し、やっと事務の担当者という人が応対してくれましたが、その内容は信じられないものでした。カルテに、「初回の受診でE子さんに内科を受診するように勧めた」との記載があるとのことでした。D夫さんは、病院が責任を逃れるためにカルテを改ざんしたのだと確信し、地元の医師会の医事紛争の窓口に相談しました。しかし、医師会の窓口では、「カルテ改ざんの証拠はなく、裁判になっても勝てない、病院に落ち度はない」という回答でした。「医師は、医師の味方しかしない」、D夫さんにはそう思えました。妻の死が哀れに思えてなりませんでした。「なぜ、治療をしてもらえなかったのか、痛みを取ってもらえなかったのか」。後から請求された医療費は、死ぬほどの病気をしたわりに安価でした。この程度の治療しかしてもらえなかったのかという思いがさらに強まったのです。散々苦労させて、やっとこれからという時に、最後に妻のために使ったお金がこんな安い金額だったのかと思うと、妻に対して申し訳ない気持ちでいっぱいでした。

四十九日が終わり納骨も済ませた後、D夫さんは「やるべきことはすべて終わった、この先、生きていても仕方がない」という思いになり、自殺を図りました。幸いビルの屋上から飛び降りようとしているところを発見され、未遂に終わりました。精神科でうつ病と診断され、閉鎖病棟に入院することになりました。閉鎖病棟では、自殺未遂の人が多く、病棟での患者同士の会話は、「どうやって自殺を図ったのか」「どうやったら本懐《ほんかい》を遂げられるのか」というような話題ばかりでした。

退院後は、毎週一回精神科に通う日々となりました。E子さんの死後、出社できないD夫さんに対して、会社は辞職を迫まってきたのです。そのため、精神科の診断書を提出し、休職扱いとしました。

一人暮らしで何もすることがなく、誰とも話さない日が続きました。そうするとついお酒を飲んでしまいます。酔いつぶれながら「もうどうなってもいい」と思ってしまう日々でした。

「男性は、会社関係の友人しかいないことが多いです。同僚からは、『いつまでそんなことを言っているのか』と言われます。そうすると『うるさい、おまえに何がわかる』と思ってしまうのです。自分も会社で奥さんを亡くした人に対して、同じことを思っていました。なかなかその立場にならないと、わからないものなのだとつくづく思います」

D夫さんは、退院から二か月後、病院からもらう薬をこっそり溜め込み、受診日に用事があるので行けないと医師にうそをつき、ウイスキーと薬を持ち、冬山に登りました。真冬の冬山に登り、夜まで待ち、睡眠薬とウイスキーを飲み、そのまま凍死してしまおうというのが計画でした。

計画通り、D夫さんは薬とウイスキーを飲み、山の中で眠ってしまいました。しかし、D夫さんは目を覚ましてしまったのです。その瞬間、D夫さんの目にたくさんの流れ星が飛び込んできました。その日は、偶然にもしし座流星群の日でした。D夫さんは、そのまま眠ることもできず、フラフラしながら山を降りました。しかし脳裏に焼きついた流れ星が、妻のように思え、妻が命を助けてくれたような気にもなりました。

一周忌法要が過ぎた後も、D夫さんのうつ症状は、一進一退を続け、精神科の受診は続いています。医師は時々、「今も死にたいですか?」と尋ねます。すると「正直、死にたいという思いはもっています」とD夫さんは答えます。

「今も胸をかきむしって苦しんで死んでいった妻の姿が思い出されます。こんなことといつまで続くのか、でも忘れてしまったら妻がかわいそうにも思うのです」

しかし、同時に脳裏には、あの日のしし座流星群も焼きついていました。E子さんが「生きて」と言っているように最近は思えるようになってきたのです。

(1)カウンセリング的視点から

この事例は、先ほどの子どもを亡くされた事例と比較して、医療者とのトラブルなどの問題を含んでいて複雑に見えます。そこで、ここでは何度も繰り返す自殺未遂と、うつ病に焦点をあてます。このような事例に立ち会った時に、どのようにその人々を理解し、どのような対応をすればよいのかについて述べたいと思います。

〈正常ではない悲嘆〉

人は、家族や親類、これまで親しくしていた人が亡くなった時に、悲しい感情が生まれます。これを悲嘆反応、あるいは悲哀《ひあい》、喪《も》といいます。通常の悲嘆では、死別後、泣くことやふさいだ気分、不眠、食欲減退、倦怠感（だるさ）、抑うつ症状が一般的に見られます。これらは、誰でも体験する反応であり、一般的にはしばらくするとある程度収まるといわれています。しかし一方で、正常ではない悲嘆というものがあります。このような正常ではない悲嘆は、複雑性悲嘆、あるいは外傷性悲嘆と呼ばれています。

〈複雑性悲嘆（外傷性悲嘆）の特徴〉

ショック：亡くなったことに対してショックを受けて、呆然とした時間が続きます。

死者への囚われ：死に対して理解したいと思う欲求が強くなります。

回避：自分の体験による受け容れられない観念をいいます。

死を受け容れられない感情：感情などを意識から締め出そうとする無意識的な抑圧をいいます。

孤独感：非常に強い孤独感や寂しさ、自分の一部も死んでしまったような感覚などです。

強いイライラ感や怒り：どうしようもできない感覚が強くなり、それがイライラや怒りを生じさせます。

無力感と自責感：遺族が関与していない場合でも、その死の原因を自分のせいにし、助けることができなかったという思いから、自責感を強めることがあります。

麻痺：感情が亡くなってしまったように感じることをいいます。

精神症状の出現：「死にたい」と、いつも考えてしまう希死念慮やうつ病などの精神症状があらわれます。

D夫さんの症状が複雑化した原因として、本来悲しみを感じるはずの時期に、これまで迷惑をかけ通しだった妻に何もしてあげられなかったという自責感や、奥さんの医療者とのトラブルのために、さまざまな機関を走り回ることで奪われた悲しみを紛らわせていて、本来感じるはずの自分の悲嘆を回避していることなどがあげられます。

また、D夫さんは、「妻にしてあげられることを最大限にしてあげたい」と考えていました。納骨を終えた後、自殺を図ろうとします。これは、今までの抑えられていた悲嘆が、突然歪んだ形で噴出したと考えられます。また、非常に強い孤独感などから、抑うつ的になったといえます。

〈うつ病になりやすい性格〉

うつ病は、以前からうつ病になりやすい性格の人がいることが明らかとなっています。その性格の特徴として、テレンバッハ（E. Tellenbach）が、几帳面、仕事熱心、秩序を重んじる、凝り性、他者に対する配慮が行き届いていること、正義感、過度に良心的などをあげました。このような人たちの対人関係の取り方では、「自分が他者のための存在になろうとしている」という性格の人が多いとされています。(8) D夫さんの場合、仕事熱心で二人の子どもを自立させ、父親としての責任を果たしてきました。また、妻に対する責任として老後のことを考えていました。このように、D夫さんは非常に真面目な人といえます。妻が亡くなった後にも、妻のためにしてあげられる最大のことをするために、医療事故の調査を依頼します。そしてすべてが終わった時点で「妻のための存在ではなくなった」ため自殺を図ります。こうした性格の人は一見、元気そうで問題のないように見えますが、妻などの重要な人が亡くなることで、大きくその行動が変わることを注意しておく必要があります。

〈複雑性悲嘆やうつ病が発病する状況〉

複雑性悲嘆が起こる条件でよくあるものは、死別した状況が、突然の予期しなかった交通事故死や事件などの暴力的な死、遺族や死者に責任がある場合などが多く、また、遺族と死者の関係では、依存的な人間関係であった場合や、配偶者、幼い子どもなどの場合に起こりやすいといわれています。(9) また、うつ病になりやすい状況は、個人・家族に関係する出来事と、職業に関係する出来事が多いとされています。具体的には、近親者や友人の死亡や病気、事故、転勤、左遷、退職などのマイナスの要因がある一方、結婚や出産、昇進、定年などのうつとは結びつきにくいものまで含まれています。[10] D夫さんの場合、定年前に生活がまさに変化しようとする時に、突然、配偶者であるE子さんが病死してしまい、これらの状況が複雑性悲嘆やうつ病を発症する大きな引き金になったと思われます。

〈自殺の背景にあるうつ病〉

自殺予防のために、現在、必要とされていることは、自殺の背景にはうつ状態が潜んでいるということを世間に広めることであるといわれています。[11] また、自殺をしてしまう背景には、人がうつ状態になった時に、自分自身がある問題に対して正常な判断ができなくなることが大きな理由であるといわれています。そのため、離婚調停などの大切な決めごとは、延期するように勧められます。[12] 自分で判断ができなくなると、つらくなった時に「自殺」という道を容易に選んでしまうのです。

具体的にうつ症状とは、気分の落ち込みがあり、興味や喜びが湧かなくなり、気力・意欲が低下し、これまでできていたことが手につかなくなり、炊事洗濯などの日常生活すら行えなくなります。そのため、「自分には何の手立てもなくなってしまった」という、絶対的な無力感が生まれることになります。重症になると、「死にたい」と思う希死念慮や、実際に自殺をしようとする自殺企図があらわれます。例えば、周りの目を気にする性格の人の場合、「自分は他人に迷惑をかけているに違いない」と思い込み、自殺を図ろうとします。D夫さんの場合も、妻にしてあげられることがなくなった時点で、自分の存在価値を失っています。また、さらに妻を救えなかったことが、絶対的な無力感と自責感をいっそう強いものとしています。

〈自殺するサインに気付く〉

自殺を防ぐためには、周りの人がそのサインに気付くことが重要です。D夫さんの場合、周りで見ていた人には、四十九日後の突然の自殺未遂に見えたかもしれません。しかし、あまりにも気丈すぎることがそのサインだったのです。一般的に自殺のサインには、感情の不安定、イライラ、絶望感、普段より明るく振舞っている、ものを整理したり、別れをほのめかす、食欲不振、体重の減少、睡眠不足、疲労感などが見られるといわれています。また、自殺のサインは、死にたい気持ちの揺らぎが、徐々に長年続くことにより固まるため、自殺の直接の動機はむしろ些細なことに見えることが多いと指摘されています。また、自殺に追い込まれる人の共通した心理には、絶望的なまでの孤独感があると指摘されます。[13] D夫さんも同様に、四十九日が終わった後、極端に人と接する機会が減り、強い孤独感にさいなまれています。D夫さんを援助するためには、ほんの些細なサインでも見逃がさずに、なるべく人と交流してもらうことが自殺の予防につながるといえます。

〈うつ状態と思われる人への支援と関わり方〉

うつ状態と思われる人へ、その回復まで支援を行うためには、専門的な関与が必要です。ここでは、専門家ではない人が、はじめの入り口として、どのように接するのがよいかについて、D夫さんの事例を通して述べます。

まず、うつ状態が些細なサインから想像される場合には、ありのまま、意見や批判をすることなく、相手のペースに合わせて話を聞くことが必要です。D夫さんの場合、気丈に振舞っていましたが、その背景には寂しさや悔しさがあったと思われます。うつ状態の人から話が聞けた場合は、「よくがんばりましたね」「つらかったですね」「そういう状況になれば誰でもそうなりますよ」という声かけが、その気持ちを受ける言葉になります。D夫さんの場合も、特に四十九日の後に孤独な状態にするのではなく、このような声かけをすることが必要だったといえます。

うつ状態にある人は、すでに大変な努力をして、最後の手段まで使い尽くしてしまった人たちです。このような人たちに「がんばれ」と励ますことは、その人を追い込むことになります。こうした気持ちを受けとめることができれば、次は自分の将来像や目標をたてることができるように援助します。その方法の一つとして、適切な専門家へ引き継ぐことがあげられます。その伝え方として、「自分の心を落ち着けるため」「具体的対処方法を探すため」「具体的行動を依頼するため」などの理由を用いて相談を促します。また、家族や会社など周りにいる人に対して、うつ病に対する理解を促し、生活環境を調整することも必要です。D夫さんの場合は、一人暮らしになっているため、地域のコミュニティとの連携や医療機関との連携が必要と思われます。

本論では紙面の都合上、概略のみを示しました。より実践的・具体的な方法については成書を参考にしていただきたいと思います。

(2) 仏教的視点から

〈スピリチュアルな苦痛について〉

D夫さんは、妻を喪う前、思い描いていた将来のささやかな夢がありました。D夫さんの夢は、定年後、夫婦二人で旅行をしながら、のんびり過ごすことでした。E子さんが亡くなったことで、D夫さんは「なぜ妻の異変にもっと早く気付かなかったのか、なぜ健康診断を受けていなかった妻に受けるように勧めてこなかったのか」と自分を責める気持ちや、「なぜ最初に病院に行った時に見つけてもらえなかったのか、なぜあれほど苦しんで死ななければならなかったのか、なぜもっと早くに病気を見つけてもらえなかったのか」と病院や医師への怒りの気持ちをもっています。

D夫さんの「なぜ……」という疑問は、誰も答えることのできないスピリチュアルな苦痛といえます（なお、ここでいうスピリチュアルとは死者の霊魂とは異なり、人間のもつ苦悩を意味しています）。例えば「E子さんの癌は増殖が早いので、健康診断を一年に二回していても見つかるものではなかった」「E子さんの癌は特殊なもので、見つかりにくいものなので、どんな名医でも見つけることは不可能でした」などと答えたとして、D夫さんは納得されたでしょうか。きっとD夫さんが納得できる答えは、医学的な解答でも合理的な解答でもなく、D夫さん自身にしか見つけることができないものではないでしょうか。

人間がスピリチュアルな苦痛をもつということを最初に発見したのは、終末期患者のケアに携わっていたシシリー・ソンダース医師です。彼女は、終末期患者のスピリチュアルな苦痛について次のように述べています。

多くの患者が自責の念あるいは罪の感情をもち、自分自身の存在に価値がなくなったと感じ、ときには深い苦悶の中に陥っている。このことが、真に「スピリチュアルな苦痛」と呼ぶべきものであり、それに対処する援助を必要としている(14)

スピリチュアルな苦痛は、死を間近にした終末期患者だけではなく、すべての人がもつ苦痛と理解され、大切な人を亡くした人もスピリチュアルな苦痛を感じるといわれています。(15)

ホスピスでチャプレンをしていた窪寺俊之は、(16)「人生の危機に直面して、自分の存在を支えて、意味づけていた土台（基盤・枠組み・価値観など）を失うことで起きる哲学的・宗教的・心理的複合的ペイン」をスピリチュアルな苦痛といい、具体的には、次の四つの苦痛をあげています。(17)

一、「わたし」の生きる意味・目的・価値の喪失
二、苦痛の意味を問う苦しみ
三、死後への不安

四、「わたし」の悔い・罪責感

D夫さんにとって妻のE子さんを喪うことは、人生の危機でした。それは自分の存在を支えていた未来へのささやかな夢を打ち砕かれてしまったことから生じました。今の自分を明日の自分へ導くための希望がD夫さんにはないのです。

D夫さんに必要なのは、自殺の話ができる相手でも、「いつまでそんなことを言っているのか」と言う同僚でもありません。同じ体験をした人だったら分かちあえるとも言いきれません。D夫さんの存在を受けとめ、妻を喪ったことで生じたさまざまな感情、悲しみや怒り、自分への罪責感に共感してくれる人が必要なのです。そしてその人は、D夫さんが自分で答えを見つけられるように願いながら、待ってくれる人です。

〈僧侶の関わり〉

この事例では、僧侶がどのように関わったかは定かではありませんが、D夫さんは四十九日まで法要をあげていました。D夫さんを一番受容し、その苦しみに共感し、救いたいと願っているのは阿弥陀さまでしょう。「必ずあなたを救いとるぞ、私は常に悲しみの中にあるあなたと共にいますよ」と、阿弥陀さまは喚《よ》びかけてくださっています。僧侶は、その阿弥陀さまのお心を伝えるのは勿論ですが、最初はD夫さんの気持ちを聞かせてもらえる関係作りから始め、その気持ちに寄り添えるものであってほしいと思います。そして徐々に阿弥陀さまのはたらきかけを伝えていってほしいものだと思います。

〈記念日反応について〉

亡くなった人の命日や誕生日、結婚記念日など、亡くなった人との思い出が深い特別な日が近づくと、それまで過ごしてきた日々以上に、気持ちが落ち込んだり、体調が崩れたりと、亡くなった直後のような症状が再びあらわれることがあります。

D夫さんは四十九日と納骨を終えると、「やるべきことはすべて終わった、この先、生きていても仕方がない」という思いになり、自殺を図りました。想像の域をでませんが、D夫さんは四十九日を迎える頃、それまで抱えていたスピリチュアルな苦痛からうつ病を発症していた可能性もありますし、四十九日にスピリチュアルな苦痛が大きくなっていたかもしれません。

亡くなった方をご縁としてお経をあげ、仏法を聴聞する命日や法要に後追い自殺をする人がいる可能性があります。僧侶は命日や法要では、儀式を滞りなく進めることだけではなく、記念日反応（命日反応）のことも念頭におき、遺族の様子に注意を払うことがとても大切なこととなってきます。僧侶側が一方的に儀礼を進めてしまうのではなく、遺族の痛みの声に耳を傾け、寄り添う姿勢も必要となってきます。

7　まとめ

本論は、二つの事例をもとに、大切な人を喪うということについて、カウンセリング、仏教的視点から喪失の意味について考えることを試みました。

最初は、突然大切な子どもを喪った母親Aさんの事例です。大切な人を亡くした後に起こる心身の変化や周囲の人の支援方法については、一般的に誤解されていることが多いように感じています。Aさんの場合は、本来Bちゃんを喪ったことによって起こっている心身の変化や悲しみについて、Aさんの気持ちに寄り添い、十分に語り合う場が必要でした。しかし、誰もAさんの悲しみに寄り添う人はいませんでした。同じ喪失体験をした家族でさえ、悲しみを共有し、支え合うことができませんでした。家族であっても、その立場により、反応は異なり、そのため家族内で気持ちのずれが生じることもあります。周囲は、早くお兄ちゃんのために元の家族生活にもどることを家族に求め、Ａさんには「お兄ちゃんの母親」としての役割のみを期待しました。そのことがＡさんをさらに孤独へと追いやることとなり、家族で語り合い、支え合うことができない状況となってしまいました。

Ｄ夫さんについては、予期せぬ妻の突然の死、担当医師や医療関係者との信頼関係やソーシャルサポートの欠如により、必要以上の苦しみを背負うことになりました。

大切な人を喪うという体験は、人生の中でそれほど多くはないでしょう。人生で初めて体験する喪失体験が、最も大切な人であれば、その体験をどう考え、その人がいなくなってしまった先の人生に、どのような意味や価値を見出すのか、その答えを見つけることは容易ではありません。

誰もが大切な人との死別を体験する可能性があるにもかかわらず、死別後に起こる反応への対応には、多くの誤解があります。そのため、死別を体験した人も、そしてその周囲の人も、その体験からどのような答えを導きだしたらいいのか、戸惑うのです。そして一生懸命考えた答えが、実は最もそれぞれにとって望ましい方向ではない場合も多いように思われます。そうなると、遺族は孤独感を味わい、体験した人でないとこの気持ちはわからない、という結論に陥ってしまうのです。しかし、決して体験した人でしかわからないのではなく、体験者でなくても寄り添うことは可能であり、逆に体験したからといって、必ず寄り添えるというわけでもありません。

カウンセリングや仏教は、死別体験者が、亡くなった人や遺された人の人生の意味や価値を見出すための考え方や方向性について、答えを導きだすための手伝いをしてくれるものです。

しかし、これらは机上の空論では意味がありません。ＡさんやＤ夫さんの事例を見ても、カウンセリングや仏教は、彼らに全く届いていませんでした。実際には、それらを結びつけるための資源が必要不可欠です。それらは人的資源もあれば、書籍等もあります。また、カウンセリングや仏教などの資源を、どのように死別体験者に届けることができるのか、今後の大きな課題であるといえます。本論が、その役割の一端を担えればと考えています。そして、大切な人を亡くした方やその人を支えようとする人の一助になれればと念じています。

註

(1) 遺族支援システム研究会『これからのとき』財団法人日本ホスピス・緩和ケア研究振興財団、二〇〇六年。
(2) W・ウォーデン（鳴澤實訳）『グリーフカウンセリング』川島書店、一九九三年、九―二五頁。
(3) R・ニーメイヤー（富田拓郎・菊池安希子監訳）『死別の言葉――喪失と悲嘆の心理療法――』金剛出版、二〇〇七年、二三一頁。
(4) A・サミュエルズ、B・ショーター、F・プラウト（山中康裕監訳）『ユング心理学事典』創元社、一九九三年、三八頁。
(5) リンダ・ゴールドマン（天貝由美子訳）『子どもの喪失と悲しみを癒すガイド――生きること・失うこと――』創元社、二〇〇五年、四五頁。
(6) 外林大作・辻正三・島津一夫・能見義博編『誠信心理学辞典』誠信書房、一九八一年、四五〇頁。
(7) 碑文谷創『葬儀概論』表現社、一九九六年、一八八―一八九頁。
(8) 内山喜久夫・筒井末春・上里一郎監、広瀬徹也編『メンタルヘルス・シリーズ　うつ病』同朋舎、一九九〇年、四七―八九頁。
(9) 富田信穂・伊藤勝・井上郁美・大久保恵美子・辰野文理・中嶋聡美『交通事故対策被害者支援事業（平成十五年度）交通事故被害者の支援・担当者マニュアル』内閣府政策統括官（総合企画調整担当）交通安全対策担当、二〇〇三年。

(10) 前掲註(8)書。

(11) 下園壮太『家族・支援者のための自殺予防マニュアル』河出書房新社、二〇〇六年、三一五—三二〇頁。

(12) 樋口輝彦「第一二章　気分障害」野村宗一郎・樋口輝彦編『標準精神医学（第三版）』医学書院、二〇〇五年、二七〇—二九一頁。

(13) 中村喜典『「心身医学的・宗教的心情」で自殺回避！いじめ・うつ・人生に光を！』文芸社、二〇〇七年、五六頁。

(14) C・ソンダース、M・ベインズ（武田文和訳）『死に向かって生きる末期癌患者のケア・プログラム』医学書院、一九九〇年。

(15) 医師・看護師だけではなく、さまざまな専門家やボランティアが協力してつくったチームによって、治癒の困難な疾患の終末期（日本ではおもに末期癌）にある患者とその家族がその人らしく過ごせるように支援とケアを提供する場。

(16) 教会や寺院ではなく、病院・学校・刑務所などの施設で働く宗教家。アメリカでは、病院にチャプレンが常駐し、患者が希望すればいつでも面接することができます。

(17) 窪寺俊之『スピリチュアルケア学序説』三輪書店、二〇〇四年、四三—四四頁。

参考文献

若林一美「シリーズ　生きる　死別の悲しみを超えて」岩波書店、一九九四年。

A・デーケン、柳田邦男編『〈突然の死〉とグリーフケア』春秋社、一九九七年。

キャロル・シュトーダッシャー（大原健士郎監修　福本麻子訳）『悲しみを超えて』創元社、二〇〇〇年。

ケイ・ギルバート（大石佳能子監訳）『悲しみから思い出に——大切な人を亡くした心の痛みを乗り越えるために——』日本医療企画、二〇〇五年。

アイリーン・キューン（上田勢子訳）『十代のメンタルヘルス⑨喪失感』大月書店、二〇〇五年。

執筆者

赤田太郎
2　カウンセリングと悲哀
6　事例二　(1)カウンセリング的視点から
打本　未来
6　事例二　(2)仏教的視点から
黒川雅代子
1　はじめに
5　事例一　小さな子どもを亡くした母親、Aさんの話
6　事例二　妻を亡くしたD夫さんの話
7　まとめ
小池秀章
4　浄土真宗と喪失——亡き人をどう受けとめるか——
5　事例一　(2)仏教的視点から
神舘広昭
3　仏教と喪失について
5　事例一　(1)カウンセリング的視点から

寺院における悩みの相談活動の一報告

――浄土真宗本願寺派の寺院へのアンケート調査から――

伊東秀章
平田直哉
廣谷ゆみ子
葭田誓子

1　はじめに

現代において仏教は私たちの生活とどのようにかかわりあっているのでしょうか。本来、仏教は人々の様々な苦悩や痛みを聞いて、共感するところから成立しました。現代に生きる私たちは文明や科学の進化の恩恵を蒙り、今までにない文化的な生活を送っています。しかし、他方、現代人の悩みはそれと共に多様化し、あるいは複雑化しています。

浄土真宗本願寺派の第二十四代即如御門主は、現代の教団のありかたや、僧侶の姿勢を次のように述べられています。

教団の現場を見ながら感じることを述べたいと思います。まず、宗門の出版物等を見ておりますと、どうも現場のご門徒のあるいはご門徒外の方々の素朴な悩みが十分伝わってきていないのではないかということが気になります。(中略) 例えば自殺者が三万人を超えるという現代日本で人々が悩みを抱えていないはずはないのでありますが、それらをどう汲み取るかどう応えていくかということは宗門にとって大きな課題であると痛感する今日でございます。

(『布教団通信』第三〇号、布教団連合、二〇〇八年)

現在の浄土真宗本願寺教団の現状に対し、御門主は非常に率直に警告を鳴らされています。けれども、現代の浄土真宗本願寺派の寺院関係者が、人々の悩みにどのように向き合い、対応しているのかを知る手がかりとなる研究や書物は案外少ないのが現状です。

そこで、仏教とカウンセリング研究センターの一部門「寺院相談活動とカウンセリング」グループでは、現在、浄土真宗本願寺派の寺院には、具体的にどのような相談が持ち込まれているのか、そうした相談に各々の寺院ではどのように対処しているのかなど、実際の現場での現状、認識を把握するために、以下のようなアンケート調査を試みました。

本論が、これからの寺院の相談活動のありかたを模索し、寺院が地域や人々の悩みに対応した「開かれた寺院」となることの一助となれば幸いです。

〈調査・アンケートについて〉

調査方法：調査方法はアンケート形式を用いました。

アンケートは三つの対象に送付しました。一つ目は、全国にある三十二か所の教務所（本山宗務所の出先機関として事務全般を取り扱い、また各教区の開教・布教拠点としての役割を担う）に電話で依頼し、協力の許可が取れた教務所にアンケート用紙を送付し、そこから教務所に任意の寺院へ手渡ししてもらえるように依頼しました。二つ目は、インターネットで検索して見つかった浄土真宗本願寺派の寺院へE-Mailにて依頼をし、許可が取れた寺院へ送付しました。三つ目は本研究センターの関係者やその知り合いに手渡し依頼しました。

期間：二〇〇九年五月二十九日から依頼を始め、各箇所に許可が取れたところから六月上旬までに送付しました。

全国の教務所に一二〇部、インターネットで見つけた寺院に一二部、研究会関係者に一〇部配布しました。

2　アンケート回答から

全国にアンケート用紙を一四二部送付し、回収は八六部、六一パーセントでした。

今回の調査の回答者は男性が九七パーセント（八三人）であり、寺院における役割としては最も多かったのが住職でした。女性が三パーセント（三人）で、全て坊守でした。

図1は回答者の年齢です。四十から六十歳代に回答者は集中しており、四十歳代が最も多い。男性の平均年齢は、五一・八歳、女性は四九・七歳でした。

寺院における役割について詳しくみると、回答者の七九パーセント（六七人）が「住職」であり、「衆徒」が五パーセント（四人）、「前住職・副住職」が五パーセント（四人）、「坊守」が三パーセント（三人）、「宗徒」が二パーセント（二人）、「寺族」が二パーセント（二人）、「住職代務」が一パーセント（一人）で、記入なしが三パーセント（三人）です。

アンケートは全国に三十二か所ある教務所のうち、二十四か所からの返信がありました。またインターネットを活用している寺院や、相談活動を活発に行っている寺院、当仏教とカウンセリング研究センター関係者からも返信がありました。その結果、二十九都道府県から回答がありました。地域は北海道から鹿児島までです。また、寺院の地域は、「市街地」は二二パーセント（一九人）、「近郊住宅」は二七パーセント（二三人）、「農産業地帯」は四五パーセント（三九人）であり、無回答は六パーセント（五人）でした。

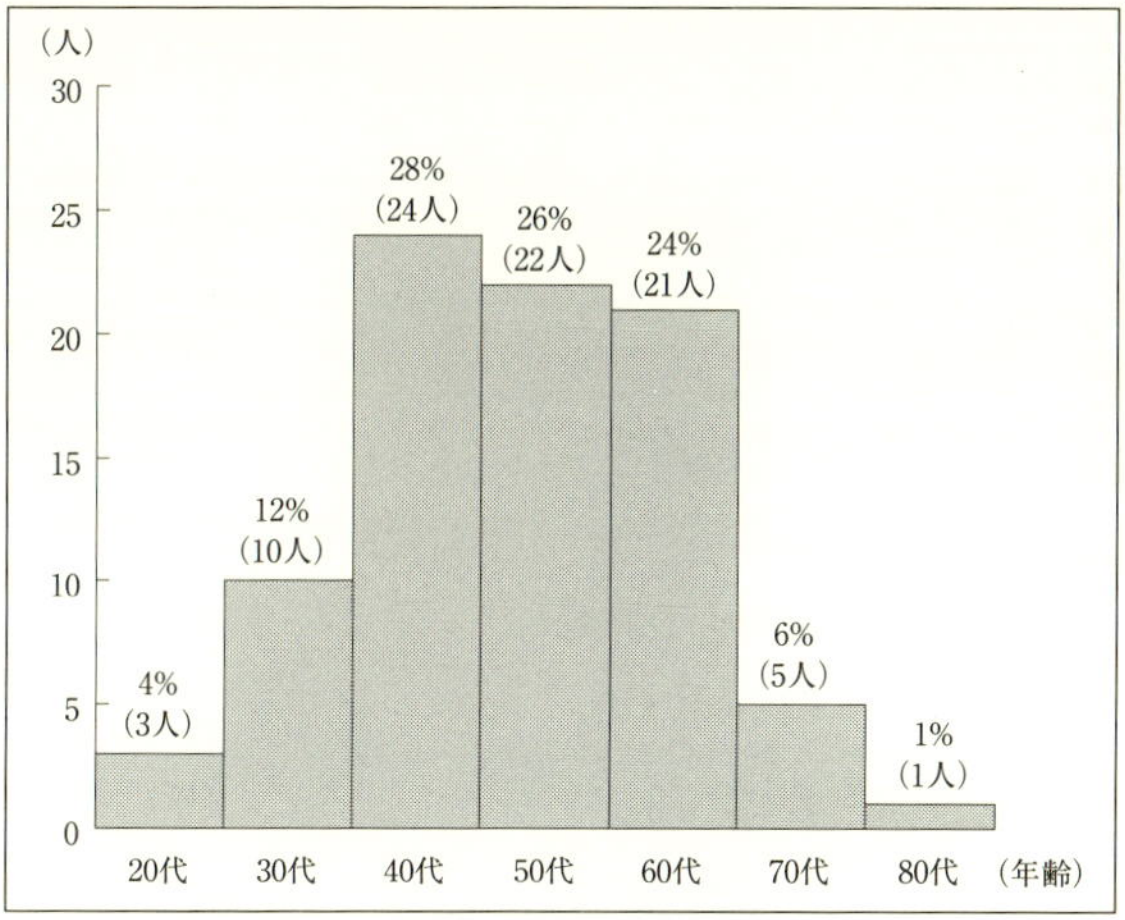

図１　回答者の年齢

⑴相談内容について

現在、寺院が受けている相談について、複数回答可による選択式のアンケートを行いました。以下において、項目としてまとめたものを「　」で記し、アンケートの自由記載の回答そのままのものを『　』で記します。

その結果は、「葬儀・法要・墓」についてが最も多く九七パーセント（八三人）でした。次いで、「真宗の教え・作法」が九五パーセント（八二人）であり、「宗教上の問題」については七四パーセント（六四人）でした。

表1　どのような相談を受けたことがあるか
（複数回答・選択式回答・86人回答）

項　目	%（人数）
1　葬儀・法要・墓	97%（83）
2　真宗の教え・作法	95%（82）
3　宗教上の問題	74%（64）
4　近所づきあい・町内の問題	51%（44）
5　健康上の問題	49%（42）
6　嫁姑問題	48%（41）
7　教育問題	41%（35）
8　夫婦間の問題	40%（34）
9　結婚問題	37%（32）
10　老人問題	35%（30）
11　経済上の問題	33%（28）
12　就職や仕事上の問題	31%（27）
13　特になし	0%　（0）

※表中のパーセントは全体86人中の数値

具体的にどのような相談ごとがあったのかをみていきます。「葬儀・法要・墓」については、『墓の建て方、法事の意味や営み方』など、「真宗の教え・作法」については、『なぜ手を合わすのか』など、「宗教上の問題」としては、『法の上からの救済について』などがあるようでした。これらは多くの寺院が相談されることであり、寺院の役割として最も一般的なものの一つです。

以上三つがどちらかというと、仏教に関係する相談活動であるといえます。一方で、比較的仏教とは直接関係の無い相談活動が以下に続いてます。「近所づきあい・町内の問題」が、五一パーセント（四四人）であり、「健康上の問題」が四九パーセント（四二人）でした。また「嫁姑問題」「教育問題」などと人間関係、社会的問題についての相談活動が行われていることがわかります（表1参照）。

次に、比較的仏教とは直接関係の無い相談活動とは、具体的にどのようなものがあるかをみてみます。

「近所づきあい・町内の問題」については、五一パーセント（四四人）の寺院が相談を受けたことがあるという回答でした。具体的には、『近所のトラブルにて悪口を言って回る』のをどうしたらいいか、といったことなどがありました。現在においても、社会の中で寺院が地域の問題の相談窓口の一つになっていることが読み取れます。

「健康上の問題」については、四九パーセント（四二人）の寺院が相談を受けたことがあるという回答でした。具体的には『糖尿病などの慢性疾患』『ガンなどの終末医療についての相談』や、『自分の健康、姑の認知症についての悩み』などがありました。高齢社会において必然的に出会う病気について、具体的に相談されている僧侶の姿がわかります。僧侶はこのように基本的な医療について、認知症について、などを相談される機会があることがわかります。宗教的な受け答えのみならず、このようなことについて対応する必要のあることが示唆されます。

「嫁姑問題」については四八パーセント（四一人）の寺院が、「教育問題」については四一パーセント（三五人）の寺院が、「夫婦間の問題」については四〇パーセント（三四人）の寺院が、「結婚問題」については三七パーセント（三二人）の寺院が相談を受けたことがあるということでした。このように家族についての相談ごとは非常に多いことがわかります。具体的には『夫が家を出て別居（して）、嫁の方が家に残る』『妻が親と不仲となりアパートに暮す』『離婚の手続き』『親子関係、子供の暴力』などがありました。このことから、嫁姑の問題といったこれまでよくいわれてきた家族の問題と共に、現代社会におけるＤＶ（ドメスティック・バイオレンス）や核家族の問題などについて相談を受けていることが考えられます。

「老人問題」については三五パーセント（三〇人）の寺院が相談を受けたことがあるという回答でした。具体的には『独居老人孤独の不安』『認知症の妻（夫）と暮らす高齢の夫妻の悩み』『老後、施設に入るための不安』などがありました。現代の日本における高齢社会という現状は重要な問題の一つです。独居孤独老人や認知症、特別養護老人ホームなど、現代における高齢者の環境は多様です。それらに対する僧侶の取り組みについての共有や研究発表、学習の機会が必要になるかもしれません。少なくとも、今後も寺院僧侶がこのような相談を受けることは必然的に増えていくものと考えられます。

「経済上の問題」については三三パーセント（二八人）の寺院が相談を受けたことがあるという回答でした。具体的には、『金銭を貸して欲しい（食べ物を分けて欲しい）』『サラ金問題』などがありました。前者の、金銭を貸して欲しいなどは、寺院に時折みられる相談です。この場合、金銭ではなく食べ物ならば渡すというような対処もあると、当研究グループのメンバーからの意見もありました。また、後者の借金などの問題は、非常に解決が難しい問題になることも考えられます。このような場合は、後述する専門家や法律関係機関との協力も必要になってくることが考えられます。

「就職や仕事上の問題」については三一パーセント（二七人）の寺院が相談を受けたことがあるという回答でした。具体的には『子供の就職問題』などがありました。就職や仕事についての相談を受けるというのは、紹介の依頼という面や、仕事についてのアドバイスを求めるといったことも含まれると考えられます。寺院は日常における相談の場の一つとなっており、場合によっては具体的に仕事の仲介をすることが求められることもあります。

また、この表には記載されていませんが、自由に書いてもらったアンケートの中には、『子供の不登校』『アルコール依存症、うつ病』といった、心理的な悩みと関連する相談についての記載も多くありました。本来はカウンセリングルームや精神科で関わるべき相談内容ですが、これらの一部についても寺院に対して求められていることがわかります。

(2) 相談についての他機関との連携について

次に、これらの相談ごとについて、特に対応に困った場合にはどうしているのか、他の連携機関との協力についての結果を述べます。

相談を受けて対処に困ったときに、他機関と連携をとった人は全体の三一パーセント（二七人）でした。表2に連携したことのある各機関についてまとめました。最も多いのが、法律事務所で一六パーセント（一四人）、次いで医療関係が一三パーセント（一一人）、地方自治体組織が八パーセント（七人）、教育相談やカウンセリング機関が六パーセント（五人）でした。他にも、法務局、いのちの電話、税理士、教育機関、自立支援の会などがありました。公的機関のみならず、民間組織や各分野における資格を有する専門家などと幅広く連携がとられていることがわかります。それぞれの項目を以下にみていきます。

表2　連携した機関の種類について
（複数回答・自由記述・27人回答）

項　　目	%（人数）
1　法律事務所	16%（14）
2　医療機関	13%（11）
3　地方自治体組織	8%（7）
4　教育相談・カウンセリング機関	6%（5）
5　法務局	5%（4）
6　いのちの電話	2%（2）
7　税理士	1%（1）
8　教育機関	1%（1）
9　自立支援の会	1%（1）
10　拘置所	1%（1）

※表中のパーセントは全体86人中の数値

寺院での相談活動において、最も連携している機関は法律事務所で一六パーセント（一四人）ありました。具体的には、『弁護士を紹介した』『法テラスの番号を伝える』などの回答がありました。このことは寺院相談において、法律的知識を必要とするものが多いこと、また法律という分野の専門性の高さがうかがえます。法テラスは、相談者や相談を受けた寺院関係者が「現在抱えている問題が、法律的な問題なのかわからない」という段階にあっても適切な判断をしてくれるので、全く知識がない者も気軽に尋ねることができます（本論末尾の資料参照）。

次に連携している機関は医療機関で、一三パーセント（一一人）でした。具体的には、『精神科医を紹介した』といった対応や、『精神医療センター』『こころの健康センター』との連携がありました。回答のうち半数は精神科関係との連携であり、他は『医師』という回答でした。このことから、寺院に医療関係と連携した方が望ましい精神的な問題が持ち込まれていることがわかります。

回答の中には、専門家との協力が必要な悩みが寺院に持ち込まれたとき、個人的なつながりを活用して連携したという例がありました。しかし、寺院関係者が精神科に関わった経験がなく、また近隣に適した医院がない場合は、地域の精神保健福祉センターなど公共の福祉・医療機関と連携することができます。それらには専門家が常駐する相談窓口を設けているところが多くあります（本論末尾の資料参照）。

「地方自治体組織」と連携している寺院は、八パーセント（七人）でした。具体的には、『民生委員』『役場』『社会福祉協議会』などがあがっています。表1であがった項目の中、仏事・教義等に関する相談を除いて最も上位に位置するのが、「近所づきあい・町内の問題」でした。そうした場合、その地域の事情に通じている地方自治体に属するボランティアや民生委員などが、連携し力になっていることが推察できます。

「教育相談・カウンセリング機関」と連携している寺院は、六パーセント（五人）でした。具体的には、『教育相談所』『発達相談所』『子育てサポートＳＯＳ』などの機関があがりました。このような機関があがるということは、その相談者は幼児から十代の子を持つ子育て世代であると想像できます。ここから、一般的に寺院に集う機会が多いと考えられる壮年者・高齢者だけでなく、実は比較的若い世代からも寺院に対するニーズがあることがうかがえます。

以上より、寺院関係者が相談を受けて対処に困ったとき、民間の機関（法律事務所、医療関係など）と連携をとる場合と、より公的な機関（法テラス、地域の医療センター、地方自治体組織など）と連携をとる場合があることがわかります。もちろん、寺院関係者の側に、法律関係・医療関係のネットワークがあれば紹介することにも困りませんが、そのような個人的なネットワークがない場合、まずは公的な機関の無料の相談窓口やボランティアを利用できることを把握しておけば、相談を持ちかけられ対応に困ったときにも、円滑に連携できるのではないでしょうか。

「相談を受けて、対処に困ったことはありますか」という質問に対する回答では、『財産問題について専門知識が無く困った』『専門的知識がなく、対応しづらい』『法律的な知識がない』『聞くだけで答える事ができない（専門外）』『専門的な問題になると対応できない』といった自由記述が複数みられました。いわば「宗教の専門家」である僧侶・寺院関係者には、一般社会からの多種多様な悩みに応えるのに限界があるのは当然です。それを受けて僧侶・寺院関係者の一部は、日頃から各方面とのネットワークをつくって対応することを目指しているようです。

また、中には、「相談したいが、相談できるような専門の機関が、半径五〇キロ以内にはない」という回答がありました。山間部などに位置する寺院、また、その近隣に住む門信徒にとっては、頼ることができる機関が近辺にないということは、非常に深刻な問題になります。相談の内容・分野にもよりますが、電話相談の窓口・訪問のサービスなどの充実の必要性がうかがえます。さらには、インターネットによるE-Mailやブログなどを利用した相談活動の展開の可能性も今後期待されるでしょう。

⑶相談者へのサポート体制について

次に、アンケートでは住職や坊守や僧侶らに、自らの悩みを相談する相手や場所はあるか否かを質問しました。

答えは七三パーセント（六二人）が相談する相手があると答え、二三パーセント（二〇人）が相談する相手がない、残り三パーセント（三人）が無回答、一人のみ「相談しようとは思わない」との回答でした。相談する相手があるという回答七三パーセントのこの結果を多いとみるか、少ないとみるかは容易に判断しかねますが、少なくとも約四分の三の寺院関係者は自らの悩みを打ち明けられる何らかのつながりを寺院の内外に持っているということは判明しました。

そこで次に、相談する相手や場所があると答えた七三パーセントの寺院関係者は、どのような立場の人に相談したのかを質問して、その結果を一覧表にしたものが表3です。

寺院関係（僧侶、坊守、同僚、総代、教務所）、家族関係（配偶者、家族、親、兄弟、子ども）、友人関係（友人、先輩）、専門家（専門家、教育機関、弁護士、医師）、その他とグループに分けて考えると、寺院関係が四七パーセント

表3　どのような立場の人に相談したか（複数回答・自由記述・62人回答）

項　目	%（人数）
僧侶	23%（24）
坊守	7%（7）
同僚	7%（7）
総代	7%（7）
教務所	3%（3）
小計（寺院関係）	47%（48）
友人	15%（15）
先輩	8%（8）
小計（友人関係）	23%（23）
配偶者	8%（8）
家族	7%（7）
親	2%（3）
兄弟	1%（1）
子ども	1%（1）
小計（家族）	19%（20）
専門家	3%（3）
教育機関	3%（3）
弁護士	2%（2）
医師	1%（1）
小計（専門家など）	9%（9）
その他	1%（1）
合計	99%（101）

※パーセントは62人の複数回答中の割合

（四八人）、友人関係が二三パーセント（二三人）、家族関係が一九パーセント（二〇人）、専門家が九パーセント（九人）、その他が一パーセント（一人）という結果でした。ただし、この回答は複数回答であり、また家族という回答であっても親や子どもが僧侶である場合や、友人という回答の中には僧侶である友人や先輩僧侶も含まれることなどから、実際には非常に複雑です。しかしそうしたことを踏まえた上でも明らかなのは、専門家よりも友人関係や家族という回答が格段に多いことです。これは住職や坊守や僧侶は、悩みの相談相手として、専門家よりもごく身近な存在を助けとしていると思われます。

また、「自分自身の悩みについて、本当はこのような人に相談したいと思われているひとはおられますか」という質問には、「相談したい人がいる」という回答が二〇パーセント（一七人）であり、「相談したい人はいない」という回答が六一パーセント（五三人）であることからも、半数以上の住職や坊守や僧侶は、現状の相談相手で満足しているという結果でした。

しかし一方、二〇パーセント（一七人）ではありますが「悩みについて相談したいと思う人がいる」と回答した住職や坊守もいました。「悩みについて相談したい」という対象は、『専門家』が八パーセント（七人）、『医者』が二パーセント（二人）、『カウンセラー』が二パーセント（二人）、『何らかの機関に』が一パーセント（一人）、その他が二パーセント（二人）でした。また、同業者である『僧侶』は三パーセント（三人）という結果でした（表4参照）。

表4　相談したいと思う人の内訳
（単一回答・自由記述・17人回答）

項　　目	%（人数）
専門家	8%（7）
僧侶	3%（3）
医者	2%（2）
カウンセラー	2%（2）
機関	1%（1）
その他 （思いが反映できる人など）	2%（2）

※表中のパーセントは全体86人中の数値

このことは、今回調査したうちの二割の寺院は、自身の寺院活動に対する不安感や危機感を感じており、相談の相手に外部の専門家の存在を求めているといえます。しかし、この専門家とはどのような知識や経験を持つ専門家を指しているのか、また何らかの機関とはどのような専門機関なのかについては、今後の調査が必要です。

(4)相談活動を行うために今後必要な研修

最後に、寺院関係者が今後よりよい相談活動を行うために必要な研修について考えてみましょう。

相談活動を行うための教育プログラムがあれば参加するかを聞いたところ、五七パーセント(四九人)が「参加する」と答え、三六パーセント(三一人)が「参加しない」と答えました。無回答は七パーセント(六人)でした。半数以上の寺院関係者がプログラムへの参加を希望し、現代社会の様々な悩みに前向きに対応していきたいという思いがうかがえます。この「参加する」と答えた四九人のうち、四五人から具体的な内容について回答を得ました。どのような教育プログラムがあればよいか、自由に記載してもらったところ、「カウンセリング研修」が最も多く一七パーセント(一五人)であり、他にもカウンセリングに関するものとして、「傾聴《けいちょう》プログラム」が五パーセント(四人)、カウンセリングの現状や具体例などをあげた「事例についての研修」を希望する人は五パーセント(四人)、「自死について」が二パーセント(二人)、「感受性訓練」が一パーセント(一人)であり、カウンセリングに関する研修を受けてみたいという希望がありました(表5参照)。

最も多かった「カウンセリング研修」における具体的な内容としては、『基本的な相談活動の留意点』や『ノウハウを講義してもらう』や『相談導入テクニック』などがみられました。その理由として、的確なアドバイスをすることや、相談活動をしていく中での発言や振る舞いに気をつけたいという前向きな姿勢が見受けられます。

「傾聴プログラム」を希望する人の具体的な内容としては、『聞く姿勢を養いたい』や『聞くことについての訓練プログラム』などの希望がありました。このことは寺院関係者は、いつも相手に対して喋ってばかりですが、「聴く」ことの重要性を認識してきており、傾聴の基本的な姿勢を一から学びたいということがわかります。

「事例についての研修」を希望する人は五パーセント（四人）、「自死について」研修を受けたい人は四パーセント（二人）ではありますが、より実践的な内容の研修を受けたいという意見がありました。またこのように回答した人は『自殺願望のある人への対応に困った』ということや、『不登校についての応答に困る』などという経験から、事例についての研修を希望しているのではないでしょうか。

「感受性訓練」を希望する人は一パーセント（一人）でした。具体的な内容としては、『答えが出ない場合は悲しむしかない』ので、そのため『感情の共有をしたい』という意見がありました。

表5　回答者の参加したいプログラム
（単一回答・自由記述・45人回答）

項　　目	%（人数）
カウンセリング研修★	17%（15）
傾聴プログラム★	5%（4）
事例についての研修★	5%（4）
短時間での研修	3%（3）
体制作り	3%（3）
自死について★	2%（2）
地方にも研修	2%（2）
情報提供	2%（2）
感受性訓練★	1%（1）
人材育成	1%（1）
その他	9%（8）
合計	52%

※カウンセリングに関するものに★を記した
※表中のパーセントは全体86人中の数値

以上は、カウンセリングに関する研修プログラムの具体的な内容です。

一方で、「短時間での研修」や「地方にも研修を」といったような、研修期間や開催場所に関することなどの希望もありました。「短時間での研修」を希望する人は三パーセント（三人）でした。この回答者たちの中には、『法務の都合上時間がないので』という意見を述べる人もいました。

また「体制作り」が三パーセント（三人）、「地方にも研修」を希望する人が二パーセント（二人）、「情報提供」を希望する人が二パーセント（二人）、「人材育成」を希望する人が一パーセント（一人）でした。このように回答した人たちは、都市部だけでなく地方にも研修プログラムを求め、各機関との連携・体制作りを望み、教団や大学での専門家の人材育成を希望していました。このことに対して、今後、インターネットや通信教育などを利用した人材育成や情報提供が望まれます。

「その他」は九パーセント（八人）ですが、内訳としては、『法律の研修』や『他宗派や信教にとらわれない研修』などの要望があります。このように回答した人たちの中には、『法律の知識がなく答えることができなかった』という意見や、『他宗派の教義について聞かれて困る』などと述べている人もいました。このように寺院関係者に求められていることは、法律や他宗派についてなど様々であり、そのための研修を要望していることがわかりました。

現在、浄土真宗本願寺派が行っている研修や、龍谷大学が行っている研修プログラムには、ビハーラ研修会や仏教カウンセリング講座などがあります。このことについては、本論末尾に掲げた資料を参考にしてください。

3　アンケートの結果から見えてきたこと

(1)僧侶から相談者への支援について

このアンケートによって、寺院には様々な内容の相談ごとが持ち込まれていることがわかりました。その相談内容は、「葬儀・法要・墓」や「近所づきあい・町内の問題」「経済上の問題」など多岐にわたり、また、それらが複雑に絡まったものもあります。これらから僧侶に求められるのは、宗教的な問題に加えて、人間関係についての問題、法律関係についての問題など様々な問題に対する支援であることがわかります。

これらの相談に対して僧侶は、教義を拠り所とした対応、もしくは僧侶個人の能力による対応に頼ってきたように思われます。このことは仏教について専門的に学んできた僧侶にとっては当然のことではありますし、場合によってはそれで解決することもあります。しかしながら、『人間関係においては答えが一つではないので対処に困る』といったように、対応が難しい場合もあり、『聞くことしかできない』などと、悩んでいる回答もありました。

この問題を解決するために、本アンケートにあったような様々な研修プログラムも有効と考えられます。例えば、「カウンセリング研修」や、「事例についての研修」、『法律の研修』などの要望がありました。これらを受けることにより、僧侶が相談ごとについてより適切な対応をとれる可能性があると考えられます。

また、研修プログラムの希望にはカウンセリングに関係する回答が多くありました。このことは、僧侶が相談活動を行う上でカウンセリングについて興味を示していることを表しています。

僧侶と相談者との相談活動をより円滑にするためには、両者の信頼関係の構築が必要です。そのために、日頃の会話においても、カウンセリングのように共感的なコミュニケーションが求められ、そこでは相談者の側に立った理解の姿勢が要求されるでしょう。このことにより、相談者は心を開き、悩みも打ち明けやすくなります。

(2) 寺院相談活動における法律・医療・福祉機関との連携の必要性

寺院に持ち込まれた相談に対して最適な助言・援助を行うためには、専門機関との連携は欠かせません。そのためには、寺院に持ち込まれる相談の内容の把握、日頃の専門機関との関係の構築、情報の収集、相談者と専門機関への介入の度合いの見極めが必要であると考えられます。

寺院相談における専門機関との連携率の低さの問題は、他機関と連携をとった人が全体の三一パーセント（二七人）にとどまることから明らかです。また、「相談を受けて、対処に困ったことはありますか」という質問に対する、『財産問題について専門知識が無く困った』『専門的知識がなく、対応しづらい』『法律的な知識がない』『聞くだけで答える事ができない（専門外）』『専門的な問題になると対応できない』という回答から、連携することで、よりよい解決ができる可能性がうかがえます。

寺院関係者が連携をとった機関の中では、『法律事務所』『弁護士を紹介した』『法テラスの番号を伝える』等、法律関係の専門機関や、『精神科医を紹介した』『門徒の精神科医院』『精神医療センター』等、精神科の病院が多くあることから、寺院関係者が相談を受けて対処に困る相談は、特に法律関係や、こころの病などといった専門性の高い分野の問題が多いということもわかりました。

以上のことから、今後、専門機関との連携を考えることが、よりよい相談活動になる可能性があると考えられます。その中では、特に、法律関係や精神科などの心理関係機関との連携が必要になってくると思われます。

次に、よりミクロな視点でそれぞれの寺院における専門機関との連携について考えてみたいと思います。

寺院関係者にはそれぞれ個性があり、関心のある分野も人脈もそれぞれです。精神的な側面に関心のある寺院関係者もいれば、法律的知識、また社会経済に明るい寺院関係者も存在します。あらゆる分野の知識を備えて、いかなる問題にも答えられるようにすることは不可能ですが、寺院関係者自身の得意分野であれば積極的に専門機関を紹介することができます。また、得意でない分野についての相談であっても、例えば知人からのアドバイスやクチコミ、メディアを通して優良な機関の情報を集めるなど、相談が持ち込まれたときのために備えることもできます。

経済的な問題・教育の問題・福祉の問題など、社会にみられる様々な問題、またそれらの解決方法に関して常にアンテナを張り巡らせておけば、実際に寺院に相談が持ち込まれた際も、専門機関との間で円滑に連携をとることができるのではないでしょうか。

次は、連携の度合いについてですが、連携といっても、専門機関を紹介する（電話番号や所在地を教える、どのような援助を受けられるかを案内するなど）、相談者と専門機関・専門家（医師、弁護士など）の間で仲介をし、問題解決に深く関わっていくなど、様々なレベルがあることでしょう。

寺院関係者が相談者と専門機関に介入したり、相談の経過を尋ねたりすることについて、相談者から承諾を得られ、また寺院関係者の側にもより深い援助を行う心構えがあれば、後者のごとく仲介役をすることもできるでしょう。また、寺院関係者の側に全く知識がない、また様々な理由（時間的余裕がないなど）で相談者に付き添ったり専門機関と密な連携をとったりすることができない場合でも、少なくとも前者のごとく専門機関の紹介はできるはずです。

このことを相談者の側から解釈すると、専門機関を紹介されたのち、寺院関係者にもその問題解決に関わってほしいという場合と、プライバシーの観点から、専門機関と相談者本人の間のみで問題解決に取り組みたいという場合もあるでしょう。このように寺院関係者は、相談者の希望する相談形態を尊重することも大切です。

また、専門機関を紹介するといっても、手当たり次第に紹介すればよいとはいえません。例えば、相談者が高齢な場合には、近隣の機関でなければ相談に訪れにくいでしょうし、相談の内容が地域の人々に知られたくないデリケートな種類のものであれば、近隣の機関よりは少し離れた地域の機関の方が訪ねやすいということがあるでしょう。より円滑な問題解決のため、相談者の生活条件や背景、心情に合わせて専門機関を紹介・連携することができれば、より質の高い相談活動ができます。

法律関係やこころの病の相談ごとの解決には専門的な知識が必要で、日頃から法律相談を行っている法律事務所、法テラスなどの番号を書きとめておいたり、近隣の精神科や初めてでも受診しやすい精神科を把握しておいたりするなどの備えが必要であると考えられます。

いわば「宗教の専門家」である僧侶・寺院関係者は、法律関係者や医師といった専門職やその機関などに従事していなくとも、それらの専門職や専門機関との橋渡しをすることは可能でしょう。

(3) 僧侶へのサポートについて

僧侶が相談相手とする関係者は寺院関係者、友人、家族の順でした。ここから僧侶のサポートは、寺院関係者をはじめとする、いわゆる「身内」が担っていることがわかりました。ところが、自分自身の悩みについて、「本当はこのような人に相談したいと思われているひとはおられますか」という質問では「いる」という答えの中で、最も多いのが『専門家』で八パーセント（七人）、続いて『医者』が二パーセント（二人）、『カウンセラー』が二パーセント（二人）であり、同業者である僧侶は三パーセント（三人）でした。このことは、僧侶にとって専門家を中心としたサポート体制の必要性が、今後の課題であることをあらわす回答と受け取ることができます。相談活動の体制作りは、問題を解決に導くアドバイスを得るための機関としての面は無論のこと、また一個人としての僧侶の心理的な面を支える側面においても、これからの寺院相談活動にとって必要なことです。

また、前述したように、寺院関係者が相談活動のために受けたい教育プログラムの内容は、カウンセリングや傾聴プログラムが約半数でした。これは寺院に持ち込まれる相談内容が、寺院関係者だからこそ打ち明けられる心の悩みが多いことを示し、それに対してどうしたらよいのかを苦慮している寺院関係者の姿が浮かび上がります。僧侶にとって教育プログラムを受けることは、正解のない心の問題に対してどのような聞き方をしていけばよいのか、どのように言葉かけをすればよいのかなどの参考手段として有効であるでしょう。こうした教育プログラムの意義は僧侶が相談活動をする上での不安やストレスの軽減になり、さらなる連携の可能性やサポート体制の強化につながるものであるといえましょう。

⑷それぞれの寺院の相談活動の限界と連携について

寺院相談活動において、僧侶が研修会などで学びを深めながら相談を行いつつ、他機関との連携をすることの意義について述べました。また僧侶自身のサポートのためにも、現状の家族や寺院関係者によるサポートと、専門家などによるサポートも今後必要であることがわかります。

寺院が相談活動を行うためには、それぞれの寺院がそれぞれの形の相談活動を設定し、行う必要があると考えられます。結果にみられるように、寺院に持ってこられる相談内容は宗教、人間関係、法律、心の問題、家族関係、経済についてなど、多岐にわたっています。これらの相談について僧侶は、専門職としてというよりもむしろ、それぞれの能力によって相談活動を行ってきたのではないでしょうか。そのため、場合によっては、僧侶のオーバーワークによる燃え尽きや、逆に援助しようという気持ちはあるが、それが有効な援助にならないことも起こっていたと考えられます。僧侶がより有効な援助をするためには、自身が今どこまで相談に乗れるのか、どのように連携を考えているのか、ということを明確にし、寺院相談活動の限界を設定する必要があります。限界を設定することによって、逆に相談活動がより明確になりスムーズな援助になると考えられます。

例えば、僧侶が相談活動を行う際に、「宗教的な問題」以外の「法律問題」や「心の問題」などについての相談である場合は、それについてこのまま相談に乗っていいのか、紹介した方がいいのか、ということを判断する必要があるのではないでしょうか。この判断をするための基準、つまり自身の寺院の相談活動の限界の設定を事前にしておかねばならないでしょう。それを事前にしていなければ、例えば法律相談について中途半端に乗ってしまった場合、紹介することも難しくなるし、無責任にもなりかねません。心の問題においても、適切な援助にならない場合が考えられます。つまり、寺院によって、どこのラインまで寺院で相談に乗り、一方ではどこと連携するかを考えることも必要ではないでしょうか。

次に、時間と場所の設定もしておく必要があると考えられます。現状においては、寺院が相談活動を行うのは、様々な場面でみられています。寺院の近所での世間話から、年忌法要においてなど、様々です。このような会話も重要ですが、大事な相談においては、時間を区切って相談に乗ることが僧侶にも相談者にも大切であると考えます。例えば五十分と決めて話し合い、その時間内に終わるようにするなどです。そうしなければ、場合によっては、僧侶自身が燃え尽きたり、オーバーワークに陥ることがあります。あるケースでは、僧侶が毎晩呼び出されて、相談に乗らないといけなくなってしまっている、ということもあるようでした。また、そのようにして僧侶自身が守られることによって、相談者にとっても安心できる相談になります。時間帯の設定と、場所の設定をすることが僧侶を守ることになり、そのことによって適切な援助ができると考えられます。

このように、相談活動を行う僧侶が、自分ができる相談活動はどこまでなのか、という限界を設定することは大切と考えられます。そうすれば、他の機関との連携が必要であることがわかります。さらに、高度な相談活動を展開したいのであれば、法律や心の問題の学習会などへ参加し、継続して自身の専門性を高める必要があるでしょう。

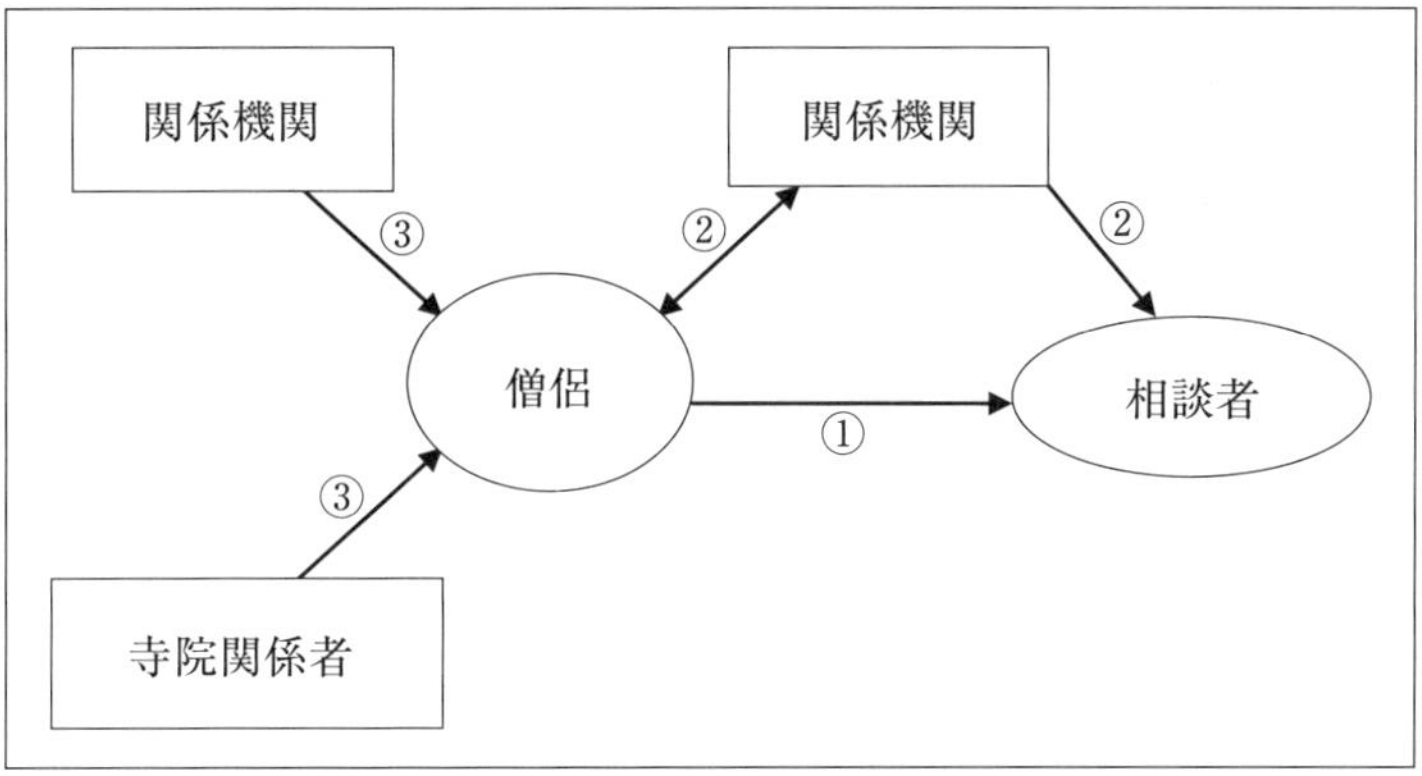

図2　僧侶の相談活動の全体像

特に今後、本格的に相談活動を行う寺院があるならば、僧侶へのスーパーバイザーも必要になるかもしれません。また、他の機関との連携においては、紹介するだけではなく、協力しながら関わることも今後可能になるかもしれません。これらを展開するためには、僧侶のサポート体制を整える必要もあり、専門家との相談や研修会への参加が同時に必要になってくると考えられます。

これらの相談体制は、図2のようにあらわすことができます。図2の①は僧侶から相談者への相談活動を示しています。②が相談者への援助のための連携を示しており、関係機関が相談者を支援し、可能ならば僧侶が関係機関と連携します。そして、③は僧侶へのサポート体制であり、これまでのように寺院関係者がサポートすることに加えて、専門家などの関係機関や研修会などによって僧侶を支える必要があると考えられます。

以上、寺院の相談活動についての限界の設定と連携、僧侶のサポート体制について、アンケートの結果から言えることについて述べました。僧侶が受けられる相談と受けられない相談を把握し、他の機関との連携を築き、自身のサポート体制も整えることで、今後より高度な寺院相談活動が展開できる可能性があると考えられます。

【資　料】

1　連携機関について

(1) 法律関係

〈弁護士会〉

弁護士会等は、市民の司法アクセスを容易にするため、全国各地に法律相談センターを設置しています。また日本司法支援センターは、全国各地に地方事務所、支部・出張所、地域事務所を設置しています。これと併せて、日本弁護士連合会（日弁連）は弁護士過疎地域に公設事務所を設置して、市民のニーズに応える努力をしています。

日本弁護士連合会
〒一〇〇―〇〇一三　東京都千代田区霞が関一―一―三
弁護士会館
電話　〇三―三五八〇―九八四一
URL http://www.nichibenren.or.jp/

〈法テラス〉

日本法律支援センター（愛称「法テラス」。以下「法テラス」という）は、民事、刑事を問わず、全国において、裁判その他の法による紛争の解決のための制度の利用をより容易にし、弁護士等の法的なサービスをより身近に受けられるようにするため、総合法律支援法に基づいて、二〇〇六年四月二日に独立行政法人の枠組みに従って設立された法人です。法的な悩み（法的なものかわからないという悩みも含めて）を、受け付けています。

本部は東京都に置かれ、各都道府県の県庁所在地（北海道は札幌のほか、函館、釧路、旭川）に地方事務所が置かれているほか、弁護士過疎地域などに拠点事務所を設けて、市民へ向け様々なサービスを提供しています。

法テラスは次の業務を行っています。

(1) 情報提供

紛争解決に役に立つ法制度の紹介や、法律サービスを提供する機関に関する情報の提供。

(2) 民事法律扶助

資力の乏しい市民に裁判代理援助費用や書類作成費用の立て替え、弁護士等の紹介。

(3) 国選弁護等関連

刑事裁判（被告人と重大な事件の被疑者）で、資力が乏しいため弁護人を依頼できない市民について、各地の裁判所の要請に応じて国選弁護人の候補たる弁護士を通知し、国選弁護人を確保するなどの業務（重大な事件で裁判所が適切と認めた場合の犯罪少年について、各地の家庭裁判所の要請に応じて国選付添人の候補たる弁護士を通知する業務も含まれます）。

(4) 司法過疎対策

弁護士がいない地域等において、法テラスに勤務するスタッフ弁護士が法律サービスを提供する業務。

(5)犯罪被害者支援

犯罪の被害に遭った市民やその家族に対し、損害・苦痛の回復・軽減を図るための制度に関する情報提供、犯罪被害者支援に精通した弁護士や支援団体等の紹介。

(6)委託援助業務

日弁連が事業主体となって行っている国選弁護の対象からはずれる刑事被疑者弁護の援助や少年付添人の援助などの業務。二〇〇七年十月から法テラスに委託されています。

コールセンター（問い合わせ）電話　〇五七〇－〇七八三七四

犯罪被害者支援ダイヤル　電話　〇五七〇－〇七九七一四

法テラス　URL http://www.houterasu.or.jp/

（日本弁護士連合会編著『弁護士白書』二〇〇八年版、二八六、三三七頁）

(2)行政関係

〈民生委員〉

民生委員法に基づき、各市町村の区域に置かれる民間奉仕者です。都道府県知事の推薦により厚生労働大臣が委嘱し、任期は三年とされています。職務は、①住民の生活状況を適切に把握すること、②援助を必要とする者が地域で自立した日常を営むことができるよう相談・助言・その他の援助を行うこと、④社会福祉事業者等と密接に連携し、その事業又は活動を支援すること、⑤社会福祉事務所その他の関係行政機関の業務に協力すること、が規定されています。なお、民生委員は児童福祉法による児童委員を兼務します（民生委員法一条・一〇条・一四条、児童福祉法一二条）。

（中央法規出版編集部『介護福祉用語辞典（四訂）』中央法規出版、二〇〇七年、三四六頁）

〈児童委員〉

都道府県知事の指揮監督を受け、市町村の担当地区において児童及び妊産婦の生活及び環境の状況を適切に把握し、その保護、保険その他福祉につき援助及び指導を行うこととともに、児童福祉司又は福祉事務所の社会福祉主事の職務に協力する民間奉仕家です。民生委員がこれに充てられ、任期は三年。その活動の内容は、①地域の実情の把握に努め、記録しておくこと、②問題を抱える児童、母子家庭等に対する相談・支援、③児童の健全育成のための地域活動の促進、④児童虐待防止への取り組み、⑤保護の必要な児童、母子家庭等を発見した場合の関係機関への連絡通報、などがあります（児童福祉法一六条、民生委員法一〇条）。

（中央法規出版編集部『介護福祉用語辞典（四訂）』中央法規出版、二〇〇七年、一四一頁）

⑶福祉関係

〈社会福祉協議会〉

社会福祉協議会は、一定の地域において、社会福祉を目的とする事業を経営する方、社会福祉に関する活動を行う方、社会福祉事業または更生保護事業を経営する方々の参加を得て、地域福祉の推進を図ることを目的とした民間の団体であり、今後の地域福祉の推進において中心的な役割を果たすことが期待されています。

社会福祉協議会は、中央に全国社会福祉協議会が、都道府県に都道府県社会福祉協議会が、また、市町村には市町村社会福祉協議会が結成されており、その結成率は百パーセントとなっています。

現在、社会福祉協議会を通じて地域における社会福祉に関する活動が活発に進められていますが、その具体的内容は、それぞれの地域の実情に応じたものとなっており多岐にわたっています。

その中で、多くの社会福祉協議会が取り組んでいる事業や活動としては、①ボランティア活動に関する支援、ボランティアの普及活動、②ふれあいサロンやいきいきサロン等、住民のつながりの場の提供、③近隣住民の訪問活動などによる小地域での見守りネットワークづくり、④民間福祉サービスの推進に向けた地域福祉活動計画の策定、⑤ホームヘルプサービスやデイサービスの運営等、介護保険サービスによる生活の支援、⑥食事サービスや入浴サービスの実施等、高齢者への生活支援サービス、⑦ホームヘルプ等、障害者への生活支援サービス、⑧母子家庭組織への支援、子供会・クラブの組織化等、児童への生活支援サービス、⑨生活福祉資金の貸付や各種相談活動の実施、などがあります。

⑴市区町村社会福祉協議会

市町村社会福祉協議会は社会福祉協議会の基礎的組織であり、この活動の裏づけとなる組織体制も年々整備されてきています。

市区町村社会福祉協議会が行う事業としては、社会福祉を目的とする企画および実施、社会福祉に関する活動への住民の参加のための援助、社会福祉を目的とする事業に関する調査、普及、宣伝、連絡、調整および助成などがあります。

⑵都道府県および全国社会福祉協議会

都道府県の社会福祉協議会は都道府県の市町村社会福祉協議会や社会福祉施設・団体などを加えて組織されたものです。都道府県社会福祉協議会が行う事業は、社会福祉を目的とする事業に従事する者の要請および研修、社会福祉を目的とする事業の経営に関する指導および助言、市町村社会福祉協議会の相互の連絡および事業の調整など、多岐にわたっています。

また、都道府県・指定都市社会福祉協議会を実施主体として、認知症高齢者、知的障害者、精神障害者等、判断能力が不十分な人々が、できる限り地域で自立した生活を継続し、安心して生活を送れるよう、福祉サービスの利用援助や日常的金銭管理等を行う「日常生活自立支援事業」を平成十一年十月より実施しています。

なお、事業実施にあたっては、市区町村社会福祉協議会のほか、当事者団体等に委託できることとしています。各地の社会福祉協議会　http://www.syakyo.or.jp/links/index.html

（社会福祉の動向編集委員会編『社会福祉の動向　二〇〇九』中央法規出版、二〇〇九年、五三―五五頁）

〈精神保健福祉センター〉

精神保健福祉法に関する総合的情報・技術センターであり、都道府県、指定都市が設置しています。地域精神保健活動の中核として、精神保健福祉に関する知識の普及を図り、調査・研究、そして複雑・困難な事例についての相談・指導を主な業務としています。二〇〇二年四月からは、精神医療審査会の審査や通院医療費公費負担制度の判定に関する業務、精神障害者保健福祉手帳交付の判定も行うことになりました。

同センターにおいては、①精神保健および精神障害者の福祉に関する知識の普及、調査研究、②精神保健および精神障害者の福祉に関する相談・指導のうち複雑または困難なものを行うこと、③精神医療審査会の事務を行うこと、④精神障害者福祉手帳の申請および障害者自立支援法に規定する自立支援医療費の支給認定（精神障害者に関わるものに限る）に関する事務のうち専門的な知識および技術を必要とするものを行うこと、⑤障害者自立支援法による介護給付費等の支給の要否決定等に際し、市町村に意見を述べること、⑥障害者自立支援法による介護給付費等の支給決定等に際し、市町村に対して技術的事項の協力、その他の必要な援助をすることがその業務として定められています。

（社会福祉の動向編集委員会編『社会福祉の動向　二〇〇九』中央法規出版、二〇〇九年、一九八―一九九頁／『現代社会福祉辞典』有斐閣、二〇〇三年、二八二頁）

⑷ 教育関係

〈児童相談所〉

児童相談所は、市町村と適切な役割分担・連携を図りつつ、子どもに関する家庭その他からの相談に応じ、子どもが有する問題または子どもの真のニーズ、子どもの置かれた環境の状況等を的確にとらえ、個々の子どもや家庭等に最も効果的な援助を行い、それによって子どもの福祉を図るとともにその権利を擁護することを主たる目的としています。児童福祉法第一五条に基づいて、都道府県・指定都市に義務設置される行政機関です。

一般家庭から児童に関する各般の問題について相談を受け、必要に応じて専門的な調査、判定を行った上、個々の児童や保護者の指導をし、かつ、児童福祉施設等の入所措置を行うとともに、児童の一時保護を行います。児童福祉司が面接および電話相談を受けます。所員として、ソーシャルワーカーである児童福祉士、精神科医、心理判定員、保育士、児童指導員等がおり、平成二十年四月一日現在、全国で一九七か所の設置となっています。

全国児童相談所一覧表　http://www/mhlw.go.jp/bunya/kodomo/dv30/index.html

（社会福祉の動向編集委員会編『社会福祉の動向　二〇〇九』中央法規出版、二〇〇九年、一二三頁／『現代社会福祉辞典』有斐閣、二〇〇三年、一七八頁／『平成二〇年版　青少年白書』内閣府、一九四頁）

〈児童家庭支援センター〉

厚生労働省（雇用均等・児童家庭局福祉課）の所轄により、都道府県、市、社会福祉法人に設置されています。地域の児童の福祉に関する各般の問題に応じ、必要な助言を行っています。また、児童相談所からの受託による指導および関係機関等の連携連絡調整を行います。児童福祉司が面接および電話相談を受けており、設置状況は、平成二十年三月三十一日現在で六八か所となっています。

（『平成二〇年版　青少年白書』内閣府、一九四頁）

〈教育相談所〉

文部科学省（初等中等教育局児童生徒課）の所轄により、都道府県および市町村に教育委員会が管理して設置されます。機関の業務としては、教育についての調査・研究、教職員の研修、教育相談の実施等を行っています。

相談業務としては、教育・健康・家庭・非行等に関する相談に、教育関係者、医学および心理学の専門家等が面接、電話、文書等によって応じています。設置状況は、平成十四年度で都道府県・指定都市に二二七か所、市町村に一九七三か所、相談受理件数は、平成十五年度で九〇万五三〇〇件ありました。

（『平成二〇年版　青少年白書』内閣府、一九四頁）

(5) いのちの電話

「日本いのちの電話連盟」は、全国各地にあるいのちの電話の全国組織であり、日本自殺予防学会と国際自殺予防学会（ＩＡＳＰ）と連携して自殺予防のために活動しています。

北海道、東京、横浜、奈良、徳島、香川、福岡の七センター（二〇〇八年現在）でファックス相談を、東京、千葉、仙台の三センター（二〇〇九年現在）でインターネット相談を行っています。また、毎月十日には、フリーダイヤル「自殺予防いのちの電話」を開設し、電話相談を行っています。

電話　〇三‐三二六二‐六一六五（事務受付専用）
ファックス　〇三‐三五一一‐七五〇八（事務受付専用）
日本いのちの電話連盟 URL http://www.find-j.jp/
フリーダイヤル「自殺予防いのちの電話」〇一二〇‐七三八‐五五六（毎月十日八時から翌日八時　二十四時間・無料・全国共通）
（日本いのちの電話連盟編『自殺予防いのちの電話――理論と実践――』ほんの森出版、二〇〇九年）

2　研修プログラムについて

〈浄土真宗本願寺派　社会部〉

浄土真宗本願寺派の社会部では、ビハーラ活動が行われています。ビハーラとは、仏教徒が仏教・医療・福祉のチームワークによって、支援を求めている人々を孤独の中に置き去りにしないように、その心の不安に共感し、少しでもその苦痛を和らげようとする活動です。

社会部ではビハーラ活動者の養成研修会も行っています。他にも、各教区の別院でも研修を行っていることがあります。

浄土真宗本願寺派　社会部
〒六〇〇‐八三五八　京都市下京区堀川通花屋町下ル
電話　〇七五‐三七一‐五一八一（代）

〈龍谷エクステンションセンター（通称　ＲＥＣ）〉

ＲＥＣは大学の知的資源と先進的な施設・設備を広く社会に開放してより多くの人々や機関と交流し、エクステンション（普及）活動に取り組んでいます。

開講している講座の内容は、仏教・こころ、文化・歴史、文学、自然環境、親子で学ぶ、くらしと福祉、経済・経営・法律、語学、資格など多岐にわたり、現在一年間に約三八〇講座を開講しています。また、東京・大阪でも市民向けの講座「ＲＥＣコミュニティカレッジ東京・大阪」を開講しています。

龍谷大学・深草学舎
〒六一二‐八五七七　京都市伏見区深草塚本町六七
電話　〇七五‐六四二‐一一一一

子どもは死んだらどうなると思っているのか？

辻本　耐

1　はじめに

まず、筆者自身の経験からお話ししたい。長男が四歳の時であった。彼がよく遊んでもらっていた親族が亡くなったため、家族で葬儀に参列することになった。葬儀に向かう前日に、「亡くならはって、仏さんにならはったから、お別れにいこうね」と伝えたところ、納得していた様子であった。しかし、実際に葬儀に参列してみると、幼い子どもにとっては初めてのことばかりである。口にこそあまり出さなかったが、しばらくの間、本人なりにいろいろと考えていたようであった。

それから、少し日にちが過ぎた頃、突然、長男から「死んだらどうなるん？」と質問された。その問いに対して、僧籍をもつ私の立場上、「死んだら、のの様（仏様）になるんやで」と答えたのであるが、「じゃぁ、のの様はどこにいんの？」と返されてしまった。「近くかもしれへんし、遠くかもしれへんなぁ」「アメリカよりも遠いん？」「アメリカよりも遠いかもしれへんなぁ」「じゃぁ、飛行機でいくん？」「飛行機じゃぁいけへんなぁ」「ヘリコプターは？」「ヘリコプターでも無理かなぁ……」「どうやったらのの様に会えんの？」「いつでも会えるんやでぇ」、「ふうん……」といった具合に、かなり苦戦したことを覚えている。大人は、幼い子どもは死を理解できない、死に対して無関心であると思いがちであるが、こういったやりとりをしていると、我々が想像している以上に、子どもは死について関心をもち、知りたがっているのではないかと感じられた。

それでは、実際に、「死んだらどうなると思う？」と子どもたちに質問したら、どういった答えが返ってくるのであろうか。また、私のように「死んだらどうなるの？」と子どもから質問された親はどのように答えるつもりなのだろうか。本論では、言葉を覚え始め、コミュニケーションが可能となる幼い子どもを対象として、人生の初期にある彼らがどういった死後観を抱き、いつ頃から死後に関する表現を使い始めるのかを明らかにしていく。加えて、その保護者に対しても調査を行い、幼い子どもにどういった死後観を伝えようとしているのかについても検討する。これまでにも、子どもの死後観を検討した調査は存在するが、三歳児を含む幼児やその保護者を対象とした調査は少なく、日本人の死後観の発達過程を検討するうえでも本調査の結果は興味深いものと考えられる。

2　調査の概略

(1) 調査場所および調査時期

調査は、大阪府内にある二つの幼稚園（A園とB園）に協力をお願いした。調査時期は、二〇〇七年の十月から十一月にかけてA園の園児、二〇〇八年の一月にA園の保護者、二〇〇八年の十月から十一月にかけてB園の園児を対象に調査を実施した。どちらの幼稚園も浄土系の仏教寺院が運営する私立幼稚園であり、周辺の環境も古くからの住宅地と新しい住宅地が混在している点において共通している。

(2)子どもを対象とした調査の概略

子どもを対象とした調査については、園児の保護者に対して、子どもを調査に参加させてもよいかどうかの同意を求め、A園とB園とを合わせて保護者から許可のでた二九九名の園児を調査対象とした。調査に際しては、子どもが死をイメージしやすいように、人間の死をテーマにした絵本を参考に作成した紙芝居を読み聞かせた後、子ども一人ひとりに聞き取り調査を行った。具体的な質問内容は、紙芝居に登場する主人公を引用して、「死んじゃった〔主人公〕はこれからどうなるのかな?」であった。

最終的に、調査当日に欠席した子ども、調査を途中で中断した子どもなどを除き、二八〇名の子どもを分析対象とした。その内訳は、年少児クラス(三歳児クラス)が八一名(男児三四名、女児四七名、平均月齢五〇か月、範囲三歳八か月~四歳七か月)、年中児クラス(四歳児クラス)が八〇名(男児四四名、女児三六名、平均月齢六一か月、範囲四歳八か月~五歳七か月)、年長児クラス(五歳児クラス)が一一九名(男児五四名、女児六五名、平均月齢七四か月、範囲五歳八か月~六歳七か月)であった。

(3)保護者を対象とした調査の概略

保護者を対象とした調査については、A園において調査を行った子どもの保護者にアンケート調査をお願いした。一九〇名の保護者に調査票を配布し、一三四名から回答を得た(回収率七一パーセント)。主な調査内容は、自由記述形式で「お子さまから『死んだらどうなるの?』という質問を受けた場合、あなたはどのようにお答えになりますか？」であった。

最終的に、回答に不備があったものなどを除き、一一八名を分析の対象とした。その内訳は、母親一〇三名、父親一四名、その他（女性）一名、年少児の保護者四一名、年中児の保護者二五名、年長児の保護者五二名、平均年齢三十五歳であった。

3　子どもは死んだらどうなると思っているのか？

(1)子どもを対象とした調査の結果

それでは、子どもの調査結果についてみていくことにする。まず、子どもから得られた回答を整理していくと、一五の反応に分類することができた（表1）。そのなかで最も多かった反応は、「天国にいく（七四名）」であり、全体の二六パーセントであった。この反応には、「天の上（一名）」「地獄（三名）」といった回答も含めた。そして、「天国」と類似したその他の反応として、「空にいく（一〇名・四パーセント）」「星になる（七名・三パーセント）」、そして仏教園ということもあって「仏様のところにいく（三名・一パーセント）」といったものがみられた。これら四つの反応は、来世に関する表現が認められる点で共通している。

それらとは対照的に、「死んだまま（一六名・六パーセント）」「どこにもいかない（一五名・五パーセント）」「お墓にはいる（一五名・五パーセント）」「骨になる（八名・三パーセント）」「いなくなる（七名・三パーセント）」、「生き返らない（四名）」を含めた「〜できない（六名・二パーセント）」、「焼く（四名・一パーセント）」といった七つの反応が認められた。これらの反応は、死を現実的に捉えている点で共通している。

表1　子どもは死んだらどうなると思っているのか？

		全体	年少児	年中児	年長児
来世に関するもの	天国	74人（26%）	3人	18人	53人
	空	10人　（4%）	4人	2人	4人
	星	7人　（3%）	1人	0人	6人
	仏様のところ	3人　（1%）	1人	1人	1人
	合計	94人（34%）	9人	21人	64人
死を現実的に捉えているもの	死んだまま	16人　（6%）	5人	7人	4人
	どこにもいかない	15人　（5%）	6人	6人	3人
	お墓	15人　（5%）	0人	4人	11人
	骨になる	8人　（3%）	1人	0人	7人
	いなくなる	7人　（3%）	0人	3人	4人
	～できない	6人　（2%）	1人	4人	1人
	焼く	4人　（1%）	0人	3人	1人
	合計	71人（25%）	13人	27人	31人
生と死が未分化なもの	病院	56人（20%）	30人	17人	9人
	未分類	22人　（8%）	11人	5人	6人
	合計	78人（28%）	41人	22人	15人
	否定的な感情表出	3人　（1%）	1人	1人	1人
	分からない	34人（12%）	17人	9人	8人
	合計	280人	81人	80人	119人

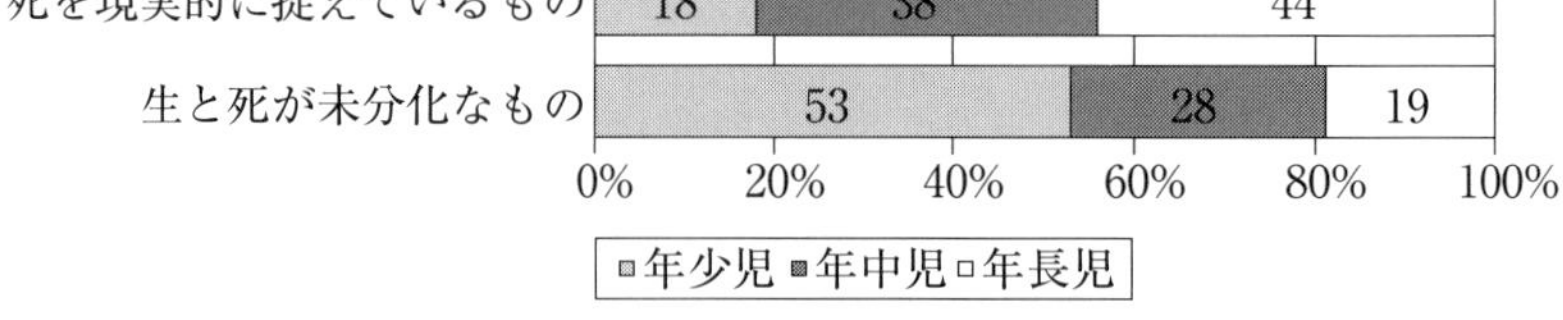

図1　子どもの死後観の発達的変化

次に、「天国」に次いで多かった反応として、「病院にいく（五六名・二〇パーセント）」という反応が認められた。この反応には、「救急車で運ばれる（四名）」「入院する（三名）」「注射をする（三名）」「手術をする（一名）」「薬を飲む（一名）」などの類似した回答も含めた。そして、この「病院」以外の人間の行動に関するもの（例えば「買い物にいく〈二名〉」「動物園にいく〈一名〉」など）、「生き返る（二名）」、内容を判別できなかったもの（例えば「三角の家にいく〈一名〉」「どこか分からないがどこかにいく〈一名〉」など）については「未分類（二二名・八パーセント）」とした。こういった回答が得られた場合には、念のために、「〈主人公〉は死んじゃったんだけど、病院にいくの？」もしくは「〈主人公〉は死んじゃったんだけど、～するの？」といったように再度確認を行ったが、回答を変更した子どもはいなかった。これら二つの反応は、人間の行動に関する表現が含まれていることから、生と死が未分化である点で共通している。

最後に、「悲しい」「嫌な気もちになる」といったように、絵本の主人公が死んだ後どうなるのかではなく、回答した子ども自身の死に対する印象を述べた「否定的な感情表出（三名・一パーセント）」と、質問に対して特定の回答を示さない「分からない（三四名・一二パーセント）」といった反応が認められた。

以上、子どもから得られた回答を一五の反応に分類し、それらのなかで共通しているものを「来世に関するもの」「死を現実的に捉えているもの」「生と死が未分化なもの」の三つにまとめることができた。

(2)子どもの死後観の特徴

全体的には、調査対象が幼い子どもであるにもかかわらず、死後に関する表現が「分からない」を除いて一四と豊富な印象を受ける。とくに、死を現実的に捉えている反応が七つと多く、反応ごとの人数は少ないものの、合計すれば七一名となり、回答が最も多かった「天国」とほぼ同じ人数となっている。今回の調査では子どもの死別経験の有無について尋ねなかったが、「お墓」「骨」「焼く」といった反応から、葬儀など死者を弔う儀式に参加した経験が反映されている可能性は否定できない。また、人との死別に限らず、家庭や幼稚園などで何らかの生き物が飼育されている場合が多いため、その生命の終わりに子どもたちが遭遇していることを考えれば、この結果は当然なのかもしれない。しかし、「天国」や「空」ではなく、こういった現実的な表現をする子どもが年少児を含めて少なからずいるという点は意外であった。

そして、「病院」と答える子どもが五六名と「天国」に次いで多かった。現在、ほとんどの日本人が在宅よりも病院において死を迎えており、その割合は八割を超えていると報告されている。そういった社会情勢を反映してか、幼い子どもが死と病院とを関連づけている点は興味深い結果である。

(3)子どもの死後観の発達的変化

次に、一五の反応のなかで共通しているものをまとめた「来世に関するもの」「死を現実的に捉えているもの」「生と死が未分化なもの」の三つについて、まとめたものごとに各学年の人数およびその割合をみると（表1および図1）、「来世に関するもの」については、年少児が九名（一〇パーセント）、年中児が二一名（二二パーセント）、年長児が六四名（六八パーセント）、「死を現実的に捉えているもの」については、年少児が一三名（一八パーセント）、年中児が二七名（三八パーセント）、年長児が三一名（四四パーセント）、「生と死が未分化なもの」については、年少児が四一名（五三パーセント）、年中児が二一名（二八パーセント）、年長児が一五名（一九パーセント）となっている。

年中児と年長児については、「来世に関するもの」と「死を現実的に捉えているもの」に占める割合が高く、「生と死が未分化なもの」についてはその割合が低くなっている。その一方で、年少児については、「来世に関するもの」と「死を現実的に捉えているもの」に占める割合が低く、「生と死が未分化なもの」ではその割合が高くなっている。これらの結果から、死後について問われるような場合に、適切に答えることができるようになるのは年中児から年長児かけてであることが分かる。そして、年長児においては、「来世に関するもの」に占める割合が約七割と高く、そのうち、「天国」という日本人にとって代表的な来世についても七四名中五三名（七二パーセント）を年長児が占めている。つまり、死後の世界という抽象的な概念を扱うようになり、そのなかでも、とくに「天国」という表現を使うようになるのは、年長児頃からであることが明らかとなった。

4　親は子どもにどのような死後観を伝えようとするのか

⑴保護者を対象とした調査の結果

それでは保護者の調査結果についてみていくことにする。子どもの調査と同様に、死後に関する質問について、保護者から得られた反応を整理していくと一一の反応に分類することができた（表2）。そのなかで最も多かった反応は、「天国にいく（三六名）」であり、全体の三一パーセントであった。その「天国」と類似した反応として「空にいく（一四名・一二パーセント）」や「星になる（一三名・一一パーセント）」、仏教園ということもあって「仏様のところにいく（六名・五パーセント）」といったものがみられた。また、「死後の世界にいく（一名）」「魂として残る（一名）」「みんなの夢のなかにいる（一名）」などの少数意見は「その他の来世（四名・三パーセント）」とした。

表2　親は子どもにどのような死後観を伝えようとするのか？

		全体	年少児の保護者	年中児の保護者	年長児の保護者
来世に関する説明	天国	36人（31%）	15人	7人	14人
	空	14人（12%）	6人	3人	5人
	星	13人（11%）	5人	5人	3人
	仏様のところ	6人（5%）	2人	2人	2人
	その他の来世	4人（3%）	0人	0人	4人
	合計	73人（62%）	28人	17人	28人
死の現実的な説明	〜できない	16人（14%）	7人	1人	8人
	なにもなくなる	9人（8%）	3人	1人	5人
	お墓	4人（3%）	1人	1人	2人
	骨になる	3人（3%）	1人	1人	1人
	動かない	3人（3%）	0人	2人	1人
	合計	35人（30%）	12人	6人	17人
	分からない	10人（8%）	1人	2人	7人
	合計	118人	41人	25人	52人

これら五つの反応は、来世に関する説明が含まれている点で共通している。なお、単に「天国にいく」といったものだけではなく、「お利口さんにしてたら天国にいって、言うことを聞かない悪い子は地獄にいってしまう」といったようにしつけ的な意味合いを含んだもの、「お空の上から残された人を見守るんだよ」といったように死者とのつながりを強調したものなど、来世に関する表現に異なる意味づけが付与されたものも多く認められた。

それらとは対照的に、「生き返らない（一六名・一四パーセント）」を含めた「〜できない（一六名・一四パーセント）」「何もなくなる（九名・八パーセント）」「お墓にはいる（四名・三パーセント）」「骨になる（三名・三パーセント）」「動かない（三名・三パーセント）」といった五つの反応が認められた。なお、「〜できない」という反応については、「人は死んだら二度と生き返らない。死んだらどうなるかお母さんも知らないけど、命は大切にして欲しいと答えます」といった回答に代表されるように、「〜できなくなるから（生き返れないから）、命を大切にしよう」という教育的な意味が含まれているものが多かった。そのため、単に「何にもなくなる」「お墓」「骨」といった反応とは質的に異なるともいえるが、子どもに対して死を現実的に説明しようとしている点では共通している。

最後に、質問に対して特定の回答を示さない「分からない（一〇名・八パーセント）」といった反応が認められた。なかには、単に「分からない」ではなく、「どうなるのかなぁ？　ママも死んだことないから分からへんと言いました」「ママもまだ生きているから分からないなと答えました」といったように、死が未知のものであるために「分からない」という理由が述べられたものも含まれていた。

(2) 保護者が子どもに伝える死後観の特徴

以上、保護者から得られた回答を一一の反応に分類し、それらのなかで共通しているものを「来世に関する説明」「死の現実的な説明」という二つにまとめることができた。予想していたとおり、「来世に関する説明」が七三名（六二パーセント）と約半数以上を占め、そのうち「天国」が三六名と最も多かった。また、自分たちの日常生活から遠く離れている場所の代表として「空」や「星」といった反応も多くみられた。このように、表現や内容の違いはあるにせよ、子どもに対しては来世に関する説明をすることが望ましいと思っている保護者が約六割いるという結果となった。

その一方で、「死の現実的な説明」が三五名と全体の三〇パーセントであった。「〜できない」については、教育的な意味合いが含まれているものも認められており、一概にはいえないが、子どもの心的な負担を考えると、「来世に関する説明」に含まれるような反応が一般的には望ましいと思われる。ところが、実際には、年少児の保護者が一二名、年中児の保護者が六名、年長児の保護者が一七名と、より幼い年少児であっても、こういった説明を行うとする保護者が見受けられた。これらの反応については、子どもから死後について質問されたらどう答えるのかという仮想場面を想定しているため、保護者の死後観をそのまま反映しているわけではない。しかし、幼い子どもに対して、あえて「天国」といった来世に関する表現を避けている点において、多少なりとも保護者自身の死後観や死生観、子どもに対する教育方針といったものが影響していると考えるべきであろう。

5　調査のまとめ

以上のように、幼児期にある子どもとその保護者を対象に、子どもがどのような死後観を有しているのか、そして親は自分の子どもにどのような死後観を伝えようとしているのかについて調査を行った。その結果、子どもについては、一五の反応を確認することができた。そのうち三四パーセントが来世に関する表現であったが、「死んだまま」や「お墓」など現実的な反応を示すものも二五パーセント確認された。また、年中児あたりから、死んだらどうなるのかということについて適切に回答できるようになり、とくに年長児において「天国」という来世に関する表現を使うようになることが明らかとなった。

ただし、例えば「天国」と答えた子どもが、死後の世界の存在を必ずしも信じているわけでは当然ない。多くの子どもたちは、「天国へいく」「空へいく」「お墓にはいる」などの死後に関する表現をあらかじめ知っており、それを使って答えているだけなのである。つまり、ここで示された反応は、死後「観」という死後に対する「捉え方」ではなく、「死んだらどうなるのか?」という質問によって引き出されたものにすぎない点を留意しておく必要がある。もちろん、こういったことは子どもに限ったことではなく、大人にもあてはまることが多いのではないだろうか。

次に、保護者については、一一の反応を確認することができた。そのうちの六二パーセントが来世に関する表現であったが、子どもに対してあえてそういった表現を使わないという保護者も三〇パーセント確認された。これら保護者の反応が実際に子どもに伝わっているかどうかは不明であるが、子どもに対して調査を行っていると、「ママから教えてもらった」という発言をよく耳にした。また、保護者の回答にも「……と答えました」「……と言っています」という記述が多く認められた。これらのことは、親子の間で死に関する会話がなされていることを意味している。日本は死をタブー視する社会であるという指摘もあるが、親子の間でそういった会話が存在するという可能性から、子どもの死後観に与える親の影響は大きいと考えられる。

6 終わりに

本論では、二八〇名の子どもと、一一八名の保護者から得られた資料をもとに、様々な死後観を確認することができた。もちろん、これらの結果から、子どもはどういった死後観をもった方が望ましいのか、そして、子どもにどういった死後観を伝えるべきなのかという判断はできない。しかし、日本人には古来受け継いできた特有の宗教性がある。それと照らして、「死んだら終わり」「死んだら何も無くなる」という死後観が果たして適切なものなのかどうかについては議論が分かれるところである。

また、「天国」という反応が親子ともに多かったことから、すでに日本人の死後観を代表する来世になっていることが分かる。ただし、子どもにとって、「天国」などの来世に関する表現は、単なる名称にすぎない。その単なる名称から、成長とともに様々なことを体験していく過程で、「なんとなくあるような世界」として感じていくようになるのだろう。その際に、お葬式、法事、お盆、お彼岸などの死と関連した仏教行事が重要な役割を果たしてきたように思われる。

しかし、近年、日本人を取り巻く宗教的な環境は変化してきている。A園の保護者に行ったアンケート調査の、「お寺の檀家や神社の氏子など、あなたのご家庭でおつき合いのある宗教はありますか?」という項目では、「ある」が四八名（四一パーセント）、「ない」が六九名（五九パーセント）という結果であった（一名回答無し）。これらの数字は、少なくとも約半数以上の家庭に、仏壇も神棚もないことを示している。

もしも、宗教的な環境に触れるための機会が今後ますます減っていくようであるならば、日本人の死後に対する考え方が変容していく可能性は十分に考えられる。そういった意味で、日本人の死後観に大きな影響を与えてきた仏教、とりわけその活動の場である仏教寺院の果たすべき役割は今後ますます大きくなるのではないだろうか。

最後に、今回の調査を実施するにあたり多くの方にご協力をいただきました。本調査を快諾していただき、調査にあたって細かなご配慮を賜りましたA、B両園の園長先生、お忙しいなか子どもたちの誘導などにご協力いただきました先生方、そして、答えにくい質問に一生懸命考えて答えてくれた園児のみな様にこの場をかりて厚く御礼申し上げげます。本当にありがとうございました。

執筆者紹介〈掲載順〉

友久久雄（ともひさ　ひさお）
奥付に記載。

滋野井一博（しげのい　かずひろ）
一九五八年生まれ。京都教育大学大学院修士課程修了。障害児教育専攻。龍谷大学文学部准教授。城陽市立ふたば園園長。臨床心理士。著書に『発達障害入門』（共著）など。

吾勝常行（あかつ　つねゆき）
一九六〇年生まれ。龍谷大学大学院博士後期課程修了。真宗学専攻。龍谷大学大学院実践真宗学研究科教授。『親鸞とカウンセリング』（共著）、「真宗聞法学の一考察」など。

小正浩徳（こまさ　ひろのり）
一九七三年生まれ。京都教育大学大学院修士課程修了。臨床心理学・発達心理学を専門とする。龍谷大学大学院臨床心理相談室カウンセラー。臨床心理士。子どもの心理療法を中心に行う。

児玉龍治（こだま　りゅうじ）
一九六八年生まれ。龍谷大学大学院文学研究科研究生。臨床心理学専攻。論文に「介護福祉士養成教育におけるグループワーク体験による学生の変化に関する研究」など。

李　光濬（リ　グァンジュン）
一九四〇年生まれ。心理学、カウンセリング専攻。東西心理学研究所長。龍谷大学仏教文化研究所客員研究員。『カウンセリングにおける禅心理学的研究』ほか。仏教と心理学の接点を目指す。

伊東秀章（いとう　ひであき）
一九八四年生まれ。龍谷大学大学院博士後期課程。教育心理学専攻。臨床心理士。浄土真宗本願寺派僧侶。研究テーマは、仏教実践における臨床心理学視点からの考察など。

石丸真證（いしまる　しんしょう）
一九四五年生まれ。龍谷大学（社会学専攻）卒業。滋賀県児童相談所勤務。相談員、児童福祉司、児童指導員従事、主に相談業務に当たり二〇〇五年退職。浄土真宗本願寺派教誓寺住職。

徳永道隆（とくなが　みちたか）
一九六七年生まれ。龍谷大学文学部卒業。真宗学専攻。浄土真宗本願寺派延命寺住職。貴船原少女苑教誨師。緩和ケアを考える会広島運営委員。

丸山顕子（まるやま　あきこ）
一九四八年生まれ。真宗カウンセリング研究会で研修後、ボランティア活動を行う。人間関係と人格の変容に関する心理療法を体験的に学ぶ。著書『いっちょんひげんの彼方』。

中盛清人（なかもり　きよひと）
一九六九年生まれ。龍谷大学文学部卒業。仏教学専攻。浄土真宗本願寺派照蓮寺衆徒。

赤田太郎（あかだ　たろう）
一九八〇年生まれ。龍谷大学大学院文学研究科教育学専攻博士課程後期単位取得満期退学。臨床心理士。同大学院文学研究科研究生。専攻はストレス・メンタルヘルス。

打本未来（うちもと　みくる）
一九七五年生まれ。龍谷大学大学院博士後期課程単位取得満期退学。真宗学専攻。同大学非常勤講師。著書に『死と愛・いのちへの深い理解を求めて』（共著）『万華鏡』（共著）。

黒川雅代子（くろかわ　かよこ）
一九六五年生まれ。関西学院大学大学院博士後期課程単位取得満期退学。社会福祉学専攻。龍谷大学短期大学部准教授。主要論文に「救急医療における遺族支援のあり方」など。

小池秀章（こいけ　ひであき）
一九六六年生まれ。龍谷大学大学院博士課程単位取得（真宗学）。浄土真宗本願寺派輔教・布教使。京都女子中学・高等学校教諭（宗教科）。著書『高校生からの仏教入門』他。

神舘広昭（みたち　ひろあき）
一九六七年生まれ。龍谷大学文学研究科博士課程単位取得（真宗学）。筑波大学教育研究科修士課程カウンセリング専攻修了。真宗興正派光教寺衆徒。著書に『仏教社会福祉辞典』（共著）。

平田直哉（ひらた　なおや）
一九八七年生まれ。龍谷大学文学部哲学科教育学専攻。

廣谷ゆみ子（ひろたに　ゆみこ）
一九五七年生まれ。龍谷大学実践真宗学研究科修士課程実践真宗学専攻。浄土真宗本願寺派布教使。

葭田誓子（よしだ　せいこ）
一九八二年生まれ。龍谷大学文学部仏教学科。浄土真宗本願寺派布教使。

辻本　耐（つじもと　たい）
一九七二年生まれ。龍谷大学大学院博士後期課程単位取得退学。大阪大学大学院人間科学研究科博士後期課程在籍。教育心理学専攻。

執筆者以外の会員一覧〈順不同〉

赤井美穂　井上啓子　茨田徳子
岩田彰亮　打本弘祐　尾崎耕平
尾崎芙美　萱森賢雄　木戸充延
楠　正照　紺野千尋　柴田友子
杉本典子　白石明子　嶌津夕希子
滝川敬教　竹柴俊徳　谷生靖寛
辻　育子　戸島義法　長岡大澄
長岡岳澄　長尾隆司　永谷瑛二
鍋島直樹　西岡秀爾　西村　崇
平野将庸　林　智康　早川千恵子
藤　大慶　古荘皇憲　増井裕子
松尾怜奈　宮岸昌弘　村上眞里子
元山延子　吉川　悟　柳本佳雅理
海谷則之　原田哲了　弘﨑弘美
佐藤信子　笹田俊宏　山根吉晴
児玉保子　松井夏美　上山拓也
西岡裕子　足利　尊　西本美恵子
中川良成　藤下倫子　那須さとみ
楠　淳證　釋氏真澄

友久久雄（ともひさ　ひさお）

一九四二年生まれ。神戸大学大学院医学研究科博士課程修了。精神科・医学博士。龍谷大学教授。京都教育大学名誉教授。著書に『僧侶のための仏教カウンセリング入門』四季社（編著）など。

龍谷大学仏教文化研究叢書26
仏教とカウンセリング

二〇一〇年三月三一日　初版第一刷発行

編　者　友久久雄
発行者　西村明高
発行所　株式会社　法藏館
京都市下京区正面通烏丸東入
郵便番号　六〇〇-八一五三
電話　〇七五-三四三-〇〇三〇（編集）
〇七五-三四三-五六五六（営業）

印刷・製本　亜細亜印刷株式会社

ISBN 978-4-8318-8172-4 C 3011